社　政　文　典

社区治理

专业社会工作机构的行动逻辑

范　慧◎著

知识产权出版社
全国百佳图书出版单位
—北京—

图书在版编目（CIP）数据

社区治理：专业社会工作机构的行动逻辑/范慧著．—北京：知识产权出版社，2021.11
ISBN 978-7-5130-7818-4

Ⅰ．①社… Ⅱ．①范… Ⅲ．①社区管理—研究—中国 Ⅳ．①D669.3

中国版本图书馆 CIP 数据核字（2021）第 223394 号

责任编辑：江宜玲　　**责任校对**：王　岩
封面设计：杨杨工作室・张冀　　**责任印制**：孙婷婷

社区治理：专业社会工作机构的行动逻辑
范　慧　著

出版发行：	知识产权出版社有限责任公司	**网　　址**：	http://www.ipph.cn
社　　址：	北京市海淀区气象路 50 号院	**邮　　编**：	100081
责编电话：	010-82000860 转 8339	**责编邮箱**：	jiangyiling@cnipr.com
发行电话：	010-82000860 转 8101/8102	**发行传真**：	010-82000893/82005070/82000270
印　　刷：	北京九州迅驰传媒文化有限公司	**经　　销**：	各大网上书店、新华书店及相关专业书店
开　　本：	720mm×1000mm　1/16	**印　　张**：	17.5
版　　次：	2021 年 11 月第 1 版	**印　　次**：	2021 年 11 月第 1 次印刷
字　　数：	284 千字	**定　　价**：	88.00 元

ISBN 978-7-5130-7818-4

学科重建与个人成长的互构
（代序）

中国社会工作的发展路径极具中国特色。尽管现在有不少相关主题的研究，我还是希望在这里一书自己的体验。我于1981年由四川大学推荐到南开大学，成为教育部—南开社会学专业班的一员。我们上课用了费孝通先生主编的《社会学概论（试讲本）》打印稿，该书后来由天津人民出版社于1983年出版，这是当时发行量最大的社会学教材。该教材中专设社会工作一章，请了上海社会科学院和杭州大学的两位学者撰写。基于雷洁琼先生提出的一个重要观点——民政工作就是中国特色的社会工作，新中国民政成就与特点均被写入此章。当时社会工作和社会学是一家，更准确地说，社会工作被认为是社会学知识体系的一部分。

1987年，民政部组织召开的“社会工作教育发展论证会”（史称马甸会议）建立了政府倡导、学界推动、社会支持的中国社会工作重建的框架。北京大学雷洁琼先生、袁方先生，南开大学苏驼主任等参加了会议。苏老师回南开大学后就开始推动社会工作的发展。我当时的研究方向是经济社会学，但那时候我精力充沛，在研究经济社会学之余，开始参与社会工作的重建工作，成为南开大学社会工作专业教师团队最初的成员之一。1994年，我去美国明尼苏达大学（University of Minnesota）社会学系访学一年。根据对方的要求，我按照中国社区概念写了一个社区社会工作的研究计划，准备了 *Chinese Life-style: A Sociology Perspective* 课程大纲。明尼苏达大学设有独立的社会工作学院（Social Work School）。我访学的最大收获是认识到社会工作学科在中国发展的意义，以及社会工作和社会学学科的不同。后来我去香港中文大学社会工作系攻读社会福利博士学位，彻底完成了从社会学到社会工作和社会福利的转型。

2011—2012年，我主持了南京大学自设社会工作专业博士点申请工作。

自设博士点获得教育部批准，社会工作学科发展有了新空间。多学科训练对社会工作专业博士生的个人学术成长有很大益处，因此我很重视学生的多元化背景。范慧本科学英文、硕士读人类学，博士方向为社会工作与社会福利，正好符合我的期望。因社会工作正处于快速发展过程中，报考我博士生的学生众多，范慧面对激烈的竞争，极其刻苦努力，以优异成绩考入南京大学。她富有学术热情且坚定执着，这是博士学习好的开始。

2017—2018 年，按照国务院学位办通知要求，社会工作硕士（Master of Social Work，MSW）教育指导委员会组织编写《社会工作硕士专业学位研究生核心课程指南》。我建议将高级社会工作实务课程分为宏观社会工作实务和微观社会工作实务两个部分，以突出中国社会工作发展的特色。受 MSW 教育指导委员会委托，我担任《宏观高级社会工作实务指南》的主编工作。除了传统的内容外，宏观高级社会工作实务新增加社区治理、社会倡导、社会项目以及社会评估等板块，对接中国特色的社会建设、三社联动、社会工作机构等内容，拓展了高级社会工作实务的发展空间。范慧虽然没有直接参加《宏观高级社会工作实务指南》的编写工作，但她在我指导下的博士论文选题与宏观社会工作结合紧密，其博士论文是宏观社会工作研究的代表作之一。

中国社会工作机构是最具中国特色的社会组织，按照其性质应该称为社会福利机构或社会服务组织。在民政部对社会工作实务的大力推动下，由专业社会工作者办的社会福利机构被称为社会工作机构。由于中国社会工作教育的先行以及高校对专业社会工作实习基地的需要，高校社会工作专业教师办社会工作机构蔚然成风。我自己也成立了南京市共美社会工作服务中心，开展直接面对服务对象的社会工作服务和政策咨询服务。据不完全统计，全国现有上千家社会工作机构。范慧在博士学习期间，多次参加我的课题调研，深入一线社区，聆听基层声音。她发现社会工作机构在发展过程中存在各种问题，亟须学者开展对应的研究。范慧的博士论文选题在这样的背景下产生。她选择社会治理为博士论文的理论主线，以专业社会工作机构参与社区治理的行动逻辑为实证研究，将新制度主义、宏观社会工作、组织社会学等不同领域知识有机整合，建立了问题导向的研究框架。

她的研究基于江苏省和安徽省四市区的 16 家专业社会工作机构的调查，通过观察法、访谈法和文献法收集资料，并主要采用内容分析法对多元资料进行深入分析。她发现，第一，规则和策略是专业社会工作机构参与社区治理行动的主要动力来源。机构欲与组织环境达成在社区治理中合作治理的共识，就既要遵守规则以避免利益冲突，也要通过策略获取资源以维护自身的最大利益。第二，多重组织环境共同形塑了资源导向的专业社会工作机构参与社区治理行动逻辑的规则。在规则建构中，制度环境、市场环境和社会环境通过分别发挥规则主导、推动和响应功能，以期形成环境与机构之间资源的合理流动。但规则具有激励和约束属性，使得环境和机构都会期待规则倾向于满足自身资源的需要。第三，专业社会工作机构通过将价值理念嵌入社区服务的行动策略回应规则约束，为自身与组织环境的互动获得更多资源的话语权和掌控权，从而化解规则约束带来的资源短缺问题。第四，刚性规则与柔性策略的解构与适应性重构。组织环境与专业社会工作机构凭借各自不同的资源在社区治理中相互协作，必须遵守刚性的规则，以避免陷入集体行动的困境。然而，一旦互动规则无法满足专业社会工作机构的资源需要，机构会利用柔性行动策略以回应规则的不利方面。正是这种柔性策略的驱使，使得机构形成对互动规则的解构与适应性重构。第五，正是通过规则与策略的适应性互动，机构的行动逻辑实现了从无序到有序的共生关系类型构建。社区治理中组织环境与专业社会工作机构社会共生关系的维持，是双方围绕资源通过行动策略与规则的抗争和妥协而实现的。专业社会工作机构与组织环境通过努力维持最低限度的创新性和行动的自主能力，不断地进行规则与策略的抗争与妥协，实现机构社区治理行动逻辑从无序到有序的共生秩序建构。

我认为她的博士论文研究最具有政策和实务意义的建议是：优化专业社会工作机构组织环境构建的社会政策，增加促进专业社会工作机构发展与能力提升的政策产品供给，从根本上改变机构依赖政府资源导向的行动逻辑，为专业社会工作机构参与社区治理扫清制度性障碍；专业社会工作机构应多元参与社区治理，精准满足服务对象需要，提升社区治理主体能力；社会工作机构要注重自我增权，与政府、市场和社区建立良好的合作伙伴关系，构建现代社区治理体系中社会工作机构参与治理的行动逻辑。

读博是非常辛苦的一件事情，是自我挑战、自我丰盈、自我成长的过程。我平时说话轻言细语，但学术上十分严厉。对范慧的博士课程汇报和博士论文设计，我都严格要求。博士学习给范慧带来的不仅是专业知识，还带来了经世济民的博大情怀，带来了人生发展的宽广格局。作为2019届南京大学优秀毕业生，范慧的博士论文也是优秀的。博士论文有评优制度，但我不认为评为优的博士论文就是优秀的。优秀的博士论文不仅要提出具有创新性的发现，它还要给未来的研究者提供多个可能继续深化研究的主题。从这个角度，我认为你们读到的是一篇优秀的博士论文。

彭华民

南京大学二级教授

中国社会工作教育协会副会长

2021年12月8日于仙林

目　录

第一章
导　论

研究专业社会工作机构（以下简称专业社工机构）参与社区治理的行动逻辑，必须首先厘清我国专业社工机构参与社区治理的社会背景，进而明确研究对象，在此基础上提出研究问题和研究目的，并阐释该研究的理论意义和实践意义。

第一节　研究背景

基层社区是社会组织参与治理和提供服务的最主要平台。伴随市场经济的加速转型与单位制社会的式微，社区利益主体与诉求日趋多元，导致社区矛盾日益复杂（郑杭生、黄家亮，2012），传统“强国家、弱社会”的社会管理模式弊端渐显，无法有效应对复杂的社区环境。基层社区需要制度性机制来联结国家与社会（Howell，2007），由政府与社会共同承担治理责任的格局逐渐显现。党的十九大以来，习近平总书记做出我国迈入新时代的发展时期的论断，并提出新时代的重要特征是社会主要矛盾的转变，即“人民日益增长的美好生活需要和不平衡不充分的发展之间的矛盾”，并将社会组织纳入中国特色社会主义事业“五位一体”的总体布局（习近平，2017）。社会组织作为新时代国家治理体系的重要主体、各类专业服务供给的主力军（葛道顺，2011；景天魁，2012），能够全方位地参与新时代的国家建设与发展，满足新时代人民对美好生活的需要。社会组织的专业性、第三方性、基层性、委托性等特点弥补了政府职能让渡出的空间（陆春萍，2013），业已成为推动社区建设与发展

(Bastola，2015)、打造共建共治共享社会治理格局的中坚力量。

当前我国社区建设相对滞后，主要表现为民生需要日趋多元，但资源供给方式相对单一；社区矛盾复杂多样，但化解方法相对匮乏；现代化革新速度加快，但社区管理模式相对落后。要改变这种状况，必须整合社会资源，让“第三方力量”，即社会组织更加深入全面地参与社会管理体制的创新。因此，培育社会组织，提升其参与社区治理的能力，是社会治理体制创新的关键环节(蔡禾，2014；关信平，2011；周晓虹，2015)。2017 年，中共中央、国务院专门发布加强和完善城乡社区治理的文件，强调发挥社会力量的协同作用，健全和完善城乡社区体系，提出要“大力发展在城乡社区开展纠纷调解、健康养老、教育培训、公益慈善、防灾减灾、文体娱乐、邻里互助、居民融入及农村生产技术服务等活动的社区社会组织和其他社会组织”（中共中央、国务院，2017)。党的十九大报告进一步明确提出要“加强社区治理体系建设，推动社会治理重心向基层下移，发挥社会组织作用，实现政府治理和社会调节、居民自治良性互动”。民政部近十年社会服务发展统计公报的数据显示，2010 年，全国共有各类社区服务机构和设施 15.3 万个，社区服务中心约为 1.3 万个，社区服务站约为 4.4 万个。❶ 截至 2018 年年底，全国共有各类社区服务机构和设施 42.7 万个，社区服务中心 2.8 万个，社区服务站 14.9 万个（见表 1.1)❷。从全国社区服务机构井喷式的增长态势可以窥见，社会组织结构正在逐步优化，大量专业性的社区服务机构扎根并参与社区治理，基层治理体系建设日益加强。

表 1.1　2010—2018 年全国社区服务机构数量统计　（单位：万个）

指标	2010 年	2011 年	2012 年	2013 年	2014 年	2015 年	2016 年	2017 年	2018 年
社区服务机构和设施	15.3	16.0	20.0	25.2	31.1	36.1	38.6	40.7	42.7
社区服务中心	1.3	1.4	1.6	2.0	2.4	2.4	2.3	2.5	2.8
社区服务站	4.4	5.6	8.8	10.8	12.0	12.8	13.8	14.3	14.9

资料来源：民政部网站，《2018 年社会服务发展统计公报》。

❶ 数据来源：民政部《2010 年社会服务发展统计公报》。
❷ 数据来源：民政部《2018 年民政事业发展统计公报》。

党的十八届五中全会在提出"构建全民共建共享的社会治理格局"❶ 的战略要求中，特别强调将专业社会工作作为创新社会治理的一项重要制度安排（宫蒲光，2014）。专业社工机构凭借其社会工作的专业优势，在共建共治共享的社区治理格局建构中发挥重要作用。

组织是社会学研究的重要对象之一（周雪光，2003；于显洋，2016），组织的行动逻辑是组织现象的重要表征之一。专业社工机构的行动逻辑是机构精准介入社区治理的重要突破口。当前我国社会组织正处于宏观政策支持与微观环境限制的尴尬境地（俞可平，2006）。例如，合作性政社关系制度基础的薄弱（费梅苹，2014）与结构性资源的匮乏等体制性难题（许小玲、彭华民，2015；高丽、徐永祥，2016），使得社会组织发展步履维艰。同时，我国社会工作的专业性一直备受质疑。我国社会工作是政府主导的自上而下建构的催生产物，具有行政性、半专业化特质（王思斌，2007），这使得我国社工机构长期处于行政性、半专业化，甚至是非专业化的样态（史柏年，2010）。种种现实迫使专业社工机构做出以下反思：其参与社区治理的定位与优势何在？协同社区治理的目的是否能够有效实现？究竟是哪些因素影响与制约专业社工机构协同治理功能的发挥？社工机构面对复杂的影响因素应怎样展开回应行动？这一系列的质疑转化为研究者们探讨专业社工机构参与社区治理的行动逻辑的内在驱动力。它促使我们重新审视我国专业社工机构的行动逻辑，检视其协同社区治理的现状与存在的问题，进一步窥探其未来的发展态势，以期充分发挥专业社工机构的职能与效能，推动内生型社区治理的实现。

第二节 研究对象与研究问题

社区作为国家治理的根本，是社会多种矛盾的交会点和聚集点（张鸿雁、邵颖萍，2011），在空间结构、利益关系和治理架构等方面显现出一种"碎片

❶ 党的十八届五中全会通过《中共中央关于制定国民经济和社会发展第十三个五年规划的建议》，提出"加强和创新社会治理，推进社会治理精细化，构建全民共建共享的社会治理格局"的美好愿景。

化状态”❶（李强、葛天任，2013），为社会组织的介入提供了生存与发展空间。当前，我国社会组织发展的宏观政策具有较强的含混性和模糊性特征（黄晓春、嵇欣，2014）。即便是在宏观政策发展趋向宽松的同时，降低和严控政治风险仍然是我国政府对社会组织发展采取的基本态度（纪莺莺，2016），形成了“控制与支持的双轴关系”（陶传进，2008）。同时，不同政府部门对社会组织发展存在多重治理逻辑并存的现象。高度复杂和非系统性的组织环境引发社会组织开始采用各种行动策略应对困境，以创造良好的治理空间，实现社区治理。专业社工机构作为社会组织的重要组成部分，如何协同其他治理主体进行社区治理并发挥其效能，其行动逻辑如何展开，这必须从组织社会学视角进行审视。

组织现象是人类社会中受到普遍关注的一种重要现象，社会学、管理学、经济学都不乏从各自角度对组织现象进行分析，形成了不同的学术传统和研究取向。管理学关注人类的行动效率如何在一个既定的组织架构内实现最大化。经济学关注组织作为一种资源配置方式，和市场相比较，其收益是如何实现的。社会学则不同于这两种视角，关注的是组织作为人类行动的工具和载体的本质，揭示构成某种具体事件的潜在力量和动力来源。

组织分析理论，属于组织社会学的法国学派，是20世纪60年代以克罗齐耶、费埃德贝格为首的法国社会学家建构的一种行动理论（李友梅，2009）。组织社会学的组织分析理论致力于发现集体行动的制约，这种制约正是组织生活的深层来源。在社区治理的情境中，以政府、市场、社区其他组织以及社区居民为主的多元主体都有着强烈的追逐自身利益和发展的动机，专业社工机构在治理结构中处于发展与制约的复杂环境之中。结构性的制度约束与社会组织自身谋求发展的策略回应，共同构成了专业社工机构在社区治理过程中的真实情境。专业社工机构与不同利益主体之间的权力与资源的交换、互动关系的变化，都会对其行动逻辑产生重要影响。

社会组织的行动逻辑是对国家与社会关系静态结构分析的一种回应，从动

---

❶ 社区“碎片化”是用来描述当前社会转型过程中形成的中国城市社区的结构状态，是指由于资源分配机制的差异而分化成许多相对独立的利益群体或共同体，它们的空间特征明显，在社会、经济、政治等方面难以整合。其特征主要表现为社会空间结构的碎片化、利益结构的碎片化与权力结构的碎片化（李强、葛天任，2013）。

态的视角考察社会组织如何通过行动形塑与国家的关系，以获得自身的合法性和资源。在我国，国家控制了社会组织的主要资源渠道，扮演了合法性和资源供给的双重角色。本研究的行动逻辑主要围绕专业社工机构采用何种参与方式与政府以及其他主体进行合作，从而获得合法性资源和实现社区治理的目标。在国内外关于社会组织在社区治理中的行动研究中，不少学者从宏观制度视角出发，通过国家与社会二元互动关系，注重社会组织在社区治理中行动困境缘起的探讨。然而，面对当前制度环境的快速转型，从中观和微观视角对专业社工机构协同社区治理的行动逻辑的探讨深度和力度已明显不足，难以展示专业社工机构参与社区治理行动背后复杂的生成机理。本书尝试运用组织分析理论的基本原理和方法，围绕专业社工机构在社区治理中，与政府、市场、家庭、其他社会组织构成的组织环境的互动及其困境形式进行分析，揭示其行动逻辑的生成以及由此形成社区治理秩序的内在机理，并试图在此基础上形成可能消除或缓解这一困境的途径，以期探索出专业社工机构有效嵌入社区治理体系的行动逻辑，从而实现社工机构协同社区治理的目标。

具体说来，本书的主要研究问题如下：

第一，专业社工机构的行动逻辑是如何产生的，哪些因素影响其产生？

第二，在特定社区治理情境中，专业社工机构行动逻辑的生成机理是什么？

第三，专业社工机构如何通过行动逻辑，参与到社区治理体系中，并形成多元协同治理的格局？

第三节 研究目的与研究意义

一、研究目的

社区作为国家的基本单元是国家治理的微观基础和重要组成部分。伴随着我国政府治理理念的转变以及社区公共服务需求的日益增长，社会组织成为承接政府职能转移、摆脱政府服务供给不足窘境的重要力量，已然是多元主体共治的最主要主体之一。本书围绕专业社工机构参与社区治理的行动逻辑进行研究，主要有两个最基本立足点：一是专业社工机构如何在组织环境影响下，为机构生存与发展开展适应组织环境构建的积极主动的策略性行动；二是专业社工机构在组织环境影响下的行动建构，是以社区治理功能的实现为最终目标的。本书将分析对象的行动建构及其影响因素进行统合分析，其目的就是要展示专业社工机构参与社区治理的行动建构所依据的条件、实现的方式与发展的趋势、从中总结出的经验和教训以及带来的启示。

专业社工机构的社区治理行动随着制度环境、市场环境和社会环境的变迁而不断演变，运用社会学理论来检视专业社工机构参与社区治理的行动发展规律，进而优化专业社工机构介入社区治理的行动选择与路径，并由此促进中国特色社会组织的发展，探索出一条专业社工机构有效嵌入社区治理体系的实践路径，进一步推进社区治理和国家治理创新的进程。

二、研究意义

本书从组织社会学的视角，探讨专业社工机构参与社区治理的行动逻辑，呈现行动逻辑中不同利益主体之间相互影响与博弈的过程，对提升社区治理能力与服务水平具有重要的理论与实践价值。

（一）理论意义

第一，本书运用组织社会学法国学派组织分析理论的分析工具，系统梳理专业社工机构在参与社区治理中影响行动逻辑生成的组织环境因素，有效阐释机构参与社区治理行动的环境制约，及机构参与社区治理行动与环境的互动原理。传统的组织理论关注的是在科层组织静态的权力关系中自上而下的控制，忽视了专业社工机构在具体决策过程中凭借自身资源与外部环境进行商榷的能力，以及由此构建起动态的权力关系的重要意义，因而无法更有效地认识和理解组织行动开展的实际运作方式。组织分析理论致力于挖掘集体行动的制约因素，并揭示机构与不同利益主体之间的权力与资源的交换、互动关系的变化，及其在机构行动逻辑生成中扮演的角色，能够为专业社工机构参与社区治理的行动研究提供一种更具解释力的分析工具。本书则是对这一方法进行更深层次的演绎，它将国家与社会的动态关系解读为变动的外部环境与社会组织策略性互动的结果，摆脱了既有理论研究中国家与社会关系的单一主导思维和视角，强调对国家与社会双重主体能动性的探讨。

第二，本书在梳理组织环境对专业社工机构的影响基础上，构建了“专业社工机构参与社区治理行动逻辑的分析框架”，用于解释机构在参与社区治理的过程中与不同利益主体之间的互动博弈过程。在与不同治理主体互动过程中，专业社工机构的策略行动与各主体所形成的组织环境的支持和约束相互交织、互为因果。研究者要理解这种行动逻辑，就需要超越“结构约束”或“策略行动”的单一视角，形成一种更具解释力的分析框架，较好地将来自制度环境、市场环境与社会环境的激励、约束以及专业社工机构的行动策略放在一个因果解释链条中予以分析。该分析框架从制度环境、市场环境、社会环境和行动策略的分析维度出发，有效诠释了专业社工机构参与社区治理行动逻辑生成中不同因素间的相互影响作用。

第三，本书丰富了我国专业社工机构有效嵌入社区治理体系路径与模式的理论研究。已有研究不乏关于专业社工机构介入社区治理行动逻辑的相关研究，这些研究通过经典案例，展示了专业社工机构丰富多彩的生存智慧和权宜策略，揭示出国家与社会之间微观真实的互动关系，折射出社工机构生存和发展的困境。然而，已有研究缺乏新的理论视角，多限于行动经验层面的描述性研究，难以展示社会组织行动逻辑生成的复杂机理以及揭示更为复杂的国家与社会的关系。因此，在当前社会组织环境发生巨大变革的背景下，厘清专业社工机构参与社区治理的行动逻辑，对推动社区内生型发展和创新社会治理体系具有重要的理论价值。

（二）实践意义

第一，社区治理是国家治理的基础与核心环节，专业社工机构作为社会组织的重要组成部分，在共建共治共享的社会治理现代化格局建设中发挥着主体性作用。对于社会组织现象的解读，不仅体现了组织在当代社会中不可替代的功能，而且揭示了组织是阻碍当代社会进步和发展的各种痼疾的根源（斯科特，2002），成为影响社会分层和社会运作进程的主要因素。组织的成功或失败已经成为社会进步或倒退的原因。因此，组织现象的研究具有很强的现实必要性。

第二，本书是对专业社工机构参与社区治理有效方式的探索，有利于实现国家治理能力的现代化。社会治理变革的突破口在社区，而社区治理的优化，关系到国家治理架构根基的稳固（何雪松，2016）。社区治理已然是当前国家和学术界共同关注的重点领域，社区治理应由谁参与、应怎样治理是执政者和研究者亟待探索和研究的话题。本书关注社会组织参与社区治理行动逻辑的研究，能够在社区层面理顺政府、市场、社会与社会组织的关系，形成社会组织与各个治理主体的良性互动，并逐步推进我国社会治理的转型和实现治理能力的现代化。

第三，本书能够清晰呈现已有专业社工机构参与社区治理中行动选择时存在的阻力与劣势，有利于专业社工机构的成熟、独立与发展。本书建立在多样本分析的基础上，以社工机构参与社区治理中产生的协同治理困境作为分析的着力点，以社工机构协同社区治理的行动逻辑作为研究对象，从组织分析理论视角来探讨专业社工机构在组织决策中如何依据不同情境采取相应的策略，充分挖掘专业社工机构参与社区治理中产生的协同治理困境的复杂发生机理，以探索出专业社工机构有效介入社区治理体系的实践路径，进一步厘清专业社工机构在社区治理中的角色、功能和作用，并进一步推动机构走向发展与成熟。

本书选择国内 16 家发展较为成熟的本土专业社工机构进行研究，通过对这 16 家专业社工机构行动逻辑的比较分析，探寻中国专业社工机构行动逻辑的区域差异、一般特点和共有模式。通过不同地区机构的比较，本书以专业社工机构参与社区治理的行动逻辑为分析框架，深刻揭示社会组织的区域性、互动性、整体性、能动性特征，为专业社工机构参与社区治理提供一个可供选择的行动方案，寻求中国专业社工机构发展的方式，促进多元治理格局的形成。专业社工机构作为公共服务的提供者和公共决策的参与者，不仅能够满足多元化的社会服务需要，也能够弥补政府治理能力的不足，搭建起政府、市场和社会的良好互动关系，并尝试进一步引导机构迈向成熟、自主的发展轨道，充分发挥国家治理创新的主力军作用。

本章小结

本章介绍了本书的研究背景、研究对象、研究问题、研究目的与研究意义。由于传统“强国家、弱社会”的社会管理模式已经无法有效应对复杂的社区治理难题，政府、市场、社会组织与公众组成的多元主体协同治理的格局逐渐显现。本书正是在此背景下，以专业社工机构参与社区治理的行动逻辑为研究对象，探讨专业社工机构参与社区治理的有效路径和方式。

本书从组织社会学的研究视角出发，重点关注“是什么”的问题，即专业社工机构在社区治理中的行动逻辑是怎样的；进而解释“为什么”的问题，即行动逻辑生成的组织环境的影响因素是怎样的，这些制度、市场、社会环境是如何与组织进行相互作用的；最后，试图在“是什么”和“为什么”的基础上，构建出本书的分析框架，即专业社工机构参与社区治理的行动逻辑（解决“应怎样”的问题）。具体而言，本书以专业社工机构参与社区治理的行动逻辑为切入点，深入探讨了组织的制度环境、市场环境、社会环境与专业社工机构的相互作用及其对机构行动逻辑生成的影响，剖析专业社工机构与各个社区治理主体间的互动博弈过程，挖掘专业社工机构参与社区治理的有效路径。

第二章
文献回顾

文献回顾是本研究开展的基础和先决条件。根据本书的研究问题和研究目的，首先，本章将回顾专业社工机构与社区治理的关系研究，对专业社工机构介入社区治理的必要性和可行性空间进行讨论。其次，本章将回顾专业社工机构参与社区治理的行动研究，对已有研究从两者的关系研究向行动研究转向做出解释，阐释机构参与社区治理的行动理论以及行动逻辑的内涵，并梳理行动逻辑建构的影响因素——组织环境因素，分析组织环境因素对机构参与社区治理行动逻辑生成的影响。最后，本章将对专业社工机构参与社区治理行动逻辑的实证研究进行梳理与回顾。

第一节　专业社工机构与社区治理的关系研究

一、二元视角下国家与社工机构的关系

专业社工机构与国家是社区治理的重要主体，对于二者关系研究的梳理是机构参与社区治理行动研究的基础和前提。对于机构行动逻辑的深入探究须从政府与社会组织二者的关系上进行考量。社会组织与政府的关系研究是在主导理论范式——公民社会理论、法团主义理论以及近年来兴起的治理理论的框架中进行的，或者进行理论分析（Pearson，1997；邓正来，2002），或者进行经验检验（Evans，1997；张紧跟，2012）。“国家与社会”的分析框架是社会学的一种基本分析框架（李培林，2013），国家与社会之间的零和博弈

关系曾是国家与社会关系的主要研究范式（Gilley，2011）。国家与社会之间的关系主要经历了从“社会中心论”“国家中心论”到“国家与社会互动论”视角的转型，这种转变可以管窥专业社工机构组织环境的发展态势。

（一）社会中心论：弱国家、强社会

社会中心论基于“天赋人权”“权力分立”的思想基础。洛克“天赋人权”的社会政治思想传统塑造了“社会先于国家”的分析框架；孟德斯鸠、托克维尔“权力分立”的社会思想传统形成了“社会制衡国家”的分析原则（李培林，2013；乔东平、高克祥，2015）。20世纪之前，在古典自由主义思潮的影响下，政府从权力到权限都建构于有限的空间里（张康之、石国亮，2012）。公民社会理论在相当一段时期内，成为形塑国家与社会关系的重要理论依据。该理论认为社会中不同的利益集团为获取各自利益而相互竞争，国家仅为它们的竞争和妥协制定规则与提供平台，其本身并不介入竞争（Dahl & Rae，2005）。该理论坚持政治国家与公民社会两分法，认为国家与社会之间应该保持距离（Whyte，1992），强调公民社会是指相对应于政治国家，那些不能与政治国家相混淆、不能为政治国家所淹没的非政治的社会自主领域（伍俊斌，2010）。公民社会的核心组成要素是非政府和非企业的社会组织，强调组织自治的重要性，制约国家权力，维护公共领域的权威（张紧跟，2012）。尽管社会组织的存在仍需要得到国家的认可，但是社会组织能够拥有更多与国家进行商榷的能力（Pearson，1997）。社会群体可以通过组织参与决策和治理来表达自身的利益诉求，避免国家的权威干预，从而进行自我管理（李友梅，2007）。我国对公民社会理论的研究主要关注社会组织的发展（张紧跟、庄文嘉，2008；王名、陶传进，2004；朱健刚、陈安娜，2014）。

（二）国家中心论：强国家、弱社会

黑格尔的“国家高于社会”的思想，认为体现个体特殊性的公民社会独立于国家，需要代表普遍利益的国家对其加以引导（邓正来，2002）。他认为应明确政治国家与公民社会的界限，主张国家处于强位，公民社会应从属于国家。第二次世界大战后，凯恩斯主义推动政府规模以及权力无限扩张（张康之、石国亮，2012），国家主义与法西斯极权主义在当时是国家权力至上的有力

证明（乔东平、高克祥，2015）。持这种看法的学者支持法团主义理论，他们认为国家不仅仅是社会利益集团竞争的平台，而且是具有自身的利益并参与竞争的一个角色。Skocpol（1985）提出社会与国家融合所形成的法团化组织是整个社会良好运作的中介。著名的法团主义者霍华德·威亚尔达（Howard Wiarda）认为法团主义具有三个重要特征：国家的强势主导；对利益群体行动与自由的限制；吸纳利益群体作为国家系统的一部分，帮助国家管理和开展相关政策（Adams，2002）。尽管法团主义有不同的派别，但以上特征基本明确了法团主义的核心要义，即把各种利益群体整合到国家内部，受到国家的约束和控制。

（三）国家与社会互动论：强国家、强社会

国家与社会的关系研究在经历了社会中心论和国家中心论两个阶段后，20世纪90年代进入了国家与社会互动的新时期，相继提出了“国家在社会中”“国家与社会共治”“国家镶嵌在社会中”等理论，重新思考国家与社会间复杂的互动关系（李姿姿，2008）。无论是国家中心论还是社会中心论，都只看到了国家或社会相对独立的一面。实际上，无论国家还是社会都不是孤立存在的，而是由不同部分组成，具有混合利益格局。国家和社会不同部分之间的关系也非简单的零和博弈，而是合作共赢（Peters，2005；Evans，1997）。随着政府或市场失灵❶等问题日益凸显，新自由主义替代了凯恩斯主义的指导和控制地位，各国开始转变政府职能，着眼于公共物品和公共服务的供给与提供。市场经济的发展和社会空间的释放使得二元对立的国家与社会关系向合作互动的方向转变成为可能（White，1993）。国家与社会的二元视角对抗成为历史，治理理论成为社会组织参与社会建设与发展的代表性理论。

20世纪90年代以来，治理理论成为社会组织参与社区治理的重要理论基础。该理论的提出主要是为了应对政府或市场失灵（俞可平，2000），它超越了社会中心论与国家中心论的传统模式，成为一种新的国家与社会关系范式。正是在这种新的关系范式影响下，治理开始成为一种人类行为的新型制度安排

❶ 政府或市场失灵理论认为，市场因存在外部性、垄断、分配不公、宏观经济不稳定、信息不对称等不足，纯粹依赖市场无力解决资源配置中出现的问题，需要借助政府的调控以保障经济的良性运行。但政府也不是万能的，在配置资源时也存在失灵现象，造成资源配置的无效或低效，从而产生严重的后果（郭景萍，2015）。

(刘少华、朱致敬，2010)。在国家和社会面对需要共同解决的公共物品供给与公共服务提供等问题时，治理意味着政府、市场、社会组织以及其他社会主体之间的界限开始模糊，同时各主体之间又存在某种制约和联系。治理要求各个主体必须遵循一定的规则，并利用各自的资源进行分工合作，以实现共同目标。可见，治理可以有效弥补国家和市场的资源整合和调控不到位等问题。但治理也并非能一劳永逸，治理是对国家和市场手段的补充，不能脱离国家和市场的基础。治理观点的核心和价值在于它可以提供一种有组织的分析框架(格里斯托克，1999)，这种分析框架的主要内容包括：治理强调多元主体、去中心、多中心，即治理的主体是政府、市场、社会组织和公众；治理强调自主、自治与共治机制的搭建，即主体间的互动关系应建立在平等、信任和互惠的基础上；治理强调形成一种公共事务关系的联合体，即在政府特定的领域内，各主体之间通过协商、合作、对话的方式实现有序互动。通过上述分析可以发现，治理特别主张多元主体共同合作的意义，强调社会组织和公众在参与公共事务中的重要地位；主张弱化政府的干预作用，重新定位政府角色，但绝不意味着否定政府的作用。

从公民社会、法团主义到治理理论代表了学者们探讨国家与社会之间关系的理论发展轨迹。当前，国家与社会之间的关系愈加强调国家与社会共融合作与共同发展（徐中振、李友梅，2003；范明林，2010；王清，2017)。社区治理注重多元主体中社会组织共同参与公共事务的重要价值和作用，并强调是国家主导下的组织参与模式（江华 等，2011)。“国家主导下的社会治理”已经成为当前中国推动国家与社会关系研究的新框架（郁建兴、关爽，2014)。通过上述分析可以发现，在国家治理过程中，国家与社会之间的关系实质就是如何在二者间进行利益的合理分配与输送，尤其是厘清各类社会组织在该过程中所应扮演的角色和发挥的功能（王新松，2015)。由此，上述梳理为接下来我国专业社工机构与社区治理的关系讨论奠定了重要理论基础。

二、专业社工机构与社区治理的内生性互构

专业社工机构的精准介入是社区治理的客观要求与理性选择。伴随社区公共服务多元化供给主体趋势的形成，非营利组织在公共服务供给中发挥着日益

重要的作用。专业社工机构凭借其社会工作的专业优势，通过价值理念、链接资源等方式提供专业性社区公共服务，对社区治理体系的创新与建构具有重要的推动作用。社区治理强调主体多元合作、伙伴关系、协作互动，亦为专业社工机构提供了生存与发展空间。本部分将对专业社工机构与社区治理的关系研究进行回顾，主要围绕机构与社区治理的互构关系，以及机构参与社区治理的互动空间展开论述，厘清了机构参与社区治理行动生成的场域，是接下来机构行动逻辑研究的前提和基础。

党的十八届五中全会提出“加强和创新社会治理，推进社会治理精细化，构建全民共建共享的社会治理格局”的战略规划，并将专业社会工作纳为创新社会治理、维护社会稳定的一项重要制度安排（宫蒲光，2014）。专业社工机构介于政府和民众之间，它们具备在社区具体利益上的第三方性和独立性，能够更客观、更理性地参与社会治理（王思斌，2014），能够在共建共享社会治理格局的构建过程中发挥不可替代的作用。

（一）社工机构的专业特质与社区治理内涵的契合性

研究者通过探讨机构的社会工作专业特质与治理内涵来分析二者的契合性或同构性关系。王思斌（2014）认为社会工作参与社会治理具有基础和整合的特点，能够通过服务活动参与社会治理；顾东辉（2014）从专业社会工作与社会治理结构与内涵的同构性角度出发阐述二者的相通性；李迎生（2014）从社会工作介入社会治理创新的路径及其作用空间的角度讨论二者的关联性；李文静（2014）强调社会工作可以从任务目标与过程目标视角促进社区治理发展。结合已有研究，本书认为不同学者的不同取向实质是从专业社工机构的专业指向和特质角度出发，主要从理念、专业方法、治理方式和目标上的契合性来谈二者的关联性。

在理念层面上，社会工作理念契合社会治理的理念需求（闫臻，2016）。社会治理是在国家与社会的互动中，国家权力向社会复归，形成政府治理和社会自我调节、居民自治的良性互动（纪德尚，2015）。具体到社区层面，社区治理强调多元主体合作共治（郑杭生，2012），依托于政府、社会组织、居民个人等各种力量，共同完成社会事务的管理（张宝锋，2006），社区治理天然地具有合作属性（张康之，2014）。社会工作的价值理念是追求公平正义，强调协助工作对象与外在场境实现适应性平衡（顾东辉，2014）与伙伴式互动（王海洋，2017）。可见，社区治理的合作、平等理念与社会工作的价值理念高度契合。在专业方法和治理方式上，社会工作通过服务型治理（王思斌，2015），以科学专业的社会工作方法、技术向有需求的个人、家庭和社区提供服务，帮助其解决困难，化解社会矛盾，成为社会领域重要的专业力量。社区工作方法的社工化趋势可能是中国社会工作发展的重要特征（何雪松，2016），社会工作的介入为社区治理方式的科学化趋向提供了可能性条件和基础。在治理目标上，宏观社会工作可以通过提供行动、政策和理论支持促进社会治理宏观目标的实现；微观社会工作可以推进社会治理中微观目标的实现（包先康、朱士群，2016）。社区治理的目标在于完善社区功能、稳定社会秩序以及提升社区主体的福利水平。而社会工作作为一项科学的助人活动，强调通过制度化的手段与专业化方法提供多元化、专业化的优质服务来实现与服务对象的沟通，化解社会矛盾和降低社会风险，能够有效应对社区治理失灵等问题。这与社区治理的多元化需要目标相一致，并为社区治理提供稳定与和谐的社会秩序与环境，有利于社区治理的推动与发展。

（二）治理理念、方式与目标对专业社工机构的增能

社区治理在理念、方式与目标上与专业社工机构具有高度契合性。在创新社会治理体制的新要求下，社会工作与社会治理已然发展为一种双向互补的关系样态（高丽、徐永祥，2016）。社会工作可以充当社会治理的操作化载体，社会治理对社会工作的发展亦起到一定的增能效用（顾东辉，2014）。社会工作和社会治理在治理理念、方式和目标上的契合，也为社会工作的发展带来了发展机遇和契机。社区治理强调多元主体间的紧密依赖、优势互补、合作对话等特性，对具体实践中社会工作者与服务对象及其他相关主体之间平等互动、基于过程信息调适各主体之间的关系以及保证服务对象的最大利益等方面都有积极推动和启示作用。19 世纪末开始强调注重多主体间的合作共融以及公平能力导向的社区发展模式，对当今社会工作实务模式的建构仍然具有重要影响和借鉴价值（彭华民，2017）。

因此，专业社工机构与社区治理具有高度契合性，它为专业社工机构在社区治理具体实践中的介入方式和领域奠定了理论基础。

三、专业社工机构服务为本的社区治理

专业社工机构与社区合作的治理方式提升了国家对基层社会的治理技术，是社会转型期国家社会化治理的尝试。结合已有研究，本书认为，专业社工机构凭借自身的组织优越性，能够运用独特的价值理念、工作视角和方法，满足社区居民多元化的服务需要，实现寓治理于服务之中，主要表现为参与激励、协同服务和建构规制的治理服务需要。

一是参与激励。社区治理强调多元主体的共同参与，注重激发居民参与社区事务管理的积极性。专业社工机构是社区治理中的重要支持力量之一，在促进社会参与方面发挥着重要作用（李迎生，2014）。专业社工机构能够针对社区问题，通过整合社区资源、增能赋权等活动，以及协助政府部门进行国家政策与法律倡导、公民教育等形式，激发和提升社区居民参与社区自治的意识和能力。

二是协同服务。王思斌（2015）、王海洋（2017）提出社工机构是通过专业性的服务活动参与社会治理创新。社区资源来源于政府、市场、社会等多元主体，专业社工机构凭借自身的组织优越性，能够运用独特的价值理念、工作方法，针对社区居民不同群体的服务需要，进行社区服务资源的有效整合与优化配置，为社区居民提供社会福利、社会支持、社会保障等专业服务（徐永祥，2006），并对社区内困难群体、弱势群体的生存状况予以关注（王思斌，2013），有利于满足社区居民多样化的服务需要，减少或消除基层社区社会矛盾和危机。

三是建构规制。社会治理强调多方主体通过沟通与协商达成共识后的一种治理方式，试图建构一套与现代社会发展相适应的“自组织治理”（杰索普，2000）体制机制，即政府、市场和社会组织等治理主体在社会问题触发时，会自动启用、民主协商和协调化解问题的制度或规范，形成一套完善、高效的社会治理体制（王思斌，2014）。这一套制度或规范需要通过现代化的专业方法和科学技术手段来实现，而社会组织可以运用独特的价值理念、专业方法，有效协调政府与居民的利益冲突、化解社区矛盾、建构良性的政府与居民的合作关系，实现社会治理体制的创新和完善。

由此可见，社区治理强调和注重社区社会组织对社区共同体构建的价值和作用，社区共同体的形成是社区治理的关键环节和重要基础，没有社区社会组织的存在和发展，社区共同体也无法形成（陈伟东 等，2010）。因此，创新社区治理的关键是促进社区社会组织发展并激发其活力。

综上所述，近年来学者对专业社工机构与社区治理层面的研究，主要是在国家与社会关系变迁的背景下展开讨论的，即政府与社会之间开始出现的深刻结构性变迁为专业社工机构介入社区治理提供了可能的制度和社会环境，而这也与治理理论提出的多种社会情境可以运用多治理主体共同治理模式的解释框架相吻合（杨雪冬，2008）。专业社工机构与社区治理的互构关系研究，为国家与社会关系理论提供了较为具体的研究场域，同时研究对象的具体化也在一定程度上延伸和拓展了国家与社区关系理论研究的解释范畴。同时，行动研究是以关系研究为基础和前提的，只有将专业社工机构社区治理的行动研究放置在二者关系的背景下讨论，才能更为全面地理解本书的研究背景。

正是在上述二者关系梳理的基础上，形成了专业社工机构能够介入社区治理的行动空间，进一步厘清了机构行动的场域、对象以及目的。因此，本研究在对专业社工机构参与社区治理行动逻辑的相关研究进行文献梳理前，需要对专业社工机构与社区治理关系理论研究进行考察梳理，在此基础上，下一步的研究视野将会更加明晰。然而，已有关系研究的视角，过多关注专业社工机构与政府的互动关系，与其他治理主体的关系研究较少，无法展现专业社工机构与多治理主体的复杂关系样态；同时，关系视角从静态结构分析和探讨专业社工机构能够介入社区治理的原因，却无法回应和呈现机构参与社区治理行动建构的动态过程，不能有效形成专业社工机构参与社区治理的行动模式和路径选择。

第二节　专业社工机构参与社区治理的行动研究

近年来，社会组织参与社区治理的研究已经逐渐从静态关系的学理分析转向了动态视角的行动研究（朱健刚、陈安娜，2014；许小玲、彭华民，2015；黄晓星、杨杰，2015；王杨，2016）。关系研究以静态的视角，从宏观层面把握专业社工机构与社区治理的关系，厘清机构介入社区治理的可行空间，是行动逻辑产生的前提条件。行动研究以动态的视角，在关系研究的基础上，从中观或微观层面把握其行动逻辑生成的原因、形式以及未来的发展趋势，对其介入社区治理时产生的各种权变行动以及发挥的功能和效用，提供了更有力度的解释视角。该视角逐渐得到学术界的广泛关注，成为专业社工机构参与社区治理研究的具有创新性价值的话题。关于专业社工机构参与社区治理的行动逻辑研究，应首先明确行动与行动逻辑的内涵，这有助于明晰专业社工机构参与社区治理的行动及其行动逻辑的内涵。

一、专业社工机构参与社区治理的行动理论演进

（一）行动概念的经典阐释

行动一直是社会学的主要研究对象之一，是许多社会学家研究和讨论的对象。韦伯的社会行动分析是关于行动理论的经典源头之一，他将社会学定义为解释性地理解社会行动并对其进程与结果进行因果说明的科学，并将人类的社会行动作为社会学的研究对象。韦伯行动理论的核心是关注行动的主观意义，他认为要研究社会行动必须理解社会行动意义，他把理解分为两类：一是通过对社会行动的直接观察理解其主观意义，明确社会行动“是什么”；二是根据动机来把握行动者赋予行动的意义，寻求社会行动的“为什么”。韦伯认为对社会行动的解释必须通过对具体事件进程进行比较分析以获得证实才具有科学的价值，因此，韦伯的社会行动实质是形成了一种将解释性理解与因果性说明相结合的分析模式（范和生，2005）。

帕森斯强调人们的社会行动是由行动者、目的、情境和规范组成的系统。帕森斯的行动体系阐释是从体系中的一个具体实际的“单位行动”入手进行分析的。他提出一项单位行动包含行动者、目的、情境以及这些元素之间的关系形式四个要素。其中，行动者即当事人；目的是指行动过程所指向的未来态势；情境分为两类，一类是行动的条件，如对行动者产生约束和控制的外部环境，一类是行动为达到目的而采取的手段（帕森斯，2012）。他的行动系统强调行动者的行动开展会依照各自的动机并参照情境中的各种元素，如自然或文

化元素。同时，行动者之间存在一套共享的意义，并在此基础上与这些元素建立起稳定的关系。这个意义就是帕森斯特别强调的规范对行动者的制约，即任何行动者之间的互动和秩序的达成都必须遵从规范（Parsons，1968）。帕森斯在行动系统的基础上提出了由行为有机体系统、人格系统、社会系统、文化系统组成的更高层次的社会行动系统。这些行动系统分别具有适应环境、目标获取、社会整合和模式维持的功能。行动者在与其他行动者互动的过程中，必然面临情感性与情感中立性、扩散性与专一性、普遍性与特殊性、自致性与先赋性、自我取向性与集体取向性五个方面的抉择。他认为人类行动都具有体系特征，不存在孤立的行动，并用行动将社会系统和个体系统连接在一个相关联的单一模式中（沃特斯，2000）。帕森斯强调系统行动结构的重要作用，他认为所有社会行动都是由一个或多个行动者构成的行动联合体，系统内的每个行动者的运作均受到其他行动者的影响。在帕森斯看来，行动是社会关系结构中的行动，行动者一旦进入某种社会关系就不能随意改变这种关系结构，只能依据具体情境和角色关系在制度化价值规范的指引下调整自己的主观取向，其行动才能顺利达到目标。可见，帕森斯采取的是一种结构功能式社会行动分析模式。

从韦伯和帕森斯的行动理论可以概括出以下几点特征：一是行动被赋予意义。观察和理解这种意义是社会学研究的一个主要任务。二是人类行动是由动机推动的。个体为了实现目标，会对行动进行精心地筹划，行动就被赋予了意义。研究者可以据此探究行动生成的原因。三是人类的行动具有系统特征。人类所有的行动是由多个相关联的行动构成的，是一种系统行动的结构。四是组成系统结构的社会行动具有相互依赖性。每个行动都具有一定的功能，它的运作会对其他主体产生影响，并最终影响结构的功能。五是行动体系内部行动者之间的互动会遵循一定的固定模式，即遵照一定的规范性取向。六是行动实质包含了行动者、目的、情境以及关系形式四个要素。

值得注意的是，在对行动进行分析时，韦伯的行动理论在研究方法上偏重于对行动主观理解的意义。他强调行动的主观性及其对社会产生的影响，忽略结构对行动的限制性作用。他的行动理论具有“弱结构、强行动”的特征。帕森斯提出了唯意志行动论，认为社会行动只有通过分析行动者给他们的行动注入了何种意志、如何构造他们的情境以及用什么价值规范作为指导原则，行动才能够被说明。帕森斯持有一种“强结构、弱行动”的倾向，更加强调结构对行动的制约作用，对人的主观能动性作用重视不够。本书认为行动者与规范的关系体现的就是行动与结构的关系，二者应是一种相互依赖的共同体。它们之间既包含了对立和冲突，也包含了协调和整合，应既注重结构对行动建构的影响，也关注行动对结构的能动形塑。两位社会学家的行动理论是专业社工机构参与社区治理行动理论生成的重要基础和来源。

（二）组织社会学视阈下的行动内涵

专业社工机构参与社区治理的行动内涵是从组织社会学的视阈下进行阐释的。组织社会学的法国学派强调组织行动的生成必须从行动者与环境的互动关系中理解和把握。克罗齐耶与费埃德伯格（2017）认为，组织具有整体性和系统性特征，它是结构也是过程。组织不是一种简单的社会功能单位，它既发挥了人类行为生成的重要影响作用，也扮演了人类行为结果的角色。组织是集体行动[1]实践生成条件与动力的供给者（费埃德伯格，2017）。组织是一种行动领域，行动者的概念在法国学派的组织观中极为重要。法国学派认为组织和行动者是共生关系，行动者在组织中处于限制与机遇并存的状态。行动者在参与完成组织的共同目标的同时，也在最大限度地利用组织提供的有利条件来获取权力[2]，通过充分获取可供组织发展的资源，以实现预期收益。在一个组织系统内，行动者行动的开展会受到来自组织以及组织内其他行动者的限制和影响，同时该行动者会依据这些影响因素去选择适当的行动以回应上述限制。因此，行动者在决策时处于高度依赖彼此的情境中，这被克罗齐耶和费埃德伯格

---

[1] 集体行动，即有组织的行动（克罗齐耶、费埃德伯格，2017）。作为一种群体或集体的行动现象，集体行动贯穿人类社会的始终，只要存在单个个体无法实现的公共物品供给的合作问题，就存在集体行动的现象（肖卫，2016）。本书的集体行动主要关注的是组织中的所有行动者如何通过互动博弈展开行动，实现组织共同目标。这一概念的提出是在组织行动视阈下进行讨论的。本书的集体行动与行动实质是同一内涵下的不同表述方式，因此，将不对二者做详细区分。

[2] 克罗齐耶和费埃德伯格（2017）谈到的权力，在此并不等同于强制性的力量，强权只是权力的极端病态形式。组织分析理论的权力是一种能力，是行动者通过自己的活动而创建的协商谈判的能力，一种在不平等关系（其他行动者）中获取资源的能力。因此，行动者为获取这种权力，会形成各种策略性行为。

称之为游戏[1]。

这里的游戏与帕森斯的规则概念有相通之处。游戏的规则将具体行动系统连接成为具有一定结构的游戏，游戏通过游戏规则既对行动系统内行动者的目标达成提供可能性条件，也对行动者的行为进行规约与限定。在组织行动系统的结构中，所有组织都必须与其所处的环境进行协商谈判。无论是在组织的内部还是外部，行动者只有与其他行动者产生权利关系与交换关系时，才可能实现自身的利益目标。行动者凭借其环境的诸种规则，依据规则的变化形成自己的策略，充分利用组织与环境的关系，利用组织的规则，可以使自己在环境中处于较为有利的位置。面对组织与其环境之间的动态关系，要把握相关的二者相互作用和影响的过程，研究者就必须分析这些游戏（规则）是如何形成、维系，并加以规制的。对于组织的分析，必须注重对组织所在的行动系统的分析。这些行动系统构成了限制性的框架，行动者可以在此框架的内部施展自己的策略。

（三）专业社工机构参与社区治理行动的现实意蕴

从已有研究来看，关于专业社工机构参与社区治理的行动研究，多以机构的行动策略、生存策略等为研究对象，揭示组织如何应对外部环境产生的行动选择及整个行动选择生成的一套规律性行动，对从专业社工机构参与社区治理的行动研究中提取行动生成的要素具有启发价值。

李晓凤等（2015）以深圳民办社工机构参与社区治理的创新路径和策略为研究对象，讨论了社工机构如何在面临管理制度限制、资金和人才缺乏、机构能力建设不足、价值观念缺位、社会使命感缺失等情境下，通过战略规划和管理，明晰机构的价值理念和文化；通过完善组织架构，增强社会使命感；通过培养和吸收人才，提高机构的管理和服务能力；通过严格把控财务，提升自身公信度；通过服务效益和质量保证，获得社会认同；通过公共关系营销，打造良好的社区环境等策略，实现社区治理创新的目标。

---

[1] 克罗齐耶和费埃德伯格的游戏具有集体的、关系性的特征。游戏具有一定的规则，游戏让行动者的自由、行动环境的相关制约、利益的冲突和妥协互让、彼此的竞争与相互的合作理念变得相容，并以一定的方式得以整合。

王杨（2018）以草根社会组织在社区治理中建构组织合法性的行动策略和路径为研究对象，论述了组织如何根据特定的社区治理主体选择具体的行动策略，以实现与社区各主体的合作，达到社区治理的目的。该组织主要是通过角色归位，履行专业社会责任，以获得基层政府部门的认同，取得规范合法性；通过意义构建，建立知识模板，开展印象管理，以获得社区居委会或其他自治主体的认可，构建认知合法性；通过集体结构化，推广模式、获取声誉，以获得社区居民对组织的专业认同，增强规制合法性。正是在以上组织行动的构建基础上，组织达成与社区其他治理主体的共融合作，实现自身发展和社区治理的总体目标。

纪晓岚、刘晓梅（2016）以某街道社区的社会化养老服务机构应对养老服务危机的行动策略为研究对象，探究机构如何通过网络治理模式与养老服务供给的其他行动者，如政府、企业、社会组织和居民进行有效互动以实现治理网络复合体的搭建，实现该街道社区养老服务以及其他公共服务的治理目标。

结合韦伯、帕森斯组织社会学的行动理论以及学者关于专业社工机构参与社区治理行动的研究可以发现，专业社工机构参与社区治理作为现代社会中组织化、制度化、积极化的一种行动和方式，完全可作为一种行动单元在理论上进行分析。因此，专业社工机构参与社区治理的行动是指，机构作为行动系统中的行动者，如何在行动系统内部与其他行动者共同作用形成的规则制约下，通过策略性行为这一手段，与系统内的其他行动者进行互动博弈，实现社区治理创新的目标。具体行动内涵的分析如下：

（1）行动者。专业社工机构作为社区治理的主体之一，是整个社区治理行动系统中的行动者之一。行动系统中还包括与机构互动的其他行动者，如国家、社区居委会或居民（王杨，2018）。

（2）目的。组织内行动者的合作目的在于通过集体行动共同解决社区治理的问题。机构与系统中的其他行动者开展互动博弈式的合作，是为了实现社区治理这一目标。

（3）情境。情境分为两类：一类是行动的条件，如行动者无法控制的外部环境，一类是行动者为达到目的使用的手段。在行动系统的结构中，“条件”主要指的是专业社工机构凭借其自身的运行规则，以及与其他行动者共同构成的系统环境诸种要求，决定组织的行动者们应该如何对它们做出反应。

从已有研究发现，“条件”主要是指专业社工机构自身的运作规则，以及外部其他主体，如国家、市场和社会，它们自身的运行规则以及对机构行动的期待而产生的各种有利或不利的要求，是机构做出回应的客观环境。作为“手段”，机构必须与其环境中其他行动者进行协商谈判。无论是从机构的内部环境还是外部环境，机构只有进入其他行动者的权力关系与交换关系之中，才能有效克服“条件”的限制和影响。在已有研究中，“手段”作为机构回应客观环境的必要途径，通常以策略行为的方式进行。如文献中均提到专业社工机构如何通过生存策略、行动策略等应对外部环境的制约或限制。

（4）关系形式。社会行动的体系主要是相对于社会行动者与情境之间所形成的互动关系而言的。组织与环境之间的动态关系研究，有助于把握专业社工机构与环境中其他行动主体之间的相互交换与相互影响的过程，进而分析这些行动是如何产生、如何维系并且如何加以规制的。以上研究都强调机构与其他主体进行互动博弈的过程。这也是本书接下来的重点与难点。

二、专业社工机构参与社区治理的行动逻辑理论阐释

以上文献厘清了专业社工机构参与社区治理的行动内涵，在此基础上，本研究还必须澄清行动逻辑的内涵。欲明晰本书的行动逻辑概念，必须对行动逻辑的相关阐释进行梳理。

（一）行动逻辑的相关阐释

1. 西格伯格对行动逻辑的本质研究

关于行动逻辑的研究，早有学者从哲学与逻辑学视角对行动逻辑的本质进行过探索，这些本质的探索已经渗透到社会科学研究的领域之中。20 世纪 50 年代末，以安斯库姆（Anscombe）为首的一批哲学家将行动哲学的研究作为哲学的专门分支，开始对行动的概念、特点和原因等问题进行哲学层面的思考和讨论。在逻辑学上，从 20 世纪 60 年代开始，冯·赖特（Von Wright）将行动研究放置在逻辑学视角下，进而行动逻辑开始成为逻辑学的重要研究领域之一（王淑庆，2016）。西格伯格（Segerberg）作为一位最重要的行动逻辑学家和行动哲学家，他强调行动逻辑的研究应以对“行动”概念的精确分析为基

础（西格伯格，1992）。因此，西格伯格从形式化描述的角度理解和认识行动的结构，将行动概念精确化，以建构一种行动哲学（西格伯格，1981）。

西格伯格的行动哲学最关注的两个问题为：行动的本质为何？行动如何描述？西格伯格认为行动的本质可以从主体与世界的关系进行阐释，对行动进行形式化描述。他的行动分析，不是直接对行动本身进行分析，而是针对行动所体现出来的“能动作用”（行动意向）（王淑庆，2016）。西格伯格行动哲学的提出有一个主要目的，即为了说明主体的主观精神和客观行为是如何相互作用和相互影响而构成了行动（西格伯格，1984）。他认为正是由于这种交互作用中主体能动作用的发挥，才使一个事件成为行动，并强调构成行动的核心要素是“例行程序”。他认为例行程序充分体现了能动作用的核心内涵，因此，他将此概念作为行动理论的核心要义。他进一步强调，深思熟虑的行动实质就是寻找和运行一个可用的例行程序（西格伯格，1985）。由此可见，西格伯格的分析倾向于对行动客观性的把握。虽然西格伯格的行动本意是强调行动主体的行动意向对行动的影响，但例行程序更强调的是一种方法或过程，它的客观性更强（王淑庆，2016）。

从西格伯格对行动逻辑的分析可以看出，他认为行动逻辑实质是一种“例行程序”，是指主体做某事会遵循的一套“方法”。然而，尽管他试图强调行动的能动作用，但他将行动的概念和本质看作做事的“方法”，这种“方法”的客观性意义使得其在主体的能动作用方面是无法有效展现的。同时，他也没有全面地对行动的基本要素进行分析，对行动逻辑的分析难以用于对集体行动逻辑的解释。尽管如此，他对行动逻辑研究“例行程序”的本质探索，启发本书重点关注专业社工机构参与社区治理的行动逻辑内涵的客观性方面。

2. 奥尔森集体行动的逻辑理论

曼瑟尔·奥尔森（Mancur Olson）的《集体行动的逻辑》，将经济学方法引入社会科学领域，对本书进一步进行组织行动逻辑的分析也具有一定的启发作用。奥尔森系统地论述了集体行动逻辑的理论内涵和实践意义。他的集体行动逻辑的内涵是基于大集团内部个体与集体的关系而言的，认为理性和自利的个人一般不会自愿牺牲个体利益而参与集体行动以实现集团或群体的共同利益（奥尔森，2014）。从他的解释可以看出，集体行动的逻辑是个体理性和集体理性之间的利益博弈。具体来看，奥尔森的集体行动逻辑的内涵主要包括：首先，集体行动的逻辑关注点是集体行动的困境，而不是人们如何成功地采取集体行动。除非集团成员自愿承担集体目标的成本，或受到集团附加利益的驱使和激励，否则集团的成员不会采取行动去增进集团利益或实现集团目标，这就导致了集体行动的困境。其次，集体行动困境产生的根源在于个人具有“搭便车”的机会主义倾向。这种“搭便车”的现象表现为个人无须参与合作就能够取得集体物品的收益，或是个人的行动不会对集体物品的实现产生影响，因此，个人选择不参与集体行动。为解决“搭便车”的困境，奥尔森提出可以通过“选择性”的激励机制实现个体采取有利于集团目标的行动。这种机制可以概括为“不平等原理”，即组织内部在利益、权力、贡献和分配上不能简单地以平均主义为根本原则（赵鼎新，2006），而应对集体行动的参与者实施奖励，对不参与者实施惩罚。

本书认为，奥尔森集体行动的逻辑关注点在于强调集团内个体的主动行为对集体行动困境的影响和作用，注重如何克服集团内个体的“搭便车”行为，重塑个体主动参与集体物品供给的动力和激励机制。该理论对激发集团成员主体性的强调和分析，对专业社工机构在参与社区治理的行动逻辑中如何形塑机构参与社区公共事务管理和公共服务供给的主动性和必要性，以及本书中行动逻辑分析框架的生成，具有重要的指导意义。

（二）专业社工机构参与社区治理行动逻辑的现实化展示

通过上述关于行动逻辑的理论梳理可以发现，行动逻辑强调行动的规律性以及行动者主体性的重要作用。这为本书厘清专业社工机构参与社区治理行动逻辑内涵奠定了理论基础。关于专业社工机构参与社区治理的行动逻辑研究，多是以机构的行动策略、生存策略等为研究对象，揭示组织如何应对外部环境产生的行动选择及整个行动选择生成的一套规律性行动。已有研究虽大多未明确提出行动逻辑这一概念，然而，这一套规律性行动选择的背后，实质内嵌的就是组织的行动逻辑。

何艳玲等（2009）以某社会服务组织与其他组织间互动的行动策略为研究对象，以“依赖—信任—决策者”为分析框架，发现该组织会基于与其他组织的依赖、信任程度以及组织管理者的个体因素等而采取不同的行动策略，如拒绝、避免、默许和欢迎。彭惠青、付钰平（2015）在明确社区非营利组织功能定位的基础上，分析了社区非营利组织在社区治理中存在的外部服务行政化、社会认同度低及非营利组织自身专业能力建设不足等适应问题，提出了走“互惠性”道路的行动策略。专业社工机构通过积极与政府部门沟通协商，坚持自己的专业性；与原有社区工作服务人员合作，实现资源共享；借鉴居委会工作的优点，并结合自己的专业知识将服务做好；加强组织自身专业性建设，增强其社会认同度等。田凯（2004）以某社会服务组织的生存策略为研究对象，认为该组织的生存策略呈现出组织外形化的特征，即组织的形式与实际的运作方式存在严重背离的现象，并分析这种现象生成的逻辑。该研究发现，组织的形式与运作的偏离是组织在制度环境约束下的策略选择，是组织为寻求与制度环境的平衡而实现二者良性互动的产物。已有关于专业社工机构在社区治理中的行动策略或生存策略的研究，是机构在面对不同社区情境时采取的不同行动选择。这一系列行动选择的过程建构了专业社工机构参与社区治理的规律性行动，其实质映射的是组织在行动选择中遵循的逻辑。

综上所述，本研究基于行动理论和行动逻辑理论的研究发现，专业社工机构参与社区治理的行动逻辑，是将机构参与社区治理的“单位行动”（行动者、目的、情境和关系形式）形成一套规律性的行动运作，即搭建一个分析组织行动的“例行程序”，形成一个行动的分析框架，同时，将组织的主体性纳入框架中进行分析，形成一条专业社工机构参与社区治理可供选择的实践路径。

三、专业社工机构参与社区治理行动逻辑建构的环境规约

已有关于专业社工机构参与社区治理的行动逻辑研究，总是将行动与其面临的困境紧密相连，认为组织的行动是其在面对困境时采取的权宜行动（陈为雷，2013）。由此可见，组织面临的困境直接导致专业社工机构行动逻辑的生成。因此，组织困境分析是探索行动逻辑的重要前提。组织社会学强调组织与环境的关系，认为组织受到环境的塑造（纪莺莺，2016）和影响（田凯，2015），并被看成是不断与环境进行各种能量和资源交换，并相互作用的过程，且复杂和动态的组织环境给组织运行带来一定的风险和不确定性（费显政，

2006）。因此，本书接下来将对组织环境中的影响因素进行分析，以把握专业社工机构行动逻辑生成的最关键环节。

社区治理中专业社工机构面临的组织环境是由政府、市场、家庭及社区其他社会组织组成的制度环境、市场环境与社会环境，同时，组织通过内部环境与它们共同作用，影响社区中专业社工机构行动逻辑的产生。本部分将对中西方组织的制度、市场、社会环境及内部环境进行比较分析，以期充分挖掘我国专业社工机构参与社区治理行动逻辑的生成机理。

（一）组织制度环境研究

组织的生存要配合与顺从制度环境（Dimaggio & Powell，1983；Zucker，1987；Scott，2008；刘祖云 等，2002；邓亦林，2017），根据国家的政治结构和政体形式以及文化背景等因素，可以预测国家对社会组织的态度是支持还是约束（纪莺莺，2016）。研究表明，当前我国专业社工机构行动逻辑的生成实质是转型背景下国家与社会关系互动演化的结果。西方的专业社工机构是自下而上生成的社会产物，在我国，专业社工机构作为舶来品，是在政府强力推动下的制度产物，其组织的制度环境有其独特性。本部分通过对中西方制度环境的不同特点进行梳理后发现，不同的特点带来了不同的发展机遇和问题。同时，对西方专业社工机构组织制度的研究，有助于对我国专业社工机构组织发展困境的辨析，以及对未来发展趋势的借鉴。

很多学者都对制度这一概念做过界定与探讨。斯科特（2010）认为制度包含法令规章、规范、文化—认知三个要素。周雪光（2003）将制度环境定义为组织所处的法律制度、观念制度、社会规划和文化期待等被人们接受和承认的社会事实。俞可平（2006）认为制度环境是国家规范和制约民间组织活动的所有正式的或非正式的准则。其中，正式制度包括宪法、法律、行政法规和政策；非正式制度即公民与政府对民间组织的态度。通过上述定义并结合已有研究可知，政策环境（包括政策与法律法规的取向与制定等）、文化认同（包括公众、政府对于机构的认同等）等，是当前中西方学者最关注的制度环境方面的研究话题。

1. 西方制度环境取向：政策相对完善、文化认同较高

西方的社区管理模式基于国家与社会的关系经历了从传统社区管理模式向

社区治理模式的转型。19 世纪中后期，欧美国家开始注重社会组织对社区建设和社区事务的介入和参与，发起社区睦邻组织运动（Social Settlement Movement）。该运动的主要目的是协助社区内的弱势群体整合社区内外部的资源，帮助他们提升应对内外部不利条件的能力，激发其独立自主的精神（徐震，2004）。第二次世界大战以后，全球化和城市化的快速发展使得西方发达国家的社区面临衰落。为解决这一困境，从 20 世纪末开始，西方发达国家通过倡导“社区复兴”运动，带动社区居民通过自下而上的方式参与基层治理。伴随西方公民社会的不断发展与成熟，社会组织日益发展壮大，开始参与社区公共事务的管理。新型的社区治理模式开始取代传统的社区管理模式，社区治理成为西方国家治理理论与实践相结合的重要节点（吴晓琳、郝丽娜，2015）。美国、英国、新加坡等发达国家都将社区治理作为一项新型社会治理战略，即将政府权力与职能下放到社区，将社区公共事务交与社区居民自主管理，特别强调社会组织在社区治理中的功能，形成政府、社会组织、公众共同参与的治理模式。事实上，西方社区公共服务供给模式中多元供给主体间的合作关系已经日趋强化。由此可见，西方专业社工机构组织行动开展有着较为成熟的政治与社会基础，组织的发展具有较大的自主性，能够按照组织的理念、目标等更好地开展活动，在社区治理中发挥了不可替代的作用。

（1）政策环境：政策、立法相对完善。西方发达国家的专业社工机构参与社区治理有非常肥沃的政策环境土壤。西方的社会组织发展立足在西方公民社会的土壤上，使得社会组织在国家的正式界限外留存了自我独立发展的行动空间（萨拉蒙，2008）。国家在宪法和法律上确立社会组织的合法性地位，同时在权力和资金方面给予社会组织相当大的支持和空间，主要表现为政府的限制性政策少、采取“非管制模式”的监管制度、规范健全的法律制度等，以保证社会组织的持续性发展。在欧美国家，政府是社会组织发育发展的主导力量，具体体现如下：在财税政策方面，政府对审核批准的社会组织给予减免等优惠政策支持；在土地供应方面，政府给予社会组织大力支持；在服务项目方面，政府通过“外包”形式向社会组织购买服务，并赋予社会组织优先于其他部门的社会服务权。例如，美国社区建设与发展的主要治理职责基本由社区社会组织承担，政府只负责在宏观层面上把握和指导社区治理的方向与原则，将社区治理的相关事宜和权力下放给社会组织，并积极通过资金方式支持社会组织发展。在美国，政府、市场等社区公共服务购买者与专业社工机构之间的关系，是依据服务契约建立的平等的服务购买者与生产者的关系。社区公共服务项目有相对完善和严格的竞标准则，专业社工机构完全凭借其专业服务的资质进行竞标。在英国，法律规定社会组织的年收入超过5000英镑就可以注册登记为慈善组织，且享受一系列税收减免等优惠政策（王名，2010）。另外，组织的政策参与是国家与社会关系的重要构成部分（Bell，1995），是组织具有宽松的政策环境的主要表现。在加拿大，专业社工机构能够参与制定和修改社会福利政策（郭景萍，2015），其中包括社区的社会福利政策。

（2）文化认同：政府与公众认同度较高。西方社工机构发展起源早，有相对丰厚和成熟的理论作为支撑，政府和公众对其文化认同度普遍较高。机构服务的开展都建立在西方传统文化理论和价值体系上，如欧洲文艺复兴时期倡导的以人为本的人文主义，这种传统的文化理论和价值体系不仅为同样宣扬以人为本的社工机构提供了价值指导，增强其专业优势，还使得社会公众对机构产生好感与信任，有利于二者建立良好的服务关系以及提升机构的工作效率。同时，西方基督教的博爱观念与助人思想是西方社会以及个人内化的产物，使得社工机构和公众秉持相同的基督教文化与价值观念。在美国，社区居民都会积极通过社会组织参加到社区活动中。社区社会组织，尤其是专业社工机构在居民心中的认同度很高。陈华（2006）研究发现，在美国非政府组织资金来源中，人均捐款为460美元，占美国国内生产总值的2.1%。而我国社会捐款较少，人均捐款不到1元，只占GDP的0.01%。从这些数据可以看出西方非政府组织的资金来源的多样性，不仅有政府支持，还有公民以及社会的大量赞助与支持。这与公众对于社会组织的认同度较高有很大关系。在新加坡，社区治理虽是政府主导的管理模式，但是社会组织在社区治理的参与中仍发挥相当重要的作用。比如，公民会积极通过社会组织参与到公共政治问题中，社会公民享有并可以行使应有的监督权力，以对政府的管理工作施加影响（王新松，2015）。从公民的积极参与可以得知，西方公众对机构的认可度较高，他们愿意主动积极地参与到机构的活动与事务当中去，这对社区专业社工机构的发展起到了很大的推动作用。西方非营利组织已成为政府处理社会问题的伙伴、公平分配资源的手段、公民民主参与的形式，并创造大量就业机会，在社会生活中发挥了十分重要的作用（李培林 等，2006）。

在一些发达国家，专业社工机构不仅要满足社区中弱势群体的服务需要，还要善于挖掘和创造社区资源，包括寻找挖掘社区资源的方法以及创建新的社区互助组织，以满足其他社区居民的服务需要。例如，西方社区社会组织在社区会通过扮演慈善家、资产拥有者和社区组织者等角色，协同与配合政府、企业和慈善机构等，为居民提供从传统社会服务到需要发展的群体性组织的专业性服务。

2. 中国制度环境取向：政策相对模糊、文化认同较低

中国的社团管理政策经历了从放任到控制、从以非常规力量管理为主到以法律治理为主、管理重心从中央向地方转移的过程（邓正来、丁铁，2012）。改革开放以来，单位制逐渐退出历史舞台，社区成为单位制式微后社会治理的主要场域。社区在促进政府与居民互动、加强公共服务提供等方面具有十分重要的作用，尤其强调社会组织的参与。然而，面对社会组织的快速崛起，组织制度环境的困境仍是当前阻碍社会组织发展的最重要因素（贺立平，2002；俞可平，2006；黄晓春、嵇欣，2014；邓莉雅、王金红，2004；廖鸿等，2012）。已有研究发现，中国非营利组织采取的行动总是与组织面临的制度困境相联系（陈为雷，2013），专业社工机构的行动逻辑是在面对制度困境时采取的权宜行动。因此，只有认清专业社工机构在社区治理中的制度瓶颈，才能把握专业社工机构行动逻辑产生的内在机理。

（1）政策环境：鼓励与制约的双重取向。国家对社会组织治理的政策取向是支持还是限制，是社会组织生存与发展的重要影响因素（纪莺莺，2016），当前政策环境的含混性直接导致政府对待专业社工机构态度的模糊性。专业社工机构在社区治理中面临激励与制约并存的政策环境，其中政策含混性强、机构对政府资源高依附性以及机构的合法性存疑等问题成为阻碍政策环境改善的最主要因素。

国家在社会组织发展的宏观政策制定方面存在模糊发包的现象，这直接导致地方政府更多是采取“试验”的方式和态度来发展社会组织（黄晓春，2015）。国家从中央到地方相继释放出社会组织发展的不同政策信号，各政策信号之间暗含一定的张力，使得专业社工机构的发展受制于制度环境。黄晓春、嵇欣（2014）认为当代中国社会组织发展受制于具有较高含混性特征的宏观政策环境，处于一种非协同性治理的制度环境中。这导致各级政府部门在

与各类社会组织互动时，缺乏系统的、明确的政策指引，往往选取技术性的治理方式处理与组织的关系，进一步造成社会组织实践中制度环境的非系统性和高度复杂化。孙华（2014）在对南京社工机构参与社区治理的研究中发现，政策、法律等制度环境的建设滞后是影响社工机构发展的主要原因之一。

2009 年民政部发布了《关于促进民办社会工作服务机构发展的通知》，然而截至 2014 年，江苏和南京并未出台一部专门针对民办社工机构发展的政策文件。同时，与社工机构发展密切相关的制度，如社会组织登记管理、税收、政府购买、社工的激励保障等配套制度上存在缺失和不健全的问题，造成南京民办社工机构的培育与发展一开始就陷入困境。陶传进（2008）认为政府与社会组织是一种明显的“双轴”关系，即既控制又支持。这种政策环境不利于社会组织的发展。俞可平（2006）指出，中国社会组织的政策环境具有“宏观鼓励”与“微观约束”的双重特征。宏观的政策、经济和社会环境均有利于社会组织发展，但微观上仍存在不利于社会组织发展的正式与非正式限制。他还提出制度剩余与制度匮乏并存是社会组织制度环境的又一特征。制度剩余主要体现在政府民政登记部门与业务主管部门对社会组织管理的职能重叠；制度匮乏主要表现在政府对社会组织的管理存在许多空白或灰色地带，使不少社会组织的发展没有政策依据而无所适从。以上政策含混性的取向，导致专业社工机构在社区治理中一直处于“名实分离”的状态，一方面政府积极鼓励专业社工机构的发展，承认其社区治理主体之一的地位（孙华，2014）与伙伴关系，另一方面政府制约和约束专业社工机构的发展，并没有为其创造良好的生存环境。

专业社工机构形成对政府的单边资源依赖，资源的稀缺性导致组织对环境的依赖（Pfeffer 等，1978）。不同于西方社工机构自发成长的环境，我国专业社工机构其组织的建立与发展都是建立在政府支持的背景下。十七大以来，国家大量出台积极推动社会组织发展的政策意见。然而，宽松的制度环境并未带来社会组织在专业化水平、自主化发展以及公共性表达等方面能力的显著提升。政府是社会组织资源的主要来源和供应者，在此环境下，社会组织“唯资源导向”的特征表现明显（黄晓春，2015）。清华大学 NGO 研究所对全国 2000 家社团组织的抽样调查发现，缺乏资金是当前中国民间组织在资源短缺方面的首要难题（王绍光、王名，2004）。戴香智（2016）指出资金匮乏和经费来源单一是直接影响社工机构参与社区工作和有效提供社会服务的关键。周玉萍（2013）认为政府购买服务占到社工机构资金供给的80%以上，使得社工机构的生存与发展在很大程度上受制于政府的支持态度，颇有“生也政府，死也政府”的意味。

可见，政府资金供给对推动社工机构发展有着非常重要，甚至决定性的影响。加之我国社会组织资金来源较为单一，大多依赖政府的支持。因此，许多社会组织往往呈现出离开政府支持，便无法维系生存的状态（许小玲、彭华民，2015）。通过上述分析可以发现，社会组织对政府具有较强的依赖性，体制内生成的社会组织具有“官民二重性”的特点（尹广文，2011；黄岩、祝子涵，2017），体制外生成的社会组织具有较强的政治依附性（王清，2014）。这种社工机构与政府之间不平衡的资源依赖关系可能会导致社会服务机构的行动结果偏离了最初的服务宗旨和目标，甚至有沦为“国家控制工具”的危险（陈涛，2011）。

社区社会组织的合法性是组织发挥作用的基本条件和前提，离开了合法性支持，社区社会组织就无法有效自主参与社区治理，继而加剧社区失灵（吴晓琳、郝丽娜，2015）。谢海定（2004）认为，中国非营利组织由于立法不当导致的合法性问题是阻碍社会组织发展的主要问题之一。解决这一问题，需要尽快制定和出台非营利组织法，推进从控制型管理转向培育型管理的制度改革。Hildebrandt（2011）对中国草根组织登记状况的研究则显示，社会组织登记在册是体现组织合法性地位的主要表征之一。中央政府也积极鼓励社会组织登记在册。但由于基层地方政府与草根组织在政治、经济利益上的现实考量，双方往往并不倾向于组织成为登记在册的合法组织。正是基于中央与地方政府的各自利益，这为地方政府对社会组织的处置权提供了灰色地带。廖鸿等（2012）通过研究34个国家对社会组织的财政支持政策发现，发达国家社会组织的财政支持政策及其配套制度相对完善和健全，而我国还未建立明确的社会组织财政支持政策，各地政府对社会组织的经费支持力度十分有限。这就直接导致相当一部分社会组织的生存和发展步履维艰，少数社会组织运作不规范，甚至采取乱收费、乱评比等手段维持生计。

（2）文化认同：社会认同度低。专业社工机构作为一个服务性组织，其发展及具体服务活动的开展离不开政府与社会的支持和认同。这也是影响专业社工机构行动逻辑的关键因素。专业社工机构作为西方的舶来品，在我国是制度推动下的产物，其社会承认与社会认同很不充分。因此，要突破我国社会组织的发展困境，解决政府、社会对组织的文化认同问题是首要前提（石国亮，2011）。社工机构发展的社会基础仍然缺失严重（高丽、徐永祥，2016），主要是由于政府、公众对专业社工机构的认可度普遍偏低，具体表现为政府倾向于工具性地处理与机构的关系，公众难以主动参与到机构的服务活动中。

李元来（2017）的研究指出，政府对待社工机构的工具性思维十分明显。由于社工机构对政府的先天依赖导致不平等的关系样态，政府对社工机构的合法性的实质性承认不足。但实际行动上，有些地方政府在政绩观、巩固部门利益等现实需要的驱动下，片面地将社工机构培育发展看作一项政治任务，带有强烈的工具主义色彩，即将社工机构当作一种可以帮助政府部门解决弱势群体困难、提升政府治理水平和能力、维护社会秩序稳定的新型工具。Spires（2011）认为由于地方政府官员的利益考量和计算，社会组织与地方政府之间是一种脆弱的、基于“相互需要和相互怀疑”的“偶发共生”关系。Thornton（2013）指出，政府通过购买服务等方式支持社会组织发展，实质是因为其有利于帮助政府解决自身出现的管理问题。Teets（2013）也认为，地方政府官员与社会组织合作关系的达成，是因为组织提供的专业服务能够助力政府实现某些工作任务和管理目标。从政府部门对专业社工机构的态度可见，社会组织总体上尚未摆脱“登记难、生存难、发展难”的困境（王建军，2012）。

乜琪（2011）针对北京、上海两地社工机构服务对象对社工机构的认同度展开调查，结果显示，尽管服务对象对专业社工机构的认同度比对传统社会服务机构的认同度高，但是从主动寻求社工机构帮助的服务对象仅占被调查总数的6.9%的数据可以发现，服务对象对社工机构的整体认同仍然较低。文章分析服务对象对机构认同低的主要原因是民政部门等传统社会服务机构的影响较大，以及政府和法律支持不足，使得机构的合法性饱受质疑。高丹、戴尧（2015）的研究显示，鉴于社工机构的专业化水平不足，民众对专业社工机构能否提供有效的、专业的服务仍存在质疑，并未形成对社工机构的良好认同。周玉萍（2013）在论述高校教师领办社工机构的生存困境时，特别强调国内公众对高校教师领办社工机构的态度，使得机构在支持与反对的夹缝中生存，其发展因不能得到普遍认可而慢慢萎缩。从目前的实际情形来看，社会工作的发展仍然面临着严峻的社会形势，公众对社会工作认识的参差不齐，极大地影响社会工作的专业形象与专业社工机构的发展。同时，中国社会是家庭本位的，传统文化注重家庭在其成员遭遇困境时的救助和帮扶功能。家庭成员陷入困境时，通常会选择向亲戚朋友寻求帮助，并未形成主动寻求外界专业社工机构帮助的理念。因此，中国特有的求助关系文化和伦理使得公众主动获取社会工作服务的显性社会需求较低（王思斌，2001），这进一步限制了专业社工机构的发展。

综上所述，西方的专业社工机构是随着市场经济的发展，为了解决社会冲突而自发形成的社会组织，而中国的专业社工机构是为了回应社会转型期间的各种矛盾，在政府强力推动下的制度产物。同时，社会工作的各项制度和社会政治安排是解决其服务对象以及各种问题的根本所在（张和清，2011；郑广怀，2010）。因此，制度环境是影响专业社工机构行动逻辑的最重要因素。当前社会组织发展的宏观政策环境缺乏系统梳理和顶层设计，地方政府和各职能部门并未完全从理念和规划上将社会组织的长远发展列入地方发展布局中。可见，社会组织与社区自治、基层治理创新等重点民生议题结合的制度设计缺位或不健全的问题仍较为突出（黄晓春、嵇欣，2014）。Young（2000）认为当前国家政府和社会服务组织的关系主要有三个取向，即社会组织作为政府的补充独立运作、作为政府的补充与政府形成伙伴关系、形成与政府互担责任的对立关系。在我国，第三种视角是专业社工机构与政府的最普遍化关系。政府一方面掌握着有关专业社工机构政策制定、实施与资源配置的权力，另一方面又通过科层制体系对专业社工机构进行安排与管理。政府对专业社工机构行使权力的逻辑，进一步解释了中国专业社工机构所面临制度困境的缘起，也为接下来机构行动逻辑的研究提供了制度层面的依据。

（二）组织市场环境与社会环境研究

通过梳理已有研究后发现，从市场环境与社会环境视角进行二者与我国专业社工机构的互动关系研究还处于初步探讨的阶段，这主要是因为当前我国机构的市场与社会环境发展相对滞后。然而，二者作为社区治理的主体，与专业社工机构的互动仍是社区治理过程的重要环节，尤其是二者对专业社工机构有着不同的互动逻辑，是专业社工机构参与社区治理行动逻辑的重要组成部分。

社会组织的发展不仅受到国家层面的制度环境约束，更深深地嵌入具体的地方社会之中（李国武、李璐，2011）。因此，本部分将对中西方组织的市场与社会环境研究进行梳理，考察其对社工机构生存环境塑造的优势和不足。

1. 组织市场环境

为应对资源供给限制，非营利组织运行机制的市场化转向逐渐成为学者们关注的话题。这一话题从提出之始就引发了学术界的争议。一种观点认为，非营利组织不是政府和市场的替代机制，不具备开展营利性活动的合法性（Bois，2004），其营利行为与组织的初始目标相悖（张林江，2012），不仅扰乱市场秩序，相关的经营活动还会带来逐利化风险（Eikenberry & Kluver，2004）。另一种观点则认为，现阶段社工机构迫于融资渠道单一、资金缺乏等问题，组织不得不选择市场资源的获取以缓解财政压力。只要组织从事经营活动时避免过分追逐利润分配，就能够实现以低价格提供优质服务，且能比营利性组织带来更多的社会公益效应。非营利组织通过经营活动可以更好地维持组织的运作和发展，是实现其社会服务愿景的创新手段（丁元竹、江汛清，2012）。鉴于此，不少学者提出非营利组织的"社会企业"❶转型说（田蓉、Jordan，2016）。可见，对于专业社工机构这种非营利组织而言，如何良好运用市场环境的资源一直是中西方学者关注的话题。本书通过对已有文献的梳理，认为专业社工机构市场化运作既存在一定风险，也存在"善用"市场的可能性。从已有研究来看，市场化机制在一定程度上缓解了组织的资金来源压力，但也存在许多困境。例如，如何抑制组织的营利冲动、把握市场机制的边界、保障机构的服务宗旨得以实现等问题成为困扰专业社工机构与市场互动的最大瓶颈。本部分通过对中西方组织市场环境研究文献进行梳理，以期能发现我国社工机构市场环境的困境及其可利用的空间。

（1）西方组织市场环境。市场环境是促进西方国家专业社工机构参与社

❶ "社会企业"是作为应对复杂社会需要的创新手段而发展起来的。中国学界尚无统一定义。王名、朱晓红（2010）在系统梳理国内外相关研究后，从现象和本质两个维度定义社会企业为一种介于公益与营利之间的企业状态，从现象上看可以是企业也可以是非营利组织，从本质上看则是对企业和非营利组织的否定和超越。综观全球社会企业的定义，其被视为一种独立于私营部门与政府部门以外的"组织"；或为组织运作之"商业化活动"（田蓉、Jordan，2016）。社会企业大力缓解了组织的资金压力，其商业化的运作带来了卓有成效的组织和管理。然而如何平衡商业目标与组织的社会使命也是西方发达国家的社会企业一直面临的挑战。

区治理的重要影响因素。西方组织市场环境在筹资渠道、组织市场化运行模式和法律保障等方面发展相对较为成熟和完善。美国非营利组织市场资源的主要特征为筹资渠道的多元和筹资市场化机制的方式多样化。在筹资渠道方面，它们积极拓展如政府、企业、会员、顾客等多元渠道。在筹资方式方面，在社会捐赠和政府支持的基础上，组织还积极通过市场专业服务供给进行经营创收，不仅使用传统广告劝募、义卖义演、街头劝募等方式，还利用现代化联合筹资、协同筹资、网络筹资等专业筹资方式（王洛忠，2011）。美国政府实行市场化取向的政策，这使社会组织开始转向市场模式与机制进行组织的管理和运作（李培林，2006）。张康之、石国亮（2012）在对美国社区治理进行研究时指出，美国政府积极鼓励专业社工机构通过引入市场化供给机制参与到社区服务的供给中来，并将商业服务纳入社区服务的范围以拓展机构筹资渠道和形成市场化的运作方式。同时，在法律保障方面，美国法律允许非营利组织拥有独立法人身份，承认组织商业化运作的合法性。在此背景下，许多美国非营利组织开始引进企业化的管理模式和管理经验，以保障组织在市场竞争中的优势地位。日本虽然是东亚国家，但因其社会组织发展主要遵循的是西方体制逻辑，因此本书也将其放在西方背景下的组织环境中进行探讨。庄序莹（2012）在对日本社会组织的研究中发现，1998 年日本就出台了《特定非营利活动促进法》，从法律上保障了非营利组织参与社会公共服务的权益。同时，日本政府通过市场化运作的方式购买公共服务，即通过将社会公共服务的资格进行公开招标，让政府、市场和社会组织都可以平等地参与竞标，凭借各自服务项目、服务价格等方面的评判结果进行资格裁定。日本不仅将市场化运作的意识引入了社会组织，甚至政府部门自身都要遵守这一运作方式，这也在一定程度上提高了日本的社会公共服务水平。

从以上西方组织市场环境的探讨中可以发现，组织的市场经费来源多样，且数量总数占比较高，市场化运作机制比较完善。同时，国家从立法的角度，以法律形式允许社会组织的经营方式和活动自主选择范围，这些都是确保专业社工机构能够进行市场机制良好运作的关键。

（2）中国组织市场环境。中国的市场环境在促进专业社工机构参与社区治理中发挥了一定的功能，但作用仍较为有限。中国组织市场环境在筹资渠道、组织市场化运行模式和法律保障等方面仍处于初步发展阶段。专业社工机构的经费短缺、资源获取渠道单一是阻碍我国机构发展的两个最主要问题。然而，目前市场提供机构资源的总量仍不乐观，以2015年全国百强社会工作服务机构为例，机构市场化项目的收入仅占总收入的4.25%（刘京，2016：36）。可见，专业社工机构的市场运作水平仍然较低。

关于社会服务组织市场化运作项目的研究，已有学者通过个案研究，对组织市场化运作的利与弊进行分析。赵小平、毛佩瑾（2015）以成都“爱有戏”社区文化发展中心的社区实践为例，详细分析了该组织通过市场机制重建社区社会资本的整个过程。该组织主要通过建立“义仓”的方式汇集、整理、储存和发放社区互助资源，让捐赠的物品能与需要者顺利链接。但随着捐赠数量增大，物资整理繁重，机构财务负担日益加重。为了突破公益资源递送瓶颈，该机构主要利用“类市场交换”方式来匹配互助资源，突破了传统救济品的单项传递或以物易物的交换模式，采用以货币为媒介的自由交换模式，不仅扩大了规模、提升了社区参与度，还解决了组织的困局。这种模式的弊端在于这种实时交换缺乏对社区常规高频需要的应对能力。

范兴信（2015）对浙江省苍南县一社会组织市场运作时面临的困境进行了分析，认为主要表现在：资金来源渠道单一，主要仍以政府为主，市场化渠道基本没有；服务信息渠道有限，基本来源也是政府，与其他部门合作非常少；自身的专业水平有限，难以承担和履行市场和公共服务职能。这些因素都制约了组织市场运作的可持续性发展。不少学者认为组织的“社会企业”转型可以成为社会组织发展的趋势，以化解当前组织的市场化困境（时立荣，2003），并将社会企业作为一种新兴的现代社会治理创新载体（沈坤荣，2014）。Defourny和Kim（2011）在对东亚五个地区进行比较研究时，提出五种适宜这些区域发展的社会企业模式：合作社模式、NGO交易模式、工作整合社会企业模式、社区发展企业模式、非营利—营利合营模式。他们认为社会组织的社会企业化可以缓解组织资金压力，提高组织运行效率。然而，组织如何在市场运作过程中抑制营利冲动的危险（张林江，2012），把握市场机制的边界（户晓坤，2017），确保社会价值不受市场价值的排挤，维持公共道德底线，是专业社工机构在市场环境中面临的挑战。

综上所述，市场经费来源单一，且总量基数过少，市场化运作机制相对滞后等问题，是我国专业社工机构市场环境缺位的最重要表现形式。然而，面对市场经济的发展，尽管社会组织面临目标置换的风险，市场化机制仍是一种最为有效的调节机制（时立荣，2003）。专业社工机构在市场与机构交换逻辑的互动中，如何在现有的制度环境下，利用市场的资源，与市场形成良好的资源交换，专注于提供更好的服务，并同时保持自身非营利性的组织目标，是本研究希望进一步探讨的难点与重点。

2. 组织社会环境

社会环境亦是影响专业社工机构社区治理的重要因素。政府、市场、家庭、社区应搭建满足社会成员福利需要的、功能互补的、互为支持的福利产品供给体系（彭华民，2011）。中国强调家本位思想价值观念，注重家庭在社区治理中的重要地位和作用，认为家庭与专业社工机构能够形成福利需要与资源共享的合作关系。同时，由于社会组织的不同专业倾向与资源优势的差别，社区其他社会组织与专业社工机构之间可以形成良好的资源互补关系。在这种互利关系下，家庭、其他社区社会组织与专业社工机构之间的互动成为机构行动逻辑生成的又一重要因素。然而，我国社会环境发展相对滞后，专业社工机构与社区社会组织的合作难以有效融合。同时，家庭对公共服务，特别是专业社工机构的服务需要并未明确显现，使得机构在社区公共服务产品供给上处于较为弱势的地位（孙华，2014）。本部分将对中西方组织社会环境进行文献梳理，探明在社会环境中家庭、其他社会组织与专业社工机构的合作在社区治理中的重要性，同时分析其合作困境的主要影响因素。

（1）西方组织社会环境。西方组织社会环境重视环境内个人或组织与专业社工机构的互动合作，以及关系网络等社会资源对机构的支持。西方专业社工机构与家庭和其他社会组织在社区中的互动频繁。Evers（1988；1993）提出福利三角理论（Welfare Triangle Theory），认为政府、市场与家庭三者的互动构成了社会福利的主要供给来源。Rose（1986）在 Evers 的基础上，提出了福利多元主义理论（Welfare Pluralism Theory），主张社会福利来源多元化，渠道来源包括国家、市场、社区、非政府组织和家庭。Johnson（1987）在 Rose 福利多元的基础上又引入了志愿机构，丰富了福利多元的理论内容。可见，除了政府与市场以外，家庭与社会组织一直是重要的福利提供部门。珍妮特·登哈特、罗伯特·登哈特（2010）的研究强调了美国在社区治理中对家庭、公民社团、志愿性组织等社区组织的依赖，并认为这些社会团体以及它们之间的合作有助于建立个人与社会间的联系，并将此看作民主的本质。

张康之、石国亮（2012）在对国外社区治理进行研究时发现，国外社区治理中高度重视社区自治的发展，充分建立政府部门与非政府部门、公共部门与私人部门、个人与组织间相互协商与合作机制，认为各社区治理主体只有通过相互合作、学习与沟通，才会实现社区治理模式的真正转型。这其中就包括社区中专业社工机构与家庭和其他社区社会组织的互动合作。卫小将（2017）在对美国社会工作人才队伍配置和服务领域进行研究时指出，美国的社会工作人才队伍规模庞大。2014 年美国人口数据显示，该国拥有 64.2 万社工，平均每 500 人配置一名社工，社工总数约占总人口的 2‰。其中，家庭、妇女与儿童均是社会工作的重要服务对象。机构通过家庭服务、心理关爱、个案辅导、小组互助、社区照顾、社会支持等方式介入社区，形成了一个从微观到宏观的、严密的、全覆盖的服务网络体系。由此可见，美国社区的家庭与社工机构的互动关系非常亲密与频繁，为社工机构与家庭形成良好互动关系奠定了基础。

西方历来就重视家庭、社会组织在社区治理中的作用，不仅从理论高度进行指引，而且更加注重社区治理实践。因此，专业社工机构要在社区治理中有效发挥机构的功能，需要与家庭或其他社区社会组织进行良好的互动。

（2）中国组织社会环境。中国组织社会环境亦注重家庭和社区其他社会组织在社区治理中的重要作用，以及社区各组织相互合作的重要意义。彭华民（2011；2012）在构建中国组合式普惠型社会福利制度时提出，政府、市场、家庭、社区共同构成满足社会成员福利需要的福利体系，该体系是中国传统文化价值与现代福利观念相结合的社会福利体系。景天魁（2013）提出中国特色的社会福利模式需要政府、社会、家庭各担其责，各领其职，共同建设中国特色福利社会。王思斌（2009）在我国适度普惠型社会福利制度的构建中，提出家庭的福利责任和能力需要保护和激活，并提出建立专业化的社会福利机构，形成政府、企业、家庭、社会福利机构共建的福利体系。同时，社区组织间的互动合作是中国社会环境的重要特征之一。姜宁宁（2017）在对社会组织发展中的合作趋势进行研究时指出，经济学和环境学认为不同组织间的合作关系可被称为可持续供应链，并对供应链中资本、资源、环境之间的关联性进行了阐释。社会学强调的合作关系更加注重将不同场域中的资源型要素纳入到社会中来。鉴于不同组织有各自擅长的服务领域，这样有利于组织间进行资源互补，形成组织合作机制。文章强调合作规则的扩张已经将政府、市场、公共部门都纳入合作关系中进行考量，这种转变使得传统的社会管理格局开始向多元主体共同参与的社会治理格局转型。

然而，家庭和其他社会组织与专业社工机构之间的合作关系的建立有许多制约因素。其一，中国传统文化限制了家庭或组织与机构的互动。中国社会是家庭本位的，传统文化注重家庭的作用。中国文化强调人情、面子、“仁”、“义”、“礼”等（翟学伟，2004），有着自己的行事原则。家庭成员通常倾向于向家庭内部或宗族寻求帮助，并未形成主动寻求外部组织帮助的理念。可见中国人的这种求助欲望不明显（童敏，2016），其特有的求助关系文化和伦理使得公众主动获取社会工作服务的意愿不显著（王思斌，2001），家庭与社工机构的互动有限。因此，专业社工机构如何建立与家庭的互动关系是机构参与社区治理的一大困境。其二，专业社工机构与其他社会组织虽有资源互补的特点，但在当前政府资源短缺、资金渠道单一的情况下，怎样避免机构与其他组织间的争资跑项（许小玲，2016），是专业社工机构与其他社会组织良性互动的关键因素。

通过对中国组织社会环境相关研究文献的梳理，可以发现专业社工机构在社区治理中不仅与政府、市场发生着互动，还离不开与家庭和其他社会组织的互动，正是在这多元主体的互动中生成了专业社工机构参与社区治理的行动逻辑。

（三）专业社工机构的内部环境研究

组织内部环境的发展直接关系着组织行动逻辑的生成，它与组织制度、市场、社会环境，通过互动与调试共同推动社区治理的发展。专业社工机构作为提供专业服务的组织，其组织内部环境的管理与运作应与组织专业属性相契合。结合已有文献，学者们认为价值理念、组织内部运作与管理以及人才队伍构成等是影响组织内部环境正常运作的最主要因素。本部分对中西方组织内部环境的影响因素展开分析，实质是帮助本研究梳理机构策略性回应外部环境的行动实施手段，以探索机构如何谋求自身的生存与发展，推进社区治理目标的实现。

1. 西方组织内部环境

西方组织内部环境在组织价值理念、组织运作与管理、专业人才队伍建设等方面发展相对成熟。社会工作发源于英美的慈善组织会社及睦邻组织运动，新教伦理、人道主义、社会福利观念等是其价值理念的主要来源（李迎生，2004），经过了一百多年的发展，西方社会积累了相当丰富的社会工作专业化的经验。欧美的社工机构作为福利服务的一股中坚力量，存在于政府、社会和市场之中，其运作与管理已经模式化。美国社工机构的内部管理与运作是严格按照组织架构执行组织决策的，独立性强，政府不会过多干预组织的内部事务。组织的管理核心是董事会和执行主任。董事会是机构的决策中心，重大事项须由董事会讨论决定。执行主任受董事会聘任，负责组织的日常管理与运作。欧美国家社会工作者是社工机构服务供给的主要力量，并且机构的多数社会工作者都接受过社会工作专业的培训。这些社会工作者凭借其专业素养、良好的职业操守，推动专业社工机构内部环境的建设和发展，并成为机构扎根基层、服务公众的中坚力量。

2. 中国组织内部环境

中国专业社工机构建设起步较晚，近年来发展较快，但机构的内部环境发展仍不够成熟，主要表现在价值理念缺乏、内部运作与管理行政化倾向严重以及社会工作者的专业素养不足等方面。专业社工机构的价值理念是专业社工机构区别于其他社会组织的最关键因素。中国传统文化中尽管也推崇关爱他人、助人为乐的精神，但其文化基础是基于血缘关系向外推及的观念，与西方价值观中超越血缘关系形成的平等的人文关怀，仍有所不同（李培林 等，2006）。因而，有别于社会工作价值理念与实践模式的西方文化根基，其价值理念在我国陷入了本土化的困境，一定程度上阻碍了价值理念在组织内部的渗透。

我国社会工作具有行政性、半专业化特质（王思斌，2007），其社工机构的发展也长期处于专业化不足的发展状态（史柏年，2010），导致社会工作者在社区需要花费大量精力处理社区的日常行政事务，而无法只关注社区中有服务需要的人群（童敏，2016）。我国社工机构的组织运作长期受行政隶属关系束缚，行政色彩浓厚，自主性缺乏明显（彭善民，2010）。同时，我国社会工作专业教育与实务能力培养之间的脱节，使得毕业学生在社区大多从事的是传统社区工作，更谈不上运用专业社会工作的方法与技巧来进行社区服务（文军，2009），并且大量毕业生在离校后都不会选择社会工作作为职业首选（Liu，2011；Yuan，2007），这直接影响到专业社工机构的整体人员素质水平和能力，不利于组织内部环境的运作与发展。当前我国专业社工机构组织内部环境仍待发展与完善，内部环境的困境直接导致组织的自主性与能动性不足，无法有效施展机构的行动策略。本部分对专业社工机构内部环境的分析，有助于把握机构如何在内部环境主要变量的影响和作用下生成行动策略，从而回应组织环境的约束并建构其参与社区治理的行动。

通过本章节行动研究的文献梳理，有以下三点发现：第一，已有行动和行动逻辑的理论研究为专业社工机构参与社区治理行动逻辑研究提供了基本的理论依据。第二，已有行动研究多从组织行动策略与组织面临的困境视角出发，探讨其对组织行动生成的关键作用，认为组织行动研究是关注组织面临困境时展开行动策略的研究，尤其关注制度资源困境，并将其作为专业社工机构行动逻辑背后成因的关键维度。已有研究认为正是基于组织面临的制度资源限制，组织必须形成一套自己的行动策略以获得自身的生存和发展。这套行动策略涵盖了与其生存和发展相关的多方面内容，如对制度环境、市场环境、社会环境以及服务对象的策略等。组织环境的困境直接导致组织行动策略的生成。社会组织要想在既定环境的约束下生存，它们就需要通过因地制宜地采取不同的行动策略以获取资源和合法性，实现组织目标。因此，行动研究将困境与行动合并研究，能更好地帮助研究者把握组织行动生成的根源性因素。这些研究为本书的后续研究提供了宝贵的理论素材。第三，组织社会学强调组织环境的困境对组织行动的影响，关注组织内外环境，如制度环境、市场环境、社会环境和组织内部环境如何影响专业社工机构社区治理行动生成，并通过对中西方组织环境的比较，可以更好地发现我国组织环境的特点与产生困境的原因。这为本书后续行动逻辑研究提供了强有力的理论支撑。

然而，已有研究存在以下不足：一是已有行动理论大多属于抽象的社会行动理论，缺乏对专业社工机构参与社区治理的行动理论研究；二是已有行动研究碎片化倾向严重，如大多关注于机构行动策略、生存策略等研究，更倾向于对组织即时即地策略选择的瞬时性把握，缺乏一个理论框架去解释专业社工机构在社区治理中面对组织困境时采取权变行动的整个过程；三是已有研究主要关注组织制度环境对于专业社工机构的影响，对于市场和社会环境等其他环境因素的影响关注较少。已有研究大多从制度环境视角强调了政府对社工机构发展的影响，这是与我国专业社工机构发展的特殊制度背景密切相关的。但专业社工机构在其活动场域中，其他主体（如市场、其他社会组织）与其深层次的互动研究明显缺乏。要对当前社区治理背景下专业社工机构与组织环境之间的互构关系进行更为精致的分析与解读，不能简单沿用从“国家和社会”理论中衍生出的宏大理论预设来推论。研究者应进一步扩展分析的范畴，把专业社工机构活动场域中的其他相关主体（如市场部门、基金会等）对机构的预期与约束条件都纳入考量。本书认为遵循这一路径，研究者对当代中国专业社工机构发展面临的有利或不利因素将有更深的体察和思考。

第三节　专业社工机构行动逻辑的实证研究解析

社区治理中专业社工机构与其他社会组织的行动逻辑，实质是组织与政府、市场和其他社区组织互动演化的产物。在制度、市场与社会环境的约束下，组织发展出一套行动策略，策略包括其对政府的策略、市场的策略以及社会的策略等。无论哪种取向，都是组织在环境的约束条件下，因时、因地、因人而异采取的不同行动以获取资源的合法性，实现组织目标。已有关于专业社工机构行动逻辑的研究，主要通过个案分析的经验研究，从组织制度、市场、社会环境与组织内部环境的互动，考察组织的行动逻辑。其中，学者们大多都将制度环境作为组织行动逻辑的主要影响要素。本书依据学者们对组织环境及其与组织的互动关系的研究，包括对制度环境、市场和社会环境、组织内部环境与组织互动的研究，试图探明专业社工机构行动逻辑的相关变量关系。同时，本部分将其他服务性的非营利组织一起纳为分析对象，以期为专业社工机构参与社区治理的行动逻辑研究提供一定的借鉴。

一、制度环境制约下行动逻辑的展现形式

制度环境是影响专业社工机构行动逻辑生成的最关键维度。社会组织在面对不同的政策时有不同的策略性回应。它们在政策有利时配合政府执行政策，

在不利时与政府博弈以期改变政策（江华 等，2011）。唐文玉、马西恒（2011）以某社会服务组织的生存策略为研究对象，观察组织在政府对其的策略选择下，如何进行自身专业服务的供给。该研究发现组织获得生存空间，主要是基于政府的“选择性支持”政策。这种政策是指，国家压制社会组织公共利益的表达功能，而只支持其公共服务的供给功能。该组织为适应制度环境，采取的生存策略是“去政治的自主性”，即有意识压缩公共利益表达功能，只拥有服务提供上的有限自主性。社会组织通过坚持服务机构的价值理念、多方获取资源、增加社会基础、增强组织知识性能力、与政府形成资源互补的依赖关系等，增强组织的自主性，与政府形成良性互动，以谋得生存与发展。黄晓春、嵇欣（2014）以某一社会服务组织的自主性生产机制为研究对象，分析了制度环境是如何引发该组织采用各种组织策略来发展自主性（多大程度上可以自主决定其活动领域、活动地域与运作过程）。作者从政府“条”“块”不同部门与社会服务组织的制度逻辑入手，分析了制度逻辑的模糊性对组织自主性的影响。组织通过发展自身专业能力、建立多边的资源关系，积极与不同政府部门展开合作，以增强自主性。许小玲、彭华民（2015）通过对国内20家社会工作机构的调查研究，深入剖析了内地社工机构面临的困境。其困境主要表现为机构与政府间资源非均衡依赖、组织的名实分离、孱弱的组织自主性等。这使得组织在实际运作过程中，机构会根据外在制度环境、资源状况等做出行动策略的调整，即机构争资跑项、厉行节约和服务递送中的投机化策略。这使得机构专业理念和工作方法日益行政化，与组织原理念相背离。

二、市场与社会环境约束下行动逻辑变量关系的演化

市场、社会环境是专业社工机构行动逻辑生成的重要因素。组织在面对制度环境的约束时，会采取转向市场或社会环境，积极利用市场、社会环境中的资源，通过权变行动以获得生存与发展。郜宪达、万向东（2017）以某L机构的个案为研究对象，考察组织在政府、市场、社会的三维生存环境中的生存策略。L机构的个案表明：新生社会组织受到国家各种形式的管制和引导；在向市场寻求资源进而结盟的过程中，又受到了市场逻辑的冲击，表现为服务异

化和使命扭曲。对于社会组织而言，如何培育自身的社会权力，成为其生存和实现使命的关键。组织通过依赖地方政策以获取合法身份，与市场合作以获取经济资源，提供专业服务以获取政府、市场和社会认同，树立组织形象等生存策略，最终实现组织的社会权力与环境中的政治权力、经济权力和社会权力的互动。组织与政治权力、经济权力和社会权力的互动决定组织的存亡和组织使命，具体表现为：政治权力决定组织的法律和政治合法性；经济权力缓解组织的物质生存压力；社会权力要求组织必须通过一定形式满足社会需求。

面对上述权力限制，组织通过明确自身的使命和价值，要以价值为核心整合资源，并在价值追求下对自身能力和功能进行准确定位，明确自身优势，有效分工合作，最终建立与政府、市场和其他社会组织的平等关系，达到与政府、市场和社会的共同发展。王杨（2016）通过对全国首个城市“慈善社区”试点创建项目的个案研究，以社工机构进入社区、服务居民全过程的行动策略为研究对象，论述了机构如何在制度环境不利的现实困境下，解决社区“共同体困境”，构建社区合作网络。该机构的行动策略主要包括，通过个人的政府关系网络形成一种政治机会结构，以获得合作关系的迅速达成；调动社区成员，扩大机构的社会关注度来获得支持性资源，并重视本地资源的整合与运用；发掘和培育社区代理人及其关系驱动策略，尝试推动社区内部自我发展能力的提升，以选择和培育社区代理人来动员社区的多元参与，达到促进社区治理创新的目标。邓宁华（2011）以天津市两个省级社会服务组织为研究对象，依托资源依赖理论和新制度主义的理论框架，搭建了社会服务组织对国家和社会的合法性与经济资源的双重依赖的分析框架，描述了社会服务组织为适应这种双重依赖格局而采取的相关策略。他将缺乏社会基础的官办非营利组织，通过利用国家的特殊合法性支持而进入社会领域中汲取资源的相关策略，称为“寄居蟹的艺术”。

三、机构策略回应下行动逻辑的多元关系形塑

组织内部环境是专业社工机构行动逻辑生成的内源性因素，是组织能够通过策略回应组织环境约束，以形塑与制度环境、市场环境和社会环境良性运作互动关系的关键环节。朱健刚、陈安娜（2014）以社会工作与公民社会的关

系为研究理论基础，以社工机构专业化路径为研究对象，通过对广东省 10 条街道共 17 家社工机构所在的政府部门与社工机构等共 127 名有关人员的访谈，提出在政府购买服务政策模糊、资源高依附性情况下，社工机构面临独立性与专业性困境。面对困境，社工机构可以通过 NGO 化的运作逻辑和治理模式来发展，从而实现机构自主、独立和可持续的发展道路：一是应发挥专业优势致力于改善社区环境；二是与本土社会工作、企业、政府以及其他社会组织形成合力；三是强化自身专业能力。文章进一步指出，基于中国社会工作内部环境的多元形态，NGO 化并不适用于所有的专业社会工作机构。但是，NGO 化既能够促进一些社工机构的专业化发展，也能促使社会工作行业朝向独立、自主和健康的方向发展。

黄晓星、杨杰（2015）以 Z 市的家庭综合服务中心的专业边界生产策略为研究对象，依托社会建构理论，分析在社会服务传递过程中社工机构如何在去边界困境下形成自己的行动策略，保持机构的专业性目标。该机构在社区服务供给和评估过程中都受到政府的政策模糊、资源依赖的制度性约束，组织通过准确的专业定位与互融博弈的策略，运用政府对其专业服务的需要，形成组织与环境的边界生产策略。机构与案主建立关系时，采取边界弹性化的策略应对案主的文化敏感性；在服务进程中，机构可以运用在专业伦理框架指导下的专业知识与方法，形成与其他专业人员的符号边界，彰显社会工作的专业本质。许小玲（2016）以国内 12 家民办社工机构为研究对象，发现机构在面对种种生存性压迫时，采取了建构私人关系、过分节约和服务递送中的投机化策略开源节流，这些策略在一定程度上缓解了机构困境，但也使机构从需要导向转变为资源导向的生存逻辑。文章指出，机构理想的生存逻辑必须建立以权利观为福利价值理念，以服务质量提升为目标的需要导向的逻辑起点，从根本上改变机构资源导向的不良趋势。

上述研究表明，影响行动逻辑生成的主要因素有制度、市场、社会与组织内部环境。本部分从研究对象、选取的变量、个案选取以及研究方法四个方面对上述文献进行分类梳理，并进行统合分析，以期找出已有研究中，影响专业社工机构行动逻辑生成的主要变量及其变量间的关系，具体见表 2.1。

表 2.1 专业社工机构参与社区治理相关行动逻辑实证文献分析

研究对象	变量	个案选取	方法
边界生产策略	制度（政策）、资源、社会认同、专业技巧、专业知识	Z 市家庭综合服务中心（3 个）	个案研究、参与观察、深度访谈
生存策略	制度、社会资源（资金、场所、关系、信息）、市场资源、组织承诺（形象）、社会基础、知识性能力、服务提供、关系网络	某民办社会服务组织；L 新生公益机构	个案研究、参与观察、深度访谈
专业化路径	制度（政策）、资源、价值理念、专业知识、服务需要、社会认同	10 条街道共 17 家社工机构	个案研究、参与观察、深度访谈（17 家社工机构人员与机构所在政府部门，127 人）
自主性生产机制	制度（政策）、服务需要、活动地域、运作过程、专业服务	某公共服务型社会组织	个案研究、参与观察、深度访谈
行动策略	制度、资源（财力、人力、资讯、情感支持、场所）、服务需要与供给、专业能力、关系网络、市场机制	Z 机构；20 家民办社工机构	个案研究、参与观察、深度访谈
生存逻辑	资源、需要、权力、关系、价值理念、专业能力	12 家民办社工机构	个案研究、参与观察、深度访谈

从表 2.1 中可以发现，学者们认为专业社工机构在社区治理中与制度环境、市场环境、社会环境在不同程度上发生着互动。本书将上述变量，依据其生产主体进行归类，并统合分析如下。首先，制度环境是最主要的影响因素。政府通过政策、资源（活动场地、场所、人力）、关系网络、服务需要等维度与专业社工机构产生互动。其中，政策、资源和服务需要，是上述研究关注政府与专业社工机构产生互动的主要变量。其次，市场和社会环境也是重要的影响因素。其中，市场资源、市场机制、社会资源、社会认同、服务需要是市场、社会和机构发生互动的重要维度。最后，专业社工机构的内部环境也是一个重要的维度。从表 2.1 中可以看到，组织的组织承诺、价值理念、专业能力、运作过程、专业技巧与专业知识是学者们在内部环境因素中重点考察的维度。专业社工机构在社区治理中，通过内部环境与制度、市场、社会环境互动

共生，主要是通过行动策略的形式与不同主体发生互动以回应组织外部环境的影响因素。郜宪达、万向东（2017）对专业社工机构的行动逻辑研究时指出，组织会通过依赖地方政策，获取合法身份；与市场合作，获取经济资源；提升社会认同，获取社会资源。可见，组织对行动策略的选择会依据与不同主体的互动逻辑。

通过对上述文献的分析，本书认为，组织环境与专业社工机构互动时，会依据自身的利益需要和自身资源与机构展开社区治理行动，而专业社工机构自身会综合权衡各方利益，通过策略性行为，以组织的价值理念、专业方法，以特定的运行方式为手段回应组织环境，实现自身生存发展与社区治理的双重目标。

通过梳理相关实证研究后发现，其一，已有研究围绕组织行动及其困境的分析大多是通过个案研究展开的实证分析，能够生动地展示专业社工机构行动丰富的细节。其二，组织行动研究的对象开始从策略性行动转向可持续性发展。在对专业社工机构的行动逻辑研究中，学者们揭示了它们的生存困境与应对智慧，提出了许多启发性的概念和行动策略，如“非正式政治”“寄居蟹的艺术”等，有些机构为寻求合法性积极建立个人关系等渠道，这些都显示出机构为了自身发展，各尽所能地采取各种行动策略。为此，学者们更关注组织如何可持续发展，例如大多数学者提到的，当前最重要的是改变制度环境，如何通过给予组织财政、政策和人力等方面的支持，为社会组织的发展创造优质的生存与发展空间。其三，已有实证研究对组织环境影响专业社工机构的变量进行梳理，为本书行动逻辑变量的生成提供了重要的研究基础。然而，已有研究仍存在下列不足。

首先，已有研究过分注重经验分析，组织社会学理论建设不够。组织行动研究是组织社会学的重要研究领域之一，从组织社会学角度探讨专业社工机构行动的研究，数量少且研究内容不够深入系统，已有研究大都从制度主义视角考察组织环境对组织的制约作用。对于组织如何发挥自身能动性突破体制障碍的分析显得力度不足，多数研究只能停留在外部环境制约的学理探讨上。社会组织行动研究是从动态的视角来考察组织与环境的互动关系和过程。仅仅对外部环境的制约或组织策略的单一视角进行提炼概括并不能成为研究的终点，这类研究往往缺乏有效的分析框架，或是止步于经验材料，难以做进一步的理论提升。如这些研究在分析组织行动策略时，往往就行动的策略而谈策略，只注重对策略本身进行分析，对行动背后的制度性缘起以及条件、边界等缺乏梳理，无法有效辨析行动策略的有效性，即为何有些策略有时候能发挥作用，其他时候则无法发挥其效能。尤其对于那些具有合法身份的社会组织而言，究竟持有一种什么样的行动逻辑，来适应现行的制度环境并持续性地获取社会资源，却是当前学术研究的薄弱之处。

其次，已有实证研究对专业社工机构的专业特质研究不足，弱化了社工机构作为平衡各方主体的居间角色。现有的文献对社工机构的专业特质分析有两种取向，一方面，偏重社工机构的本土化发展而忽视专业化特质，容易陷入社工机构为政府需要提供服务的工具性一面，忽略了专业社工机构所赖以生存的价值理性。如中国社会工作学界的主流观点是“嵌入式发展”，强调社工机构融入本土情境的重要性。但这种观点片面强调了现实情境自上而下的管控作用，极易忽略社工机构本身的独立性、能力建设及其服务的价值要求。另一方面，坚持专业立场而非本土立场，容易将社工机构置于政府的对立面，容易形成机构发展艰难的悲观思想，导致过分强调社工机构发展中制度、资源等约束条件，对组织如何突破这些约束条件的行动研究显得有些力度不足。以上无论是哪种观点，其实都忽略了专业社工机构在资源链接、协调不同主体关系上的专业优势。而专业社工机构如何利用专业优势，在特定社区本土情境中进行运用，仍是当前理论和经验研究需要进一步深入研究和讨论的方向。

最后，已有实证研究进一步印证了当前研究对组织行动中不同主体间互动调适的过程关注不足，对组织活动场域中其他主体（如市场、居民和其他社会组织）对专业社工机构的影响有待进一步深入研究。正是在参考和借鉴以上行动研究的特点和不足的基础上，本书关于专业社工机构参与社区治理行动逻辑的研究得以开展。

本章小结

本章节根据研究的主要问题，梳理回顾了专业社工机构与社区治理的关系及其行动分析的转向的相关理论研究。同时，本章从组织社会学视角出发，对影响专业社工机构参与社区治理行动逻辑生成的组织环境因素，进行了系统和详细的梳理，为接下来形成本研究的分析框架奠定了理论基础。

首先，本章对专业社工机构与社区治理二者之间关系的相关研究进行了阐释，主要从国家与社会二元的宏观视角下对国家与社工机构的关系、社工机构与社区治理的关系以及社工机构与社区治理的互动空间研究进行系统回顾。其次，本章对关系研究转向了行动分析的中观或微观研究作出解释，并梳理了行动理论和行动逻辑的基本内涵，提出本研究专业社工机构参与社区治理行动逻辑的主要内容。最后，本章从组织社会学的视角出发，全面梳理了影响专业社工机构参与社区治理行动逻辑生成的组织环境因素，对制度、市场、社会与机构内部环境都进行了系统的梳理。

在此基础上，本章依据学者们从制度环境、市场和社会环境、组织内部环境与组织互动的研究，试图探明专业社工机构行动逻辑的相关变量关系。已有行动研究从中观和微观视角能够揭示更为复杂的国家与社会的关系，通过个案研究，能够生动地展示专业社工机构参与社区治理行动的丰富细节。但已有研究对专业社工机构的专业特质研究尚有不足，弱化了社工机构作为平衡各方主体的居间角色，对组织行动研究中不同主体间互动调适的过程关注有待提升，对组织活动场域中其他主体（如市场、居民和其他社会组织）对专业社工机构的影响研究有待进一步深入。因此，本书尝试在已有研究的基础上，构建了一条新的分析框架，并探索出一条专业社工机构有效嵌入社区治理体系的实践路径。

第三章 研究设计

本章的主要目的是提出本书的研究设计方案。第一节主要是对本研究中涉及的核心概念进行界定，提出本书的理论基础及其演绎创新，并根据本书的研究问题和分析逻辑建立框架，同时将分析框架中的主要概念进行操作化，进而对本书的研究框架进行详细阐释。第二节将讨论本书使用的研究方法，包括研究对象的选取、使用的资料收集方法、资料分析和整合方法、研究的信度与效度，以及研究伦理和研究局限。

第一节 研究框架

一、核心概念界定

（一）专业社会工作机构

专业社会工作机构类属于非政府组织、民办非企业单位，具有非营利的组织性质。根据“联合国国际标准产业分类体系”（the UN International Standard Industrial Classification System）分类标准，社会工作类组织被列为非政府组织（程玥、马庆钰，2008）。专业社工机构具有非营利组织性质，非营利组织是指不以营利为目的、主要开展各种志愿性的公益或互益活动的非政府的社会组织，具备非政府性、非营利性、志愿公益性和自治性等特征（萨拉蒙，2007）。根据1998年国务院颁布的《民办非企业单位登记管理暂行条例》第2

条规定，“民办非企业单位，是指企业事业单位、社会团体和其他社会力量以及公民个人利用非国有资产举办的，从事非营利性社会服务活动的社会组织”。专业社工机构的性质是民办非企业单位，从事非营利、公益性、专业性的实务活动。2009 年，民政部出台《关于促进民办社会工作机构发展的通知》，将我国民办社工机构定义为以社会工作专业人才为主体，坚持“助人自助”宗旨，遵循社会工作专业伦理规范，综合运用社会工作专业知识、方法和技能，开展困难救助、矛盾调处、权力维护、人文关怀、心理疏导、行为矫治、关系调适、资源链接等服务的组织。可见，专业社工机构不但具有“民办非企业单位”性质，而且是“非营利组织”，是除政府（第一部门）、企业（第二部门）以外的第三部门。鉴于其社会工作专业的独特性，专业社工机构作为一种面向社会提供服务的媒介，是社会工作专业化、职业化和本土化的重要载体，是我国非营利组织的重要组成部分。

结合上述分析，本书的专业社工机构是指由个人或社会团体自发成立，运用社会工作价值理念和专业方法，注重协助个人、家庭、团体或社区预防或解决社会问题，旨在改善和提升服务对象生活质量和福利的“助人自助”的组织。具体来说，本书的专业社工机构具备以下几点特征：第一，注重社会工作的专业特质。专业社工机构是通过专业理论、伦理价值、科学化的方法和技巧为社会提供服务。第二，具有非营利性特征。专业社工机构属于民办非企业单位，不以利润获取为主要目的，而是促进社会群体的发展和社会的进步。第三，服务弱势群体，增进其社会福祉。专业社工机构将弱势群体视为主要服务对象的同时，还兼顾处在困境中的其他人群，帮助他们赋权增能，增加社会弱势群体的福利。第四，社区服务的供给。本书的专业社工机构聚焦于在社区内，为社区和社区居民提供专业服务的组织。第五，助人自助。助人自助是社会工作者致力于发掘求助者的潜能，唤醒求助者的领悟力、自决力和创造性，通过资源链接和社会支持体系的建立，帮助求救者实现从“他助”到“自助”的过程。

（二）社区治理

“社区”这个概念出自滕尼斯（Ferdinand Tonnies）1887 年的著作《社区与社会》一书。社区治理是在一定区域范围内政府与社区组织、社区公民共同管理社区公共事务的活动（魏娜，2003）。《民政部关于在全国推进城市社区建设的意见》中把社区治理定义为“在党和政府的领导下，依靠社区力量，利用社区资源，强化社区功能，解决社区问题，促进社区政治、经济、文化、环境协调和健康发展，不断提高社区成员生活水平和生活质量的过程”。社区治理是治理的灵魂，是在地方与全球区域之间建立支持和联系（Richardson，1999），其治理主体包含国家、公民、社会组织、市场等多种角色（Bowles & Gintis，2002）。社区治理可以理解为一种治理主体间关系协调的过程，即政府、私人部门、志愿者组织和社区为应对复杂多样的、不断变化的外部世界，彼此关系不断变化的过程（Sullivan，2001）；也可以理解为一种达成公共服务目标的机制，即政府、营利组织、社区组织、非营利组织和居民等基于市场原则、公共利益和社区认同，协调与整合各类资源、通力合作，丰富社区公共服务供给的内容、渠道和方式，促进社区功能不断完善的机制（史柏年，2004）。

通过上述分析可以得出，社区治理就是指在特定社区场域内，在党委领导和政府主导下，综合运用和协同政府、市场、社会组织（含专业社工机构、居民自治组织）、居民个人等社区资源，强化社区功能和能力建设，解决社区问题，提供社区服务，增进居民社会福利，促进社区政治、经济、文化、环境协调和健康发展，不断提高社区成员生活水平和生活质量的过程。

本书中专业社工机构参与社区治理的主要内涵是指专业社工机构围绕社区服务行动开展的场域、内容和目的，通过承接政府购买服务项目的形式，综合利用政府、市场和社会资源，寓治理于专业性服务过程之中，通过为社区居民提供专业化服务（包括激发社区居民参与、供给个性化服务、帮助居民构建社区规制等），促进社区和谐健康发展的过程。

（三）行动逻辑

行动逻辑，在语义学上的含义就是行动规律，是以“行动”概念的精确分析为基础来把握行动的本质。而行动的本质是从主体与世界的相互关系来理解的（Segerberg，1992）。行动逻辑是做某事的一个例行程序，深思熟虑的行动就是寻找或运行一个例行程序（Segerberg，1985）。对于“例行程序”来说，它强调的是一种方法或过程（王淑庆，2016），客观性和规律性是其根本属性。然而，行动是具有主观能动意义的，集体行动困境出现的原因就是个人存在搭便车的机会主义倾向。集体行动逻辑强调，在一个大集团中，除非外界压力或利益驱使集团内个人采取行动，理性的、自利的个人一般不会自愿付诸行动以实现集团或群体的共同利益。可见，人的主观能动性是行动逻辑生成的关键要素，即个人理性（利益）和集体理性（利益）之间冲突博弈的过程是集体行动逻辑生成的关键。

综上所述，本书认为行动逻辑是主体做某事的一套例行程序或行动方案，是一种规律化的行动，是一种个人理性与集体理性博弈中的选择行动。本研究专业社工机构参与社区治理的行动逻辑是搭建一个机构在社区服务中与组织环境互动博弈的行动方案或行动模式，既包括机构在社区治理中服务行动开展的规律性把握，也涵盖机构为突破环境限制而生成的主动性策略行动。

二、理论基础

（一）组织分析理论

组织分析理论，属于组织社会学的法国学派，是20世纪60年代以克罗齐耶（Crozier）、费埃德贝格（Friedberg）为首的法国社会学家建构的一种行动理论。法国学派的组织理论，是在社会现实尤其是组织现象的复杂性以及组织研究理论内在张力的双重驱动下形成和发展起来的。这种研究针对的一个基本问题就是作为人类协作方式之一的组织，其动力机制和运作的逻辑究竟为何？这种理论并不致力于实体组织理论的建构，而是通过对集体行动现实情境的简单化，抽取出关于行动的更具概括性和解释力的样式，将理论构建的努力严格控制在理论本身对现实的最近界限内（张银岳，2008）。组织分析方法是一种接近和分析现代复杂社会的经验研究的步骤或一种推论方式。相较于组织社会学的制度学派趋于关注广为接受的观念和制度对行动者行为的约束，分析学派更倾向于关注行动者行动策略的决策实施过程（March & Olson，1989），以及组织在具体行动领域内产生的复杂背景和促使其运作的决定性影响因素（Barnard，1968）。

法国组织社会学的组织分析方法始于所观察的领域中的具体问题，其研究领域的结构特征、活动规则、权力平衡机制以及联盟体系都是不可忽视的重要因素。组织分析始于一种假设：组织现象被看作行动进行建构和再建构的过程。组织中存在具有自身利益目标的自由行动者。这种自由行动者为了达到其自身的目标而追求与其他行动者的协商和合作协作，塑造行动者间的互动关系，使组织行动的过程处于均衡状态。要理解社会行动，就必须研究这些过程的实质，必须分析这些过程赖以产生的制约因素和动力设置等。具体来说，围绕组织研究的中心问题，这种理论将基础建立在以下基本假设上。

第一，强调对行动领域的关注，注重行动与结构以及行动者之间的互动关系。行动领域是指组织行动发生的领域。组织分析理论认为组织分析首先注重的是对行动领域进行建构和再建构的过程，以去分析和把握组织。组织分析理论认为，行动者不是孤立存在的，其本身就是某种集体行动的组织者或参与者。组织不仅是影响个人行动者活动效力的一种安排，而且组织本身也被视为行动者（科尔曼，1999）。组织与环境的关系不是单一方面的简单适应，而是面对交换机制和彼此影响机制的行动者在十分具体的互动过程中构成的。组织为了能够正常运行，要求组织内的行动者服从组织的目标。但行动者在组织中有属于它自己的目标，而它的目标有时会与它所在组织的共同目标相违背，也有属于它企图通过与各种制约的抗衡而继续进行的计划，因此它们如果放弃自身的目标，就会处于非常被动的处境。因此，行动者和行动领域之间是相互建构的关系，行动者是根据条件来行动的，行动者并不独立于行动领域而存在。行动领域的结构对它们的理性与它们的行动构成了条件限制，而这反过来也对行动领域的结构产生影响。

第二，组织分析理论整个要义在于提供一个组织行动的分析框架，在这个框架中，对被理解为行动领域的社会建构的行动进行分析。组织分析方法，并非要把多种类型的社会体系与组织人为地分开，而是存在诸种体系的一种连续统，这一连续统是相互依赖又相互竞争的行动者体系的连续统。在这个连续统中，行动者们围绕限定的问题与问题的解决方案，结合在一起。规则是这一连续统关注的中心。体系的规则通过建构行动者相互之间的关系，将他们彼此联系在一起。

第三，行动者是在既定结构框架下的社会关系中展开行动的，该关系无论其规模、连接程度还是方式，都可以被界定为一种克服或消解不确定来源的相互依赖关系（权力关系）（张银岳，2008）。克罗齐耶和费埃德贝格指出，在人类关系和社会行动中发挥关键作用的是权力关系。这里谈到的权力，并不等同于强制性的力量，这只是权力的极端病态形式。在法国组织分析理论看来，权力是一种能力，是行动者通过自己的活动而创建的协商谈判的能力，一种在不平等关系（其他行动者）中获取资源的能力。因此，行动者为获取这种权力，会形成各种策略性行为。根据组织分析理论的观点，任何一个组织体系的构成都离不开权力关系。具体来看，每个组织体系所具有的一定结构都是围绕权力关系建立的，只有通过对权力关系结构的分析，才能更好地理解具有一定结构的整体采取决定时所具有的自由。只要有能力在复杂组织里成为行动者的个体或群体，当组织由于其成员拒绝接受其要求的行为感到不安时，这种拒绝行为的可能性便会成为组织成员对组织的一种权力，参与者在组织中就有可能成为被协商的对象。

组织分析方法以经验的方式，运用组织分析的观察视角，对行动者的行动进行重塑，对其相互之间的依赖关系进行重构，对行动领域的诸种边界、权力均衡，根据其效能进行重构。这些规则机制将行动者的行为与权力决策有效整合在一起，通过经验的方式展示规则的存在，将具体行动体系特征勾勒出来。值得注意的是，组织分析理论强调组织行动策略是在有限的、相对理性的指导下进行的。组织行动是在具体情境下产生的，任何组织行动都不会脱离具体的、经验的情境。在组织框架规约下的行动，当交换关系中可以获得控制他人的权力时，行动者可以随时调整自己的行动策略，因此，行动是权变的，决策往往是与各种压力相妥协的产物。因此，行动者的行动寻求的往往不是最佳的解决方案，而是满意的解决方案（西蒙，1991）。由此，组织预设的目标和实际行动的结果可能会产生偏差，使得组织变得复杂而模糊。

由此可以看出，组织是带着各种利益的行动者之间的合作关系、交换关系和冲突关系在其中建立的行动背景，是一些既有正式又有非正式特征的规则所构成的，而这些规则可以对不同参与者的权力决策进行协调。组织结构中不同个体和不同集体的行为动机之间存在差异，不同参与者在协商合作时会受到不确定性的制约，使得组织结构呈现一种脆弱的状态。组织分析理论更新的推论方式的有效使用需要人们具备比较充分地接近现实的能力，需要实际地接触到复杂组织中的行动者掌握并试图利用的自由余地，以及这些行动者权力基础的问题。总而言之，组织分析理论将以更有效的步骤，引导研究者去深思那些组织行动背后的深层问题，去解析组织所处的那个社会的实际运行方式及其内生动力。

（二）组织分析理论视阈下专业社工机构社区治理的行动逻辑

随着当前我国组织环境的变迁，社会组织也呈现出新的时代特征，仅从传统的制度视角分析国家与社会的关系已经不足以解释日益复杂的组织行动生成缘起。组织分析理论既注重行动者共建的规则对行动者之间互动的推动与规约作用，也强调行动者自身为获取权力与其他行动者进行互动规则商榷的能力。专业社工机构参与社区治理的行动逻辑是在其与组织环境共同构建的行动体系的规则规范下进行的，主要受到组织外部环境和机构自身双重因素的影响。组织环境与机构的互动共同形塑了机构社区治理行动的规则，并通过规则实现对机构行动的支持和制约；专业社工机构通过行动策略回应与突破规则的约束和制约以获取权力，实现自身生存与发展及社区治理的目标。在这个行动体系中，机构与组织环境就各自的行为进行协商、就个体权力策略竞相追逐。这两个过程常常互相影响，从而使组织行动充满复杂性。

在文献回顾部分，本研究对已有专业社工机构参与社区治理行动内涵已经进行了梳理。它主要包含了行动者、目的、情境及关系形式四个要素。行动者是指专业社工机构。目的是指行动者的目标在于解决合作问题的共同目标。情境分为两类：一类是行动的条件，如行动者无法控制的组织外部环境；一类是行动为达到目的使用的手段与策略。关系形式是指组织与其环境之间的动态关系，把握专业社工机构与组织环境相互影响和作用的过程，分析这些行动是如何产生，如何维系并且如何加以规制的。

基于组织分析理论视角、已有行动内涵研究及本书研究对象和研究问题，本研究将专业社工机构参与社区治理的行动设定为行动者、组织环境、行动策略和行动目标四个要素。具体而言，作为行动者的专业社工机构，它在行动之前，会建立一个理性的行动选择评价标准。它需要权衡组织外部环境与它建构的规则，同时兼顾自身机构生存与发展而展开行动。组织环境，即情境中的条件要素，它构成专业社工机构与其共同构成行动系统的运行规则，在这个规则中，组织环境会依据环境的运行规则对专业社工机构提出诸多要求。行动策略是指，专业社工机构面对组织环境对其行动的期待而产生的各种有利或不利的要求，会通过策略[1]手段与组织环境进行权力获取，形成自由行动空间，实现社区治理。社区治理即是本研究专业社工机构行动逻辑的行动目标。综上所述，本书中专业社工机构参与社区治理的行动是指机构如何在行动系统内组织环境共同作用形成的规则支持和制约下，通过策略行为的手段，权衡组织环境与其自身发展规律，实现社区治理创新的目标。本书中专业社工机构参与社区治理的行动逻辑就是搭建一个专业社工机构参与社区治理行动的分析框架，实现行动者、环境、行动策略与目标的规律性行动，将来自制度环境、市场环境与社会环境的激励、约束，以及社工机构的行动策略放在一个因果解释链条中进行分析，以期探索一条专业社工机构参与社区治理可供选择的实践路径。

传统的组织理论注重在具体决策过程中科层组织的静态权力（强制性力量）关系对于专业社工机构管控的研究和讨论，容易忽视机构在此过程中凭借自身资源与其他组织进行资源商榷的能力，以及由此构建起的动态的权力（获取资源的能力）关系的重要作用。基于此，传统组织理论无法帮助研究者更有效地认识和理解组织决策过程中的实际运行方式。相比之下，基于组织分析的定性研究方法，作为一种推理逻辑，能够为专业社工机构参与社区治理的行动研究提供一种更具解释力的分析工具。而本书则对这一方法进行更深层次的演绎，既注重专业社工机构参与社区治理行动的环境制约，又注重专业社工机构参与社区治理行动与环境的互动，同时更关注专业社工机构参与社区治理的因时而动、因势而动、协同行动的权变能力和内生动力。

三、分析框架

根据上述分析，本研究专业社工机构参与社区治理的行动逻辑就是搭建一个专业社工机构参与社区治理行动的分析框架，实现行动者、组织环境、行动策略与行动目标在一个因果链条中的规律性行动。其中，行动者是专业社工机

---

[1] “策略”是组织分析理论的重要概念。该理论强调行动者总是拥有一定的自由余地，他们不会接受被作为工具去实现外部环境所决定的目标。因此，组织尽管有约束性，但不会被外部环境彻底压制，而是通过策略手段去扩大行动者使用自由余地的范围。需要强调的是，策略分析强调的自由余地是相对的。行动者的策略施展会受到外部环境与共同建构的规则的约束，因此行动者的策略是有限理性下的策略。

构；组织环境为制度环境、市场环境和社会环境；行动策略是行动者调节内部与外部环境的主要手段；行动目标是实现社区治理。本研究在专业社工机构行动逻辑的生成中，既要注重组织环境中制度环境、市场环境与社会环境的外部环境因素对机构行动规则的影响作用，同时也要注重机构内部通过行动策略适应外部环境的规则建构，实现行动目标的能动性调节。本书的分析框架主要用于分析专业社工机构在社区治理中发挥作用的方式与途径。

（一）制度环境的影响

专业社工机构参与社区治理离不开制度环境的研究。制度环境包括为社会生活提供稳定性和意义的规制性、规范性和文化—认知性要素，以及相关的活动和资源。在社会学新制度主义看来，制度是通过提供行动发生的认知模板和意义系统来影响行动改变的。制度影响个体的行为不仅规定了个体应该如何去做，还通过一系列固化的认知模式和意义参照系统影响着个体的偏好和价值行为。制度环境对专业社工机构参与社区治理行动逻辑的影响集中体现在现行的政策环境、资源供给以及服务需要的供给等方面。政策环境主要包括政府部门关于政策制定的一般程序、政策文本内容的相关规定、政府和部门之间的协调机制、各政策主体职责规定、官僚行政体制文化等方面；资源供给主要包括各种人力、财力等方面；以及政府对专业社工机构专业服务内容的需要等方面对机构开展社区治理行动的影响。

（二）市场环境的推动

市场环境对于维系专业社工机构开展社区治理中行动的稳定性与高效性发挥着愈加重要的作用。市场环境通过市场机制，使得与专业社工机构的互动模式及利益分配格局处于稳定状态，既是机构开展行动的逻辑依据，也对其起到了指导、规范、约束和形塑的作用。市场对于专业社工机构的影响主要体现在，市场通过市场资源、产品营销、供需关系，对机构形成交换关系制约下的市场环境，并通过与机构的交织互动，成为机构行动逻辑生成的重要环节之一。

（三）社会环境的作用

社会环境对于本书中专业社工机构行动逻辑的生成起着非常重要的作用。根据 Evers（1987）、彭华民（2011）等研究指出，家庭、社会组织是社区社会福利供给中重要的供应主体。专业社工机构与由家庭、社区其他社会组织等组成的社会环境的良性互动是推动社区治理，提高社区公共服务能力的重要途径之一。专业社工机构与社会环境关系研究部分，主要探讨家庭、其他社会组织与专业社工机构通过各自掌握的社会资本、服务需要进行互通有无的过程；同时，专业社工机构在社区治理中通过其关系网络与社会资源，通过专业方法和应对策略，把脉互助需要，恰当把握政策时机，积极有效推动机构的社区治理行动。

（四）专业社工机构策略手段下的多元关系形塑

本书的分析框架，除了需要认真分析研究制度、市场与社会环境三个关键的影响因素外，还需要注重分析框架中专业社工机构与组织环境之间的策略互动关系。专业社工机构在与组织环境的互动中，从自身的生存与发展，以及社区治理目标达成的利益出发，竭尽所能地动员和利用组织环境的不同资源，通过策略手段促进互动行动朝向自身所代表的利益方向倾斜。专业社工机构与组织环境的互动是通过机构的行动策略，即专业方法、价值理念和组织运作等策略手段进行的。在这一过程中，专业社工机构与组织环境之间的互动，能够呈现不同的利益主体运用自身的资源和优势共同推动社区治理的过程，并可以展现出不同的利益主体在为自身利益竞争博弈的过程。因此，在社区治理中，需要特别注意专业社工机构通过策略与组织环境之间的互动行动过程的分析。通过专业社工机构与组织环境的多元互动，本书能够清晰呈现出专业社工机构在社区治理中的现实背景，揭示专业社工机构参与社区治理的行动逻辑。

（五）专业社工机构与社区治理的良性互动

社区治理是政府、市场、社会组织与社区居民共同参与的治理过程，强调主体多元合作、伙伴关系和协作互动，为专业社工机构行动逻辑的生成提供了生存与发展空间。专业社工机构凭借其社会工作的专业优势，在链接资源、提供专业性服务等方面，推动社区治理体系的创新。由此可见，社区治理通过治理需要与专业社工机构发生需要互动，而专业社工机构通过专业的服务供给，实现提升社区居民的公共事务参与度，协同社区提供专业化的个性服务，并通过机构的专业和组织特性实现社区治理的制度和规则的构建。

根据上述分析，本研究的分析框架建立了专业社工机构通过组织内部的策略生成应对组织外部环境的行动理论关系。具体来说，研究框架主要分析制度环境、市场环境、社会环境与专业社工机构之间多元互动的理论关系。这些关系的具体表述如下：

第一，专业社工机构参与社区治理的组织环境分别为制度环境、市场环境与社会环境。组织环境对专业社工机构形成社区公共服务的需要，而专业社工机构为了自身生存与发展和社区服务供给，与组织环境形成相互依赖的互动关系。

第二，专业社工机构参与社区治理受到组织环境支持与限制的影响，并在环境限制因素的影响下，通过策略手段进行有效回应。其过程具体表现为：制度环境通过政策支持、资源供给、服务需要，在与机构互动过程中形成环境支持与限制；市场环境通过市场资源、产品营销、供需关系，在与机构互动过程中形成环境支持与限制；社会环境（家庭与其他社会组织）通过资源互补、服务需要，在与机构互动过程中形成环境支持与限制。专业社工机构在制度环境、市场环境和社会环境对其的影响下，通过其价值理念、专业方法、组织运作的策略手段，以应对组织环境约束。同时，制度、市场和社会环境对社区治理起到了参与、推动和激励的作用，社区治理也不断地通过改变、规范和提升方式，与制度、市场和社会环境产生互动，以期形成更加有利于专业社工机构参与社区治理行动的组织环境。

第三，专业社工机构综合与权衡制度环境、市场环境和社会环境对其的影响，通过机构的价值理念、专业方法、组织运作，实现专业社工机构在社区治理中参与激励、协同服务和建构规制的服务功能和作用（见图 3.1）。

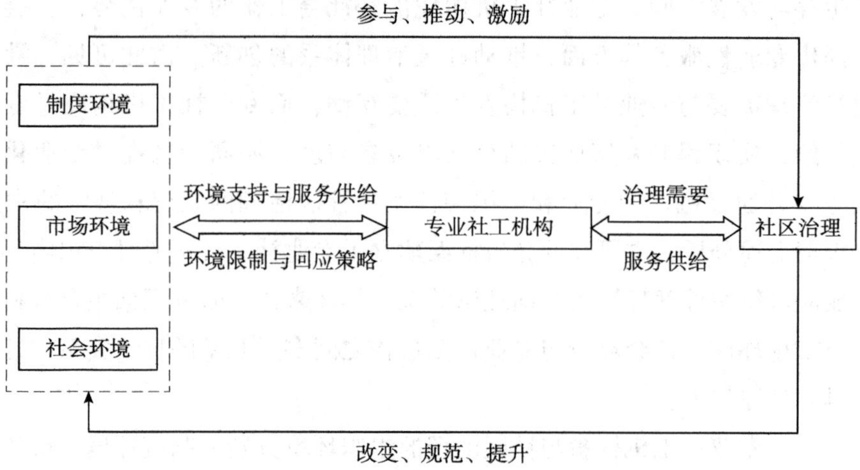

图 3.1　专业社工机构参与社区治理行动逻辑的研究框架

四、概念操作化

本书的分析架构由行动者、环境、行动策略和行动目标四个要素组成。根据上一部分的研究框架，为细化要素内容，本部分将四个要素细化为 5 个主要概念进行操作化，分别为社工机构、制度环境、市场环境、社会环境和社区治理，并将环境因素细分为制度环境、市场环境、社会环境三个概念。行动策略的价值理念、专业能力和组织运作均由行动者专业社工机构生成，因此将行动策略列为专业社工机构的二级变项。行动目标用社区治理表示。本书将以上 5 个主要概念进行操作化，讨论变项的具体内容以及变项之间的关系。

（一）制度环境的概念操作化

本研究选择政策支持、资源供给与服务需要作为表示制度环境的变项，它们体现了制度环境的制度安排。

1. 政策支持

政策支持是表现制度环境的第一个变项。从社会组织的发展历程来看，组织的发展逻辑主要是依附政府主导，其规模和数量实质上都和政府政策支持力度密切相关（林顺利，2014）。本书的政策支持主要内容包括：

（1）财税与行政审批等政策规定。从西方发达国家社工机构培育的成功经验来看，政府作为机构发展的主导力量，主要体现在政府对机构在财税政策上给予大力支持，且各项行政审批的限制性政策较少。如以美国社区机构发展为例，政府给予社区非营利组织特定免税政策，即组织所获的各项收入无须上缴所得税（韩央迪，2010），极大促进了社区非营利组织的发展。本书选择与社会组织发展紧密相关的政策规定，考察它们是否对组织参与社区治理的行动逻辑起到正向的推动作用。

（2）政府各部门的协调机制。我国社会组织管理部门涉及民政、工商、安全等各个部门，其登记部门和业务主管单位大多隶属于两个不同的政府部门。社工机构在具体工作时，需与各个不同主管部门产生业务关系。如何协调各部门的权力分配，形成有效的协调机制也是本书在制度环境中将要探讨的内容。

2. 资源供给

制度环境的第二个变项是资源供给。资源是专业社工机构生存与发展的生命线。我国社工机构是制度推动发展的产物，政府掌握着机构资源配置的权力。《社会工作服务机构发展报告（2015）》中的统计数据显示，我国百强社工机构收入来源中有 93 家机构的政府购买服务比例在 50% 以上。社工机构的资金、场地和人力资源的支持力度大小直接影响机构专业服务是否能够有效提供。由此可见，专业社工机构对制度环境有较强的资源依赖性。本书的资源供给主要从资金、场地和人力资源的供给三个方面展开，将在后续的章节中进行讨论。

3. 服务需要

服务需要是体现制度环境的又一变项。政府由于过度科层化管理而缺乏对社会需要的即时回应（田凯，2004），因此政府通过购买服务的方式，对专业机构的专业化服务进行购买以满足公共服务需要。政府购买服务是指政府通过在社会公共服务经费中拿出资金，向各类提供公共服务的社会服务机构，直接提供资助服务或公开招标购买服务，让专业社工机构和专业人员提供服务，以提升服务供给的效率和水平的一种公共服务供给方式（陆春萍，2010）。

（二）市场环境的概念操作化

本研究将市场环境操作化总结为市场资源、产品营销与供需关系三个变项，考察市场环境对专业社工机构参与社区治理行动逻辑生成中发挥的作用与功能。

1. 市场资源

市场资源是表示市场环境的第一个变项。它的主要内容包括由市场环境提供的资金、人力、场地等资源。市场资源的供给一方面拓展了专业社工机构资源的筹措渠道，另一方面有利于增强机构的自主性，专注于专业化服务产品的提供。

2. 产品营销

产品营销是体现市场环境的第二个变项。它的主要表现方式为服务产品的供给。根据《社会工作服务机构发展报告（2015）》的数据显示，全国百强社工机构有63家机构开展市场化项目，其中有7家机构的市场化项目收入占总收入的20%以上。可见，专业社工机构服务产品的市场化供给可以成为机构服务供给的渠道之一。专业社工机构主要是通过销售有形/无形的产品与市场环境发生互动。这既能够拓展市场化的融资渠道，也是对机构发展模式创新的有力探索。

3. 供需关系

供需关系是表示市场环境的又一变项。服务供给与市场需求的关系是它的主要内容。市场环境对于专业社工机构的需要是专业服务的供给，而机构既可以满足市场的服务需要，也是实现机构自身价值的主要途径之一。市场环境与专业社工机构正是通过服务需要与资源交换，产生以交换逻辑为导向的互动关系与模式。

（三）社会环境的概念操作化

专业社工机构参与社区治理的行动逻辑生成不仅受到制度环境、市场环境的影响，更内嵌于具体社会情境中。本研究中的社会环境包含社会资源、关系网络和互助需要三个方面内容。

1. 社会资源

社会环境的第一个变项为社会资源。本研究的社会资源主要是讨论物质资源与人力资源，具体内容为社会渠道的资金、人力与文化资源，旨在进一步拓展专业社工机构的资源来源方式与渠道。相较于制度环境和市场环境的资源供给，专业社工机构的社会资金渠道主要面向社会筹资，包括通过基金会和社区居民捐赠等筹集的运行资金；人力资源来源主要是社区中家庭、个人以及其他社区社会组织等；文化资源主要是指社区居民中具有的独特个人才能等。

2. 关系网络

关系网络是社会环境又一变项。本研究的关系网络是指围绕社区治理处于自在状态的各种社会资源经过专业社工机构的链接和激活而形成的关系纽带，主要包括专业社工机构所链接的政府部门、社区社会组织、个人、家庭、其他社会组织所形成的关系纽带。这些关系纽带一旦形成又成为专业社工机构行动的工具，并成为其参与社区治理的独特社会环境要素，是专业社工机构提升其在社区行动能力的主要社会依托。社工机构在社区治理中，通过关系网络可以形成一种政治机会结构，从而获得政府和机构、机构之间合作关系的迅速达成（王杨，2016），成为机构嵌入社区治理的有效路径。国外的社区治理高度重视社区自治的发展，建立较为完善的个人与组织以及组织间的协商与合作机制。本书将个人关系与各种协调机制都纳入关系网络的研究范畴中，将在后续章节中展开讨论。

3. 互助需要

互助需要是体现社会环境的第三个变项。它的主要内容包括家庭服务提供的需要以及其他社会组织之间资源互补的需要。社会工作者承诺向案主提供支持以协助其获得所需资源。在社区治理的情境中，专业社工机构的功能之一是为家庭服务对象提供专业的服务，以满足家庭服务需要。同时，不同的专业社工机构的服务业务范围不一，如按照人群类型分为为老年人、儿童、妇女、残疾人等服务的社工机构。如何形成和维持不同社会组织间的资源互补，是专业社工机构参与社区治理行动逻辑的研究中需要进一步讨论的话题。

（四）专业社工机构的概念操作化

本书将专业社工机构的行动策略操作化为专业能力、价值理念和组织运作三个变项。社会工作的专业能力和价值理念是其区别于其他助人方法的基础，是社会工作的“才”即知识和能力，与“德”的方面一起构成社会工作者的基本专业素养。而专业社工机构参与社区治理就是通过有效地组织运作将社工的专业能力与价值理念发挥在具体社区治理事务中。

1. 专业能力

专业社工机构行动策略的第一个变项为专业能力的建设，具体包括专业知识、技巧与方法的掌握与资源整合能力等方面内容。专业能力是专业社工机构区别于其他社会服务组织的重要标志之一，指掌握专业社会工作理论知识，熟练运用个案、小组、社区社会工作的技巧与方法，能够有效地对社区内的资源进行整合，平衡社区内各主体的互动关系等。

2. 价值理念

专业社工机构的价值理念是社会工作实践的灵魂，是社会工作者的精神动力。它是体现机构行动策略的第二个变项，主要包括公平正义与助人自助两方面内容。社会工作价值是社会工作专业或者社会工作者基于社会公平、平等、和谐、公正的理想和人类基本需要的满足等而奉行的一套基本理念、态度和行为准则的总称。社会工作专业的独特性在于其使用的改变技术常常建立在理论和价值之上，而不是干预技术之上。专业社工机构是在公平正义与助人自助的价值理念指导下，通过社会服务的手段去促进社会平等、公正，恢复和改善人们的社会功能。值得注意的是，社会工作价值理念是在西方文化视阈下形成与发展的，如何与中国传统文化中的助人为乐、乐善好施的传统进行融合，也是本书在接下来的文章里进行探讨的内容。

3. 组织运作

组织运作是专业社工机构行动策略的第三个变项。它主要包括岗位化运作、项目化运作以及市场化运作三种模式。岗位化运作模式主要是针对政府购买社会工作岗位而言的，把社会福利的岗位通过打包的形式，按照一定的标准支付费用，交由社工机构来完成。该模式主要是我国社会工作发展早期阶段的运作模式。项目化运作模式主要是通过与政府或其他有资助能力的基金会或社会团体签订项目协议，依照协议内容开展服务项目的一种运作方式。项目化运作是目前社工机构开展服务的主要模式之一。市场化运作，是指社工机构与其他第三方部门公开竞争政府部门或企业资助的公共物品和服务项目，通过市场渠道，销售有形/无形产品以增加收入。社会组织通过市场化运作的经营活动

（丁元竹、江汛清，2012；Pierre，2012）与管理模式（郭文博，2014），可以更好地维持组织的运作和发展。本研究中的专业社工机构的组织运作就是在以上运作模式上的延伸和拓展。本书将对这一方面内容展开讨论。

（五）社区治理的概念操作化

本书将社区治理概念操作化为参与激励、协同服务和建构规制三个方面的服务内容。社区治理通过治理需要与专业社工机构发生互动，机构通过自身的专业优势，以服务供给的方式，参与社区治理。

1. 参与激励

参与激励是社区治理的第一个变项。它的主要内容是指社区居民参与个人或公共事务能力的提升。社区治理强调多元主体的共同治理，尤其激励社区居民的自治性和自主性，是专业社工机构参与社区治理的主要目标之一。

2. 协同服务

协同服务是社区治理的第二个变项。它主要包括社区主体个性化、专业化服务的供给以及协同解决社区公共事务等内容。鉴于社区治理多元主体的参与，不同群体的多元化服务需要是社区主要的治理内容之一。同时，社区事务的协同解决也是社区治理的又一主要内容。

3. 建构规制

建构规制是社区治理的又一变项。它主要包括社区的管理制度、协同机制、社区规范或约定。社区治理需要形成一套当社区问题触发时，政府和其他治理主体会自动启动、协商调解和化解问题的正式或非正式的机制、制度或规范，如通过完善社区管理的信息化建设，建立常态化的工作会议、座谈会等机制实现社区主体间信息的对等传递，实现社区问题的预防或解决。这一套制度或规范需要通过现代化的科学方法和专业技术来实现，而社会组织可以运用独特的价值理念、专业方法，有效协调政府与公民的利益冲突、建构良性的政府与公民的合作关系，化解社区矛盾（包先康、朱士群，2016），实现社区治理体制的创新和完善。

综上所述，本书在专业社工机构参与社区治理行动逻辑的分析框架中，将影响专业社工机构行动逻辑的影响因素分为制度环境、市场环境、社会环境、社工机构和社区治理 5 个一级变项，它们形成了 15 个不同维度的二级变项

(见表3.1)。根据本书的研究框架，制度环境（政策支持、资源供给与服务需要)、市场环境（市场资源、产品营销与供需关系)、社会环境（社会资源、关系网络与互助需要）和社工机构（专业能力、价值理念与组织运作）4个一级变项之间存在多元互动的关系，并且它们共同实现社区治理的创新（参与激励、协同服务、建构规制)。其中，从一级变项与二级变项的关系来看，表示制度环境、市场环境、社会环境、社工机构以及社区治理的15个二级变项为自变项，5个一级变项为因变项。从专业社工机构的行动逻辑与变项的关系来看，制度环境、市场环境、社会环境作为自变项引发行动逻辑因变项的变化；从5个一级变项之间的关系来看，制度环境、市场环境、社会环境和社工机构作为自变项引发社区治理因变项的变化，以上变项关系是本书主要讨论的变项关系。

表3.1　专业社工机构参与社区治理的行动逻辑研究变项及解释

概念（一级变项）	二级变项	解　　释
制度环境	政策支持	财税、行政审批等政策规定、政府各部门的协调机制
	资源供给	资金、人力、场地等
	服务需要	政府购买服务
市场环境	市场资源	资金、人力、场地等
	产品营销	服务产品的供给
	供需关系	服务供给与市场需求关系
社会环境	社会资源	资金、人力、文化资源等
	关系网络	政府部门、社区社会组织、个人、家庭等形成的关系纽带
	互助需要	家庭服务提供的需要、其他社会组织间资源互补的需要
社工机构	专业能力	专业知识、技巧与方法的掌握与资源整合能力
	价值理念	公平正义、助人自助的理念
	组织运作	岗位化运作、项目化运作、市场化运作模式等
社区治理	参与激励	社区居民参与个人与公共事务的能力
	协同服务	个性化、专业化服务的供给，社区问题的预防与解决
	建构规制	社区的管理制度、协同机制、社区规范或约定

第二节 研究方法

社会科学研究在探讨研究议题之前，需要对研究中运用的方法、研究资料的取舍与研究的科学性等问题进行详细的讨论。本书主要采用定性研究的方式展开具体分析，采取观察法、访谈法与文献法进行资料收集工作，设计多元资料的分析与整合方法，分析研究资料的信度和效度，并讨论本研究遵循的伦理原则和研究局限。

一、定性研究取向

专业社工机构参与社区治理行动逻辑的生成受到组织环境中不同因素的影响。本研究聚焦于制度、市场和社会环境，与专业社工机构的内部环境交织互动，共同影响机构行动路径的形成。基于本书的研究主题和领域，本书采用定性研究方法（qualitative research methods）进行分析更为合适。定性研究方法是一种基于解释范式的研究方法，深受现象学、诠释学、符号互动论、批判理论等西方理论和思想的影响。定性研究强调知识的形成和发展并非只受到知识内在理性原则的限制或是纯粹由理性推论而来，它是由主体的意识作用在日常生活中与他人或事物建立联系，并交换彼此观点，建立共识的规则或知识（风笑天，2013）。定性研究要求研究者在对所收集的资料进行分析时，必须立足于研究对象的立场和观点，充分融入当事人的情境中，理解和把握研究对象的主观感受、知觉和想法，进而理解这些研究现象或行为的外显或隐含的意义（Denzin & Lincoln，1998）。在专业社工机构行动逻辑的生成过程中，定性研究能够深入了解机构行动形成的全过程，探索在社区治理中不同利益主体是如何与专业社工机构进行互动博弈，从而挖掘制度、市场与社会环境对机构行动逻辑生成的张力和影响。

具体来说，本书选择定性研究是基于理论分析与现实操作两个层面的考量。从研究的理论层面来看，法国组织社会学的决策分析注重样本的定性研究，并使用归纳式的推论方式，其思考的出发点是组织生活的具体问题。基于组织分析理论的研究方法，是作为一种深入样本的推理逻辑，能够为专业社工机构参与社区治理的行动研究提供一种更具解释力的分析工具。而本书则对这一方法进行更深层次的演绎，既注重专业社工机构参与社区治理行动的环境制约，又注重专业社工机构参与社区治理行动与环境的互动，同时更关注专业社工机构参与社区治理的因时、因势而动的权变能力和内生动力。可见，定性研究方法对于一个行动领域具有的丰富性和复杂性的经验事实可以有效释义且不至于对其进行过度简化。

从研究的现实操作层面来看，本书共选择安徽和江苏共16家专业社工机构参与社区治理的实践作为样本进行研究，通过对16家机构的深入调查，能够深入观察、发现行动逻辑生成中不同利益主体间的互动模式，得出本书的研究结论。本研究试图通过对专业社工机构的运作过程和发展机制的分析，探索机构在制度、市场和社会共同影响下的各种生存策略以及由此发展出的各个治理主体间的关系。基于上述思考的指引，本研究采取定性研究方法，对研究对象进行描述、分析与解释，并在此基础上，探寻专业社工机构与组织环境中各主体的互动关系与类型，探索出一条机构参与社区治理的可能路径。

二、多元的资料收集方法

资料收集方法的科学性直接影响所获资料的可信度和可靠度。本部分将根据研究问题与研究框架的指引，讨论本研究的样本选取以及研究中所使用的资料收集方法。

（一）样本来源

1. 调研地点的选取

本书的研究对象为专业社工机构参与社区治理的行动逻辑，研究问题主要围绕专业社工机构运作过程及其发展样态进行。本研究立足科学性和可行性原则的指引，选取江苏省和安徽省的专业社工机构为主要调研对象，其中以民政部2014年确立的首批全国社会工作服务示范地区江苏省N市G区、S市T市与安徽省H市B区、W市J区作为主要调研地点。

第一，江苏省和安徽省近年来都在大力推进社会组织的培育与发展。根据民政部与中国社会组织网大数据公布的数据来看，截至 2020 年 10 月 30 日，全国社会组织总数约为 89.34 万个，其中江苏省为 9.7 万个，居全国前列，安徽省 3.4 万个，居全国第九位[1]。两省的社会组织数约占全国总数的 15%。从两省的社会组织数可以看出，两省在推动社会组织建设方面做出了大量努力，积累了丰富的经验。江苏省作为社会组织发展较发达地区的代表，安徽省作为欠发达地区的代表，对两省社会组织建设的比较研究，有利于分析组织生存环境的优势与劣势及其原因。

第二，一线城市，如深圳、上海和北京等地，其社会组织已经形成相对稳定的组织发展模式，且相关研究较为丰富和成熟。但这些区域由于它独特的政治、经济和社会情境，其社会组织发展模式在全国范围内的借鉴意义有限。而 H 市与 W 市位于安徽省，属于中部地区；N 市与 T 市位于江苏省，隶属于东部地区。四市区较一线城市而言，其社会组织发展的优势和劣势更具代表性。同时，本研究通过四市区专业社工机构的比较分析，保证社工机构介入社区治理的运行模式与发展样态具有鲜明的区域性和代表性，确保样本之间具有一定的差异性，有利于从样本多样性的角度丰富本书的研究内容。

第三，四市区在成为民政部首批全国社会工作服务示范地区后，在本地的社区治理工作中取得了丰富的实践经验，特别在专业社工机构的生存环境、机构的服务建设以及培育社工机构的孵化平台等方面进行了一系列探索，其示范工作在全国社会工作服务示范工作中具有一定的借鉴价值，具备本研究的理论与实践基础。

第四，安徽和江苏两省分别是笔者的家乡和博士就读学校所在地，由于血缘、地缘和业缘关系的便利，更易于获取和收集本研究的资料，资料内容的准确性和真实性更高，更利于资料的深入挖掘。

2. 调查机构与访谈对象的选取

为了能够全方面掌握专业社工机构参与社区治理的发展样态，依照目标抽样方法的指导，调研机构的样本选取主要遵循了以下原则：第一，社工机构的专业性要求。本书选取的机构必须有专职的社会工作者，机构运行与开展能运

---

[1] 数据来源：中国社会组织网大数据，http://data.chinanpo.gov.cn/，2020 年 10 月 30 日访问。由于该网站大数据为实时监测，因此，本研究数据以访问网站的当日数据为准。

用专业的价值理念与方法，并且是正式注册的机构，确保研究机构的典型性和代表性。第二，兼顾多类型的机构运行模式。已有专业社会工作机构类型的研究主要是从其与政府关系视角出发，如许小玲、彭华民（2015）将我国专业社工机构主要分为政府主导内生型、政府支持合作型与准市场导向自发型三种类型；彭善民（2010）将社会工作机构分为政府运作、社会运作和政社合作三种类型。从专业社工机构的业务范围来看，机构又可以分为老年服务类、青少年服务类、妇女服务类、残疾人服务类等；从专业社工机构的规模大小来看，可以分为大、中和小型社会工作机构。本书在专业社工机构的选择上，要兼顾不同的运作模式、业务范围和规模大小，以确保研究的深入性和代表性。第三，社区服务的开展。本书的研究对象是专业社工机构参与社区治理的行动逻辑，选取的机构必须是在当地社区治理中开展服务且具有一定实务经验的机构，力求保证研究资料与研究主题的贴切，以及资料的有效性。

在结合以上选取的标准上，本研究将调查的专业社工机构，依据其与组织环境的互动关系中的核心影响变量进行分类。从制度环境、市场环境和社会环境的二级变项可以发现，组织环境中的资源和需要始终是影响其与机构关系运作的核心要素。专业社工机构通过资源获取和服务供给与组织环境进行互动。因此，本书根据专业社工机构资源获取和服务供给的类型标准，将其分为政府购买型、市场内生型和公益基金会支持型三类专业社工机构❶，以确保调查资料的深入性与丰富性。按照以上专业社工机构的选取标准，本书选取了 16 家专业社工机构（调查机构的相关介绍和具体情况详见附录二），每个市区各选取 4 家，其中政府购买型 10 家，市场内生型 4 家，公益基金会支持型 2 家。在选取调查专业社工机构时发现，其与组织环境的互动，并不会仅限定于从单一环境进行资源获取和服务供给的活动。本书分类的目的，是试图突出该类机构是如何擅于通过行动策略，与组织环境进行资源交换和权力获取，从而实现

---

❶ 本书中专业社工机构的分类标准是按照组织环境中各个环境主体的影响权重进行分类。从本研究调研的 16 家专业社工机构以及我国专业社工机构的整体发展历程来看，制度环境始终是其资源供给和服务需要的主要来源。然而，市场环境与社会环境的资源供给和服务需要已经成为机构发展的重要支持力量。本书中的政府购买型社工机构，基本都是由政府通过购买服务项目向机构进行资源供给和服务需要的类型。市场内生型和公益基金会支持型的分类标准，主要是指市场资源和社会资源已经成为机构持续性的资源供给和服务需要的重要来源，且权重比其他机构大。

更加有效的互动。

本研究访谈对象的选取是基于本书的研究框架，围绕专业社工机构社区治理行动逻辑中的行动者、环境、策略和目标四个方面内容展开的，主要包括专业社工机构社区治理的实施者、推动者、需要者与接受者。具体而言，访谈对象根据研究对象选取的差异原则，分别为专业社工机构负责人；机构从事社区治理项目的一线服务的社工；当地从事社会组织和社区服务的政府部门工作人员；社区工作人员和社区居民。为进一步保证访谈资料收集的丰富性、多样性和深入性，各类访谈对象的样本量依据信息饱和原则确定。本研究访谈对象总数共为 63 名，具体访谈人数分布见表 3. 2。

表 3. 2　四市区专业社工机构、政府、社区相关人员的访谈人数

市区	专业社工机构		政府部门	社区	
类型	负责人	社工	负责人或工作人员	负责人或工作人员	社区居民
N 市 G 区	4	4	3	3	2
S 市 T 市	4	7	2	2	3
H 市 B 区	4	5	2	2	3
W 市 J 区	4	4	2	1	2
合计	16	20	9	8	10

专业社工机构作为本研究主要的调查对象，其选取的访谈对象为每家机构法人或总负责人 1 名，共 16 名；一线服务社工由于社区岗位设置或访谈方便程度，各地区略有不同，但保证每家社工机构至少有 1 名直接负责驻地社区治理项目的负责人，或从事社区治理项目一线服务的社会工作者（以下简称“一线社工”），共 20 名。本研究四市区专业社工机构的社区治理项目主要是指专业社工机构通过政府购买服务形式获得社区服务合法性，在社区按照政府拟定的标准和要求与社区在地化情境相结合，形成针对不同社区居民需要的社区服务等内容。四市区社区治理项目的服务内容涵盖了通过专业社工机构的专业力量引入，激发居民社区参与能力、提供专业化和个性化服务、协同社区和居民构建社区规制等方面内容。但各个市区社区治理项目在具体的项目名称上略有差别。T 市通过整体购买专业社工机构服务进行试点社区的“邻里家园”社区服务社会化项目建设。G 区和 B 区的社区治理项目是引入专业社工机构进行试点“社区综合服务中心”建设。J 区的社区治理项目是引入专业社工机构

开展“社区公共服务中心”建设。本研究对于一线社工的访谈对象选取的是负责社区治理项目的社工，访谈人员编码与具体情况见表3.3。

表3.3 专业社工机构负责人与一线社工访谈名单

编号	性别	工作单位	被访对象的相关情况
GJG－HR1	男	HR社会工作服务中心	机构的法人与社区治理项目负责人
GJG－HR2	女	HR社会工作服务中心	机构社区治理项目一线社工
GJG－XJ1	女	XJ老年人服务中心	机构的法人与社区治理项目负责人
GJG－XJ2	女	XJ老年人服务中心	机构社区治理项目一线社工
GJG－AD1	女	AD社会工作服务中心	机构社区治理项目负责人
GJG－AD2	女	AD社会工作服务中心	机构社区治理项目一线社工
GJG－XQ1	女	XQ社会工作发展服务中心	机构社区治理项目负责人
GJG－XQ2	女	XQ社会工作发展服务中心	机构社区治理项目一线社工
TJG－DY1	女	DY社会工作发展中心	机构的法人
TJG－DY2	男	DY社会工作发展中心	社区治理项目负责人
TJG－DY3	女	DY社会工作发展中心	机构社区治理项目一线社工
TJG－DY4	男	DY社会工作发展中心	机构社区治理项目一线社工
TJG－QL1	男	QL社会工作服务中心	机构的法人与社区治理项目负责人
TJG－QL2	女	QL社会工作服务中心	机构社区治理项目一线社工
TJG－XC1	女	XC社会工作服务社	机构的法人与社区治理项目负责人
TJG－XC2	女	XC社会工作服务社	机构社区治理项目一线社工
TJG－RE1	男	RE社会工作发展研究中心	机构的法人
TJG－RE2	男	RE社会工作发展研究中心	社区治理项目负责人
TJG－RE3	女	RE社会工作发展研究中心	机构社区治理项目一线社工
BJG－AL1	女	AL社会工作服务社	机构的法人
BJG－AL2	女	AL社会工作服务社	社区治理项目负责人
BJG－AL3	女	AL社会工作服务社	机构社区治理项目一线社工
BJG－MD1	男	MD社会发展服务中心	机构法人和社区治理项目负责人
BJG－MD2	女	MD社会发展服务中心	机构社区治理项目一线社工
BJG－BJ1	女	BJ社会工作服务社	机构法人和社区治理项目负责人
BJG－BJ2	男	BJ社会工作服务社	机构社区治理项目一线社工
BJG－QP1	女	QP青少年社会事务服务中心	社区治理项目负责人
BJG－QP2	男	QP青少年社会事务服务中心	机构社区治理项目一线社工
JJG－LJ1	男	LJ便民服务中心	机构法人和社区治理项目负责人

续表

编号	性别	工作单位	被访对象的相关情况
JJG－LJ2	女	LJ 便民服务中心	机构社区治理项目一线社工
JJG－YJ1	女	YJ 社会工作服务中心	机构法人和社区治理项目负责人
JJG－YJ2	女	YJ 社会工作服务中心	机构社区治理项目一线社工
JJG－YT1	男	YT 智能化养老服务中心	机构法人和社区治理项目负责人
JJG－YT2	女	YT 智能化养老服务中心	机构社区治理项目一线社工
JJG－YC1	男	YC 社会工作服务中心	机构法人
JJG－YC2	女	YC 社会工作服务中心	社区治理项目负责人

注：研究在访谈的基础上对访谈记录进行编码和分类整理，专业社工机构编码为 JG，机构名称以前两位首字母区分；被访者所在市区以首字母区别；机构负责人数字为 1，一线社工从 2 开始编码。例如，N 市 G 区的 HR 专业社工机构的负责人，其编码为 GJG－HR1；该机构社工编码为 GJG－HR2。

政府部门工作人员，不仅包括当地民政局领导与工作人员，如分管社会组织或社区的社会组织科科长、社会组织管理中心主任、基层政权科科长以及该部门的工作人员，还包括街道书记或主任以及工作人员，共 9 名，访谈人员编码与具体情况见表 3.4。

表 3.4　政府部门工作人员访谈名单

编号	性别	工作单位	被访对象的相关情况
GZ1	男	G 区民政局	社会组织科科长
GZ2	男	G 区 ZYM 街道	街道书记
GZ3	男	G 区 JD 街道	街道书记
TZ1	男	T 市民政局	基层政权科科长
TZ2	男	T 市民政局	社会组织管理中心主任
BZ1	男	B 区民政局	社会组织管理中心主任
BZ2	男	B 区 WH 街道	街道书记
JZ1	男	J 区民政局	社会组织管理中心主任
JZ2	男	J 区 BM 街道	街道书记

注：研究在访谈的基础上对访谈记录进行编码和分类整理，政府部门工作人员的编码为 Z，被访者所在市区以首字母区别；被访者以数字 1 开始，按市区顺序进行编码区分，例如 G 区民政局基层政权科科长的编码为 GZ1。街道书记或主任所属工作单位，以街道名称的首字母表示，并不必在编码中区分。

社区是专业社工机构进行社区治理行动落地的主要场域，社区书记、主任或工作人员往往成为专业社工机构社区治理服务活动最直接的管理者、服务者和支持者，他们的行为态度与方式很大程度上影响了机构社区治理行动的有效开展。本研究对社区工作人员访谈对象的选取，主要考虑挑选四市区专业社工机构参与社区服务项目所属的不同社区类型的工作人员。首先，所在市区重点打造社区工作人员为首选访谈对象，如 G 区的 RC 社区、G 区的 LJ 社区、T 市 CXZ 社区、B 区 WH 社区、B 区 BHSJ 社区和 J 区 JMM 社区的工作人员。重点打造的社区更具现代社区发展特征的品质，是当前乃至今后社区发展的趋势，更具有本地区专业社工机构参与社区治理行动研究的代表意义和研究价值。其次，兼顾老旧社区和中高档新型社区分类进行访谈。本研究四市区的重点打造社区均为中高档新兴社区，老旧社区为 G 区的 LXG 社区、T 市 SX 社区。探索专业社工机构参与老旧社区治理中可能遇到的组织环境优势和困境，对本研究专业社工机构行动逻辑的影响因素和机理生成亦具有重要的分析价值。本研究一共访谈四市区共 8 名社区工作人员，访谈人员编码与具体情况见表 3.5。

表 3.5　社区工作人员访谈名单

编号	性别	工作单位	被访对象的相关情况
GSQ1	女	G 区 RC 社区	社区主任
GSQ2	女	G 区 LJ 社区	社区主任
GSQ3	女	G 区 LXG 社区	社区书记
TSQ1	女	T 市 CXZ 社区	社区书记
TSQ2	男	T 市 SX 社区	社区主任
BSQ1	男	B 区 WH 社区	社区书记
BSQ2	女	B 区 BHSJ 社区	社区社会组织管理的工作人员
JSQ1	女	J 区 JMM 社区	社区书记

注：研究在访谈的基础上对访谈记录进行编码和分类整理，社区工作人员的编码为 SQ，被访者所在市区以首字母区别；被访者以数字 1 开始，按市区顺序进行编码区分，例如 G 区 RC 社区主任编码为 GSQ1。社区名称在表中以首字母表示，但不必在编码中区分。

社区居民是专业社工机构参与社区治理行动最主要的服务人群。为了更好地了解社工机构的服务成效，本研究共选取了四市区 10 名社区居民，进行了深度访谈，主要选取机构的服务对象，尤其是对机构社区治理的服务工作较为熟悉的居民代表。社区居民的人员编码和具体情况见表 3.6。

表 3.6　社区居民访谈名单

编号	性别	工作单位	被访对象的相关情况
GJM1	女	G 区 RC 社区	楼栋长
GJM2	女	G 区 RC 社区	志愿者
TJM1	女	T 市 CXZ 社区社会组织	义起行动组织负责人
TJM2	女	T 市 CXZ 社区	楼栋长
TJM3	女	T 市 CXZ 社区	志愿者
BJM1	男	B 区 DW 社区社会组织	老年模特队负责人
BJM2	女	B 区 DW 社区社会组织	社区调解队负责人
BJM3	女	B 区 DW 社区	志愿者
JJM1	女	J 区 JMM 社区	志愿者
JJM2	女	J 区 JMM 社区社会组织	舞蹈队负责人

注：研究在访谈的基础上对访谈记录进行编码和分类整理，社区居民的编码为 JM，被访者所在市区以首字母区别；被访者以数字 1 开始，按市区顺序进行编码区分，例如 G 区 RC 社区居民的编码为 GJM1。社区居民所属社区以首字母表示，但不必在编码中区分。

（二）资料的收集方法

本研究的调查是由笔者本人赴四市区调研地进行资料收集工作。本研究资料收集共耗费 3 个半月，笔者在 2018 年 3 月、2018 年 7 ~ 9 月，分别到四市区进行调查和资料收集。观察法、访谈法和文献法是本研究的主要资料来源（Yin，1989）。根据本书的研究问题和研究目的，本书主要采用上述三种方法进行资料的收集工作。

1. 访谈法

访谈法是定性研究中收集资料和信息的必要手段与方法。作为一种科学研究的方法，访谈法是指访谈者围绕研究主题与被访者进行有目的的交谈。本研究主要选取访谈法中的深度访谈。深度访谈是由访谈员与被访者围绕研究主题或范围，进行比较全面和自由的交谈。它的主要目的在于研究者通过深入细致的访谈，以及主观、洞察性的分析，获取丰富生动的事实素材，从中认识和归纳出这些事实的深层含义。

基于研究目的，本研究对访谈对象的选取采用目标抽样的方法，主要包括调查地点民政局社会组织管理部门的领导或相关工作人员、社区居委会领导或相关工作人员、专业社工机构负责人、社工机构工作者和社区居民（服务对象)，共63名。本研究在深度访谈时，研究者主要采用半结构访谈的方式进行，多以面对面的个案访谈为主，集体座谈的形式为辅，依据具体访谈提纲的引导（见附录一)，围绕研究主题，随时根据被访者的回答，使用提问和追问的技术来进行访谈。

个案访谈选取对象主要是由民政部门领导或工作人员、社区居委会领导或工作人员、部分专业社工机构负责人以及部分一线机构工作者组成。由于部分机构负责人、部分一线机构工作者以及社区居民工作或个人事务安排等便利性因素，部分访谈以集体座谈形式进行。如J市的调查中，笔者利用当地民政局社会组织管理局组织当地机构负责人和一线社工集体会议的便利机会，在集体会议后由工作人员介绍，接着对与会对象进行了集体座谈。研究者在访谈过程中，访谈时间、地点、记录方式（录音、笔录、照片等)、参与人员等，均由被访者自主选择或决定，以便其能在相对轻松和舒服的环境和状态下接受访谈，确保所获资料的有效性和真实性。同时，研究者依据的访谈提纲是立足研究问题和研究变项设计，保证研究问题与研究主题的契合性（见表3.7)。

表3.7　专业社工机构参与社区治理行动逻辑研究变项与资料来源

一级变项	二级变项	资料来源
制度环境	政策支持	民政部门访谈Q4、Q7、Q8、Q15；社区访谈Q4、Q7； 机构负责人访谈Q5；社工访谈Q6
	资源供给	民政部门访谈Q5、Q6、Q15；社区访谈Q5； 机构负责人访谈Q6；社工访谈Q6
	服务需要	民政部门访谈Q9、Q14；社区访谈Q8； 机构负责人访谈Q8、Q11、Q15；社工访谈Q9、Q15
市场环境	市场资源	民政部门访谈Q11；社区访谈Q10； 机构负责人访谈Q7、Q10；社工访谈Q7
	产品营销	民政部门访谈Q9；社区访谈Q10；机构负责人访谈Q10
	供需关系	社区访谈Q12；机构负责人访谈Q12、Q15； 社区居民访谈Q7、Q9
社会环境	社会资源	民政部门访谈Q12；社区访谈Q11； 机构负责人访谈Q10；社工访谈Q8、Q11
	关系网络	机构负责人访谈Q10、Q14；社工访谈Q11、Q14、Q17
	互助需要	机构负责人访谈Q4、Q15；社区访谈Q13； 社区居民访谈Q3、Q4、Q5；社工访谈Q12

续表

一级变项	二级变项	资料来源
社工机构	专业能力	机构负责人访谈 Q8、Q9、Q11、Q13；社区访谈 Q16；社工访谈 Q3、Q9、Q12
	价值理念	机构负责人访谈 Q12；社工访谈 Q5
	组织运作	机构负责人访谈 Q8、Q9、Q10；社区访谈 Q16；社工访谈 Q9、Q10、Q11、Q16
社区治理	参与激励	社区访谈 Q14；机构负责人访谈 Q16；社工访谈 Q16；社区居民访谈 Q6
	协同服务	社区访谈 Q13、Q14；机构负责人访谈 Q11、Q15；社工访谈 Q12；社区居民访谈 Q7
	建构规制	社区访谈 Q15；机构负责人访谈 Q17；社工访谈 Q17

2. 观察法

观察法是实证研究推崇的基本研究方法之一，强调用科学和可靠的经验事实来建构理论。观察法是带有明确的目的，用自己的感官和辅助工具对研究对象进行系统和重复的观察，以认识事物的特征与变化规律，分为参与观察（participant observation）和非参与观察（non－participant observation）。参与观察是指研究者深入研究对象的生活背景，在实际参与研究对象日常社会生活的过程中获取资料；而非参与观察是研究者处在群体或现象之外，以旁观者的身份进行观察，尽量不对研究对象产生影响。

在资料收集过程中，本书还选取了非参与观察方法来获取研究资料，主要包括：一是对被调查专业社工机构在社区设立的工作点、设施、工作人员进行观察，了解社区对机构的态度和行为，把握一线社工的工作态度和专业能力等；二是对专业社工机构自身的场地、设施、机构负责人、工作人员等进行观察，有助于把握这些机构的规模、专业能力等，以及收集机构负责人对于机构参与社区服务的基本情况、未来规划以及机构运作的相关资料等；三是对专业社工机构的驻点社区活动中心的场地、设施、社区领导与工作人员进行观察，了解社区工作人员与机构工作人员的互动状况，了解社区在机构社区服务开展中的作用和不足；四是对民政局、街道办工作人员与机构领导或相关工作人员的互动（如利用政府工作检查、工作布置或机构去政府部门办事的机会）进行观察，有助于分析政府部门与机构二者互动的关系及其形式；五是对社区服务开展过程、社区居民（服务对象）进行观察，了解专业社工机构与社区居民的互动关系，重点把握居民对机构服务的态度、看法和满意程度等。

3. 文献法

在实地调查中，研究者除了采用访谈法与观察法来获取有效信息外，文献法也是收集定性研究资料的必要方法。文献法是研究者根据调查研究的目的而进行收集和分析书面文本资料或声像资料的方法。本研究根据研究主题和研究内容，主要收集四类文献：一是对已有专业社工机构参与社区治理行动逻辑的学术文献进行梳理，了解当前研究的现状，以对已有的组织行动研究形成基本认知；二是对调研地所在省民政厅，市、区民政局出台的社工机构相关政策及政策研究文献进行收集，分析机构生存所面临的政策环境及其对专业社工机构的影响；三是对所选取的 16 家专业社工机构的业务范围、业务水平、人员构成及内部管理模式等相关资料进行收集，渠道主要为机构网站与机构所保留的档案资料等；四是对 16 家机构中参与社区治理的样本资料进行详细分析。这些文献材料的分析有助于客观精确地把握各个社区的利益主体互动博弈的动态图景，进而更好地理解制度、市场与社会环境对专业社工机构的影响及其在社区治理中的具体作用。

三、资料的分析与整合方法

对定性研究方法而言，资料分析和整合方法的妥当性是决定研究结论可靠性的关键和重要环节。本部分在上文提及的资料收集方法的基础上，进行资料分析和整合方法的讨论。

（一）资料的分析

本研究收集的定性研究资料大致分为两种类型，一种为大量访谈资料，另一种是文献和档案资料（上文“文献法”中提及的四种类型资料）。访谈资料分析主要选取内容分析法，辅以情境分析法和比较分析法为补充。内容分析法是对研究资料的特定部分进行客观、具体和系统的分析和解释，以便确定资料所包含的特定模式、主题和意义的分析方法（Berg，2007）。本研究访谈资料的内容分析主要从三个方面展开：第一，从访谈资料中将与研究问题和研究变项相关的规律性内容进行分类，如将机构负责人、一线社工、政府部门与社区工作人员等对于相同研究问题和研究变项的资料内容进行统归，查找出资料之间的因果关系；第二，系统分析规律性内容所涵盖的深层意义，探索资料中一个因素在机构行动发生过程中导致另一因素出现的因果分析，如机构在面对资源短缺的困境是如何采取行动策略进行回应，并取得了怎样的效果；第三，解释和揭示内容之间隐含的内在联系，如对机构面对组织环境困境时行动策略生成的内在原因或机理进行分析和解释。

情境分析是将资料放置于研究对象所处的自然情境之中，按照故事发生的时序对有关时间和任务进行描述性分析（陈向明，2009）。访谈资料透过语言的表达与理解，无法抽离于特定的语境和文化情境（陈向明，2009）。本研究在四市区的专业社工机构参与社区治理的行动逻辑研究中，针对访谈资料中各市区的组织环境、各个机构行动策略的分析，需要将资料重新带回研究的现实情境中，注重研究时间、地点、文化、人物、状态等因素的影响，将资料放在事件进展的不同时空维度上进行考察。通过情境分析，本研究可以解释不同类型的机构在面对同一情境约束时形成不同回应策略的内在缘由，如相较于政府购买型机构过度依赖政府资源，市场内生型机构更擅长市场渠道的开发和利用，以获取自身发展和社区服务的资源。比较分析法是将两个或两个以上的事物或现象放在一起分析，以把握它们之间所具有的一致性和差异性特征（陆益龙，2011）。本研究将机构负责人、一线社工、政府部门与社区工作人员等对于相同研究问题和研究变项的访谈内容进行归类，以便有效整理不同访谈对象对同一研究问题的态度、行为和价值观念等。本研究选取了四市区 16 家专业社工机构进行比较和分析，既对不同事物间具体要素的相似性和关联性进行概括和总结，也对要素间具体不同特征的差异性进行揭示和解释。

本研究访谈资料的转录与分析主要由笔者完成[1]，共整理出文字稿逾 30 万字。本研究访谈资料的具体整理，主要从以下几个步骤展开：第一，将访谈

---

[1] 本研究访谈资料的转录工作中与研究主题最密切且可能涉及工作或个人隐私的访谈对象的录音由笔者完成，包括专业社工机构负责人、部分一线社工、民政局工作人员以及社区工作人员；另一部分相较于前者处于次要位置的录音材料，如部分一线社工、社区居民的录音，由笔者招聘的四名高校社会工作专业硕士研究生（笔者对其进行转录要求的相应培训）帮忙整理录音。本研究访谈资料的分析工作均由笔者独立完成。

录音转录为文字稿，整理每个个案的访谈时间、地点与被访者的相关背景资料，并进行编码归类。具体来说，四市区的编码由于并无重合性，因此选取市区名的首字母编码设置，N 市 G 区编码为 G，S 市 T 市编码为 T，H 市 B 区编码为 B，W 市 J 区编码为 J。专业社工机构的编码为 JG；机构名称编码为前两位字母；政府部门的编码为 Z；社区的编码为 SQ；社区居民编码为 JM；访谈对象人员以数字进行编码[1]区分（其中机构负责人数字编码为 1，一线社工从 2 开始编码；政府部门工作人员、社区工作人员和社区居民编码从 1 开始编码）。以 N 市 G 区为例，其 HR 专业社工机构的负责人，其编码为 GJG－HR1；该机构社工编码为 GJG－HR2；政府部门被访者的编码为 GZ1；社区工作人员的编码为 GSQ1；社区居民为 GJM1，其他被访者的编码以此类推。第二，对访谈的文字资料进行仔细复核，提高文字资料的可靠性。第三，反复听取录音和进一步解析访谈资料，解读资料背后的深层含义。第四，根据内容分析法、情境分析法和比较分析法，对完成类别编码的访谈资料进行开放式编码[2]，以便对研究框架中的研究变项进行归类整理，形成访谈资料与研究问题间的对应关系（部分访谈资料的开放式编码，参见附件二）。第五，在上述基础上寻求研究框架中变项之间的逻辑关系，以支持专业社工机构参与社区治理行动逻辑的研究发现。

文献和档案资料的分析主要采用内容分析法。该分析方法的对象既可以是录音材料、访谈和观察的记录，也可以是文件和档案资料。本研究收集的文献资料中，有政策文本、政府统计资料以及相关机构的档案资料等，对上述文献资料的分析也遵循访谈资料分析的类似步骤进行相关主题的归类与分析。

（二）资料的整合

定性资料的整合是通过收集大量和多元化的资料，根据研究问题、概念和变项进行整理和归纳，并互相支持与验证，最终以概念化或类型化的形式呈现得出的研究结论。在对资料进行整合时，笔者特别注意将收集的资料即时进行

---

[1] 本研究为确保访谈对象人员对隐私性的顾虑和要求，故所有被访者的编码指代用数字表示。

[2] 开放式编码是指依据研究主题，将最初的代码或标签分配到分析资料中，以便将大量零乱的资料转变为不同的类别，形成一个初步的概念或标签（风笑天，2015）。

整理和初步分析，关注资料间的因果关系。本研究如发现资料分析结果有矛盾之处，会仔细寻找原因；如不能找出原因，会在文章中进行相应的说明。本研究的资料来源如表3.3～表3.6所示。

本书的研究资料整合分析主要遵循以下几个步骤：第一，分析政策文献、统计资料和已有研究文献，发现影响专业社工机构参与社区治理的制度背景对机构行动逻辑生成的有利和不利方面；第二，分析档案资料和访谈资料，发现市场和社会环境可能对机构介入社区治理行动逻辑生成发挥的作用；第三，进一步解析访谈资料、文献资料和档案资料，客观精确地把握社区治理中各治理主体，即政府、市场、社会和专业社工机构之间的相互关系并进行归类，分析不同机构行动逻辑生成的相同点和不同点；第四，深入分析访谈资料、文献资料和档案资料，发现专业社工机构在社区治理中与外部环境互动博弈时采取的行动策略；第五，综合政策文本、访谈资料、档案资料，并一步深入分析，提出本研究的结论、需要讨论的问题、政策建议和未来研究的议题。

四、研究资料的效度与信度

研究资料的效度和信度是衡量社会科学研究质量的重要评判标准。与定量研究的效度和效度标准不同，定性研究的信度和效度意义并不体现在数量上，而是根据研究的逻辑结构特征来表现（陆益龙，2011）。在定性研究中，资料收集的方法、程序、调查工具的设计与资料的效度和信度紧密相关，直接影响研究者对研究结果的解释和分析。因此，本研究对于该问题予以高度关注。

效度是指测量内容在多大程度上能够有效或准确反映概念的真实内涵。定性研究的效度主要是指实际收集的研究资料与分析资料的结果是否真实可靠。为了保证研究资料的效度，笔者主要采取以下措施：①在研究设计阶段，笔者邀请导师、社会学和社会工作专业的专家和博士生等对本研究调查工具、分析框架和访谈提纲等进行讨论，并提出意见，保证研究资料获取渠道的准确性。②在实地调查阶段，笔者秉承在价值中立的原则下进行访谈，且访谈问题会围绕研究问题和研究变项，保证有充足的资料去分析研究变项之间的关系。在实地研究进行中，笔者在实地调查前，会提前与研究对象联系，并告知自己的真实身份和研究目的，获取研究对象的信任和合作。同时，笔者尽可能选择被访者熟悉的场所进行，以保证被访者能够在轻松的环境中进行，确保资料的真实性；在遇到被访者回答不合乎逻辑或语义表达不清时，笔者即时进行追问或围绕主题转换询问方式，保证原始资料的客观性和一致性。③笔者全程参与研究设计、资料的收集和分析工作，易于发现访谈和资料收集过程中可能出现的误差问题，提高了资料的真实性。④对于收集的文献、档案和访谈资料与本研究的研究变项和分析结论进行反复对照，确保资料阐释的可靠性和结论的真实性。

信度主要指测量结果的一致性和稳定性，即对同样现象的重复性观察将会得到相同的结果。为了确保研究信度，本研究在资料收集和分析上采取了一系列措施：①在资料分析和整合阶段，为了保证收集资料中主要观点与调查资料的契合性和真实性，笔者会通过多方查证，如向多个访谈者进行询问检验，力求还原资料例证观点的可靠性。②研究调查和整理工作都由笔者亲自完成，并将自己的观点与访谈资料的看法进行比对，结果具有一致性，体现了研究的较高信度。③本研究采用复证的方法验证资料的信度。如访谈资料转录为文字后，笔者会对录音和文字的匹配度进行反复地整理和核对，确保二者的一致性，提高了文字资料的客观性和真实性。

五、研究伦理和研究局限

（一）研究伦理

研究伦理是研究者应当遵循的道德准则，是社会科学研究过程中非常重要的环节。伦理问题在涉及人类的研究中已经开始变得愈加重要，社会调查必须在研究伦理的框架内展开研究。国际上规定研究伦理的基本准则是尊重、受益与公平。研究者不仅要从道德权利的视角来认识伦理，还要从方法论角度认识研究伦理的贯彻对于提高调查质量的积极作用（黄盈盈、潘绥铭，2009）。具体而言，在本研究中，研究者应严格遵循如下研究伦理：

第一，知情同意的原则。知情同意是指在以人为研究对象进行的研究中，研究者必须告知研究的内容，并获得被访者的自愿参与。具体是指，在调查研究过程中，被访者充分了解研究者的研究内容的必要信息后，在没有任何强迫、压力和引诱的情况下，自愿参与到研究过程中。在本研究中，笔者与政府部门、社区工作人员、机构负责人、一线社工与社区居民调查访谈的时间、地点等都是以被访者方便的时间与熟悉的访谈空间为主，如被访者办公室、会议室等，充分考虑被访者的舒适程度。访谈时，笔者会在征得被访者同意后，进行录音；如未同意，例如 B 区 BHSJ 社区的社区工作人员拒绝录音形式后，笔者及时采用笔录的方式。

第二，无伤害的原则。无伤害是社会调查过程中最基本的原则，是指在调查过程中，研究者确保被访者不会受到有形的或无形的伤害。在本研究中，为了有效保护被访者的权利与利益，同时也为了能够保证访谈内容的真实性，笔者在资料处理过程中采用匿名和保密的方式，不泄露被访者的个人信息、文字、音频和影像资料等。此外，在涉及一些较为敏感的话题，比如在专业社工机构负责人谈及与政府互动博弈相关话题的过程时，笔者选在没有利害关系人在场时进行访问。该原则同时可以帮助本研究获得更真实、更详尽的资料。

第三，价值中立的原则。价值中立原则是指在社会科学调查过程中，当遇到与被访者观点或价值观等相悖的情况时，访谈员不能够将自己的价值观强行灌输给被访者，而是要保持中立的态度，以确保研究的科学性和真实性。在本研究的调查过程中，笔者在面对被访者与自身认知有出入的回答时，充分尊重被访者的回答，如有不清楚的问题，及时向被访者追问，不将自己的想法强加于被访者。

第四，诚信与客观性原则。研究者不仅在资料收集过程中严格保护研究对象的权益，确保资料收集工作按照研究设计方案执行，而且在资料分析和论文撰写的过程中要充分尊重客观现实，不能杜撰情节和遮掩事实本质，严格根据掌握的一手资料或二手资料进行客观的科学分析。

（二）研究局限

本研究虽然力图按照社会科学研究的规范与原则进行研究设计，但仍然存在如下的研究局限：

第一，本研究中专业社工机构参与社区治理的行动逻辑选取了东部和中部（江苏和安徽）地区为样本来源地，期望能够提供或寻求一个中国社工机构发展可供选择的行动方案或发展模式。本书在样本选择时，原本考虑再在西部找一省份进行调研，但限于笔者研究经费有限、进行全国大范围调研的能力不足、对西部多民族聚集区的特殊经济社会发展情境认知不够等，难以保证进驻调研地和获取资料的真实性和丰富性，故未选择西部地区。这可能会导致资料解释的局限性。

第二，本研究对于专业社工机构参与社区治理行动逻辑的政策建议部分探讨仍有欠缺，由于笔者对于政策在制度和实践操作层面上的认知可能过于理想化，因此更多是在理论层面上进行学理建议，其政策可行性研究是笔者在后续研究的方向和目标。

第三，在资料收集和整理过程中，特别是在深度访谈中，本研究力图坚持价值中立原则，保持调查资料的客观性。但由于收集资料转录、整理和分析本身就是一项复杂而不易的工作，做到不掺杂任何研究者的主观意愿是非常困难的，无法完全做到价值无涉，如组织环境影响因素和机构行动策略等资料的分类和整理就是依据笔者主观的判断和分析。这也可能是本研究存在的局限性。

本章小结

本章在第一章提出研究问题的基础上，根据第二章专业社工机构参与社区治理相关理论与实证文献的回顾，澄清了本研究的三个核心概念，提出了本研究的理论基础以及分析框架，详细介绍了本书的研究方式、方法、资料的收集分析过程以及研究的伦理。

本研究在围绕社区治理中专业社工机构的行动逻辑的研究主题下，设计了几个具体研究问题：在组织外部环境中，制度、市场与社会环境是如何影响专业社工机构参与到社区治理中的？各治理主体是如何互动博弈从而影响专业社工机构的？机构的内部环境在面对组织外部环境各方影响时是如何回应并参与到社区治理中的？通过这一系列的研究问题，本书的研究框架包含了制度环境、市场环境、社会环境、社工机构与社区治理 5 个影响因素（一级变项），并将这 5 个变项分别用了 15 个二级变项进行阐释。本研究通过剖析各影响因素在社区治理中的互动过程，呈现专业社工机构的行动图式，探索背后潜藏的利益冲突结构，挖掘机构参与社区治理的动力机制。

本研究主要采用定性研究方式进行，运用观察法、访谈法、文献法等收集研究材料，对专业社工机构的负责人及其主要工作人员、当地民政局领导及主要工作人员、社区领导及主要工作人员、社区成员进行了深入详细的访谈，并收集了四市区关于推动专业社工机构发展的大量政策文件资料等，利用内容分析法、情境分析法和比较分析法等对收集到的资料进行详细解析。本研究在资料收集和资料分析阶段通过多种方式保证研究的效度和信度，并严格遵循研究所要求的伦理原则。本书最后对研究局限进行了解释和说明。

第四章 制度环境与专业社工机构参与社区治理的行动建构

当前，国家治理转型迫切需要社会治理体制、机制的创新。城乡基层社区是新时代创新基层社会治理的重要突破口。专业社工机构作为重要的社区治理主体，在激发社区居民参与、提升社区服务水平与夯实社区治理基础等方面发挥着不可替代的作用。专业社工机构是由政府自上而下推动与发展的，与制度环境具有天然的依附关系。因此，制度环境是影响机构参与社区治理重要的外部因素。政府的政策推动、资源投入与专业服务的需要，直接塑造着机构在社区治理中的发展形态、特征和角色。专业社工机构与制度环境的关系、边界都是在二者的互动中形成的。本章立足于江苏省和安徽省四市区相关的政策文件、政府内部报告或统计资料、访谈资料以及政府和机构网站数据等，主要围绕制度环境中政策、资源以及服务需要的维度，关注各地政府如何将社区治理中的行政力量与机构的专业力量有机结合，以及在二者互动中制度环境“控制”下的机构其从事社区治理的行动困境。在此基础上，本研究提出专业社工机构化解政社关系困境中的行动策略，阐述机构如何通过权力获取的行动与制度环境进行“抗争”，实现二者合作参与社区治理的目的。

第一节　社区治理体系重构与机构生存环境演变

制度环境是社会组织发展的基础性和决定性因素，要促进社会组织发展，激发社会组织活力，社会组织成长制度环境的优化就显得极为必要（陈成文、黄开腾，2018）。伴随国家治理体系和治理能力现代化理念的提出，社会治理已经被看作现代国家治理体系建设的最重要维度之一（俞可平，2018）。在我国基层社区的实际生活场域内，社区治理体系与社会组织形态正发生翻天覆地的变革。社区在政治、经济和日常生活方面日益向民主化、市场化和多元化发展方向转变，无形中加剧社区结构调整、利益分化以及资源整合与配置的革新速度，治理的现代性困境突显。面对我国社区治理体系的原有秩序无法及时回应新时代的社区利益诉求，当前社区治理体系正从单一、无序的固化结构向多元、有机协调的动态架构转变。可见社区治理结构实质是国家与社会基于各自行动目标和利益，共同营造的选择结构关系（王巍，2009）。随着专业社工机构在社会服务供给与价值诉求承载的作用日趋凸显，我国专业社工机构发展的生态环境也在发生本质性的变革，即"政社合一"的社会控制模式向"政社分离"的社会整合模式转变。地方政府开始重视专业社工机构的培育与发展，通过政策、资源与服务需要塑造政府行动能力，其社会组织治理方式从单纯的行政干预转变为合作式柔性调控。政府将由国家、单位承载的社会职能逐步让渡空间给真正意义上的社会，社会的功能正在逐步显现，并由社会组织来承担，专业社工机构原本被挤压的生存空间得到释放。

一、确立合法性：政府治理重心下移与职能转变

从改革开放以来兴起的社区建设到近年来倡导的社区治理，"国家政权的下沉意味"（王巍，2009）日益彰显，这与社区内社会组织生存空间迫切需要合法性支持密切相关。社会组织合法性不足造成组织的扭曲式生长、组织角色错位等问题，使得组织运行偏离轨道，难以在社区治理中发挥应有功能。

社会学对合法性内涵的分析具有广义和狭义之分。广义的合法性被用于讨论社会的秩序和规范。韦伯（1998）认为，社会秩序的合法性基础划分为基于传统、情绪、价值理性的信仰以及对现行章程的合法性承认。他认为合法性来源是由宗教、习惯、道德、惯例和法律等多种形式构成。狭义的合法性是指政治秩序或国家的统治类型。韦伯曾提出合法统治的三种权威类型（传统型、魅力型与法理型），并且认为现代社会科学应当坚持价值中立的经验主义取向，摒弃个人情感和非理性的价值判断。他提出合法性是一个关于社会事实的

问题，并将公众是否赞成的经验性根据，作为判断合法性的基础。哈贝马斯（1989）从狭义合法性的视角对其进行了阐释，认为合法性意味着对某种政治秩序被认可的价值在事实上被承认。俞可平（2000）提出合法性是指社会秩序和权威被自觉认可和服从的性质和状态。只有那些被一定范围内的人们内心所承认的权威和秩序，才具有合法性。高丙中（2000）认为无论是广义的合法性还是狭义的合法性实质都是指社会现象被判断或被相信符合某种规则而得到承认。可见，无论是基于事实判断，还是强调事实的价值判断，学者们都将合法性问题视作一种社会事实来加以评判。

组织社会学对社会组织的合法性分析是合法性理论体系的重要方面。合法性是组织实现生存和谋取发展的前提。组织合法性是指组织的行动在由社会建构起来的价值、规范、信仰与解释系统中，是合乎要求且适当的。组织合法性体现为组织行动者在与外部环境之间的互动中获取合法性地位，即来自“他者”的授予，给组织在外部环境中提供了某种保障，以实现组织进一步的生存和发展。新制度主义认为制度环境中“合法性机制”的获取是组织得以生存的前提和基础。“合法性机制”是一种组织采纳外部环境中具有合法性的组织结构或做法的制度性力量，包含法律规范、文化制度和观念制度等。斯科特（2010）认为合法性机制可以反映组织与外部环境中法律法规、专业规章和文化认知等社会性制度因素相匹配的程度。组织合法性，实质是一种组织的社会承认，不仅涵盖法律法规、规章制度等规制性维度，也包含价值观念、文化制度等文化—认知维度。可见制度环境是专业社工机构在社区治理中取得和增大其合法性的最主要来源之一，它通过最大限度地协调政府与机构、公众与机构以及政府与公众间的利益矛盾，促使机构参与社区治理行动取得最大限度的认可和支持。本研究通过对江苏省和安徽省四市区专业社工机构社区治理的相关政策梳理，基于规制性维度与文化—认知维度，阐释机构社区治理的合法性获取及其制度保障。

（一）规制性维度的合法性：政社分离的政策支撑

本研究四市区为避免社区治理中政府与基层社区、社会组织的职能、人员、财务等多重交叉，相继出台规范社会组织发展的培育政策，推动专业社工机构与政府的依附性关系向分离型关系转变，帮助专业社工机构成为一个相对独立的利益主体。

1. 放权于社：政社工作职能脱钩

政府职能转变是实现政社互动顺畅的最有效和关键环节。政府将不该管、管不了、管不好的职能转移给专业社工机构，让其保持自身的独立性，以发挥其专业特长去实现社区治理的目标。专业社工机构的独立性使得机构能够依据自身的意志管理内部事务的能力，脱离与政府的附属关系，立足于客观而中立的立场，实现社区公共服务供给。政府职能是指政府在管理国家和社会公共事务方面的基本职责与功能，涉及行使权力的范围、程度和方式。政府职能转变的动态性是由不同时期或历史发展阶段不同的内容与要求决定的，主要体现在政府职能内容和运行方式转变两个方面（张澧生，2015）。本研究中四市区落实专业社工机构社区治理的合法性，体现在政府与机构权责分配遵循“权随职责”原则，即明确机构参与社区治理服务开展的职责，不再直接干扰其日常工作。

在政府职能内容和方式转变上，四市区政府着力于专业社工机构治理的职能内容与方式实现脱钩。政府由注重社区的经济建设向公共性服务转变，主要职能就是进行社区公共物品和公共服务供给。政府将社区内公共性社会服务，个性化、专业性服务等方面的职责转移给专业社会组织来承接；同时，政府将直接的行政干预过渡到间接的宏观调控，强调对社区事务的适度干预，注重政府与机构的合作与分工方式。S 市 T 市是“三社联动”运行机制的发源地，早在 2012 年就出台《T 市“三社联动”实施计划》的通知，比江苏省 2013 年出台的《关于在全省推行“政社互动”推动社会管理创新的意见》中提出政社分离的原则还要早。该通知明确提出“政府负责、社会协同、公众参与”的社区服务和管理格局，提出将政府行政管理中的事务性、辅助性、公益性工作逐步转移、授权或者外包给社会组织承担，并对政府、社区和社会组织各自的职责进行了分类，并特别提出社工机构和社会工作人才的专业性作用。“十三五”期间，T 市出台《关于在推进“四个全面”战略布局中深化提升“政社互动”实践的意见》和《关于推进城乡社区治理现代化的实施意见》，对政社互动和基层社会治理进行科学谋划，并先后出台《规范和发展社会组织的意见》《社会工作人才队伍建设的意见》《“三社联动”实施计划》等 20 多个文件，落实具体举措。N 市 G 区陆续出台《G 区培育发展和管理社区民间组织意见》《G区关于社区治理体制改革实施方案》及《G区政府购买公共服务目录（暂行）》，提出在全区全面优化整合社区公共服务站，推行社区公共服务外包，并出台具体的政府购买清单。H市B区也出台系列政策推动政府的职能与方式转变。B区在H市《H市政府向社会组织购买服务暂行办法》《H市进一步加强和改进社会服务工作的意见》《H市加快培育发展社会组织暂行办法》等政策推动下，印发《B区社区社会组织备案工作规则》《B区社会工作机构行为规范指引》的细则，进一步规范政府与社工机构在社区服务和治理中的职责和运行方式，注重其在社区建设和服务中的积极作用。W市J区在市局《关于加快推进社会组织培育发展的意见》指导下，对社会组织与行政机构在职能、人员、资产和财务等方面脱钩进行明确划分，进一步推进政社分离。

总体来看，四市区从政策高度，结合社会体制综合改革要求，对政府承担的公共服务职能进行全面梳理。政府不再主导公共服务管理的全部职能，而是逐步将事务性、辅助性和公益性职能转移、授权或委托给有资质的社会组织承担。四市区按照“小政府、大社会”的理念，每年由民政局、财政局联合编制当地的年度政府购买公共服务目录，并明确具备承接政府转移职能和购买服务资质条件的社会组织。

2. 还人于社：政社人员权责明晰

在原有依附型制度环境下，社会组织大多由政府机关采取自上而下的方式组建，层级负责的行政性和直接性的管理方式，使得社会组织成为政府机关工作的自然延伸。社区的一线社工承担了社区居委会委派的大量行政性事务，以致无法专注于社工的专业性服务。本研究中四市区为解决社区治理中，政社人员混杂的问题颁布了多项政策，明确提出街道、社区居委会与机构社工的权责划分原则。为进一步加快该社会工作专业人才队伍建设，T市、G区和B区分别出台了《T市社会工作岗位设置及薪酬待遇暂行办法》《G区社会工作人才队伍建设实施意见》《B区社会工作专业人才队伍建设实施意见》，以及J市遵循W市《关于加快推进社会组织培育发展的意见》，都明确地将政府社会工作岗位、社区社会工作岗位以及社会组织社会工作岗位的职责进行辨析。

从四市区政府和专业社工机构的调研情况来看，大部分的政府和社区工作人员能够从思想和行动上，贯彻政社人员权责分工原则，不强加行政性的社区工作给一线社工。如下文中调查地社区书记及主任的访谈所示：

机构的社工来我们这里，是一种合作关系。他们辅助我们完成我们没有精力做好的服务工作，并不是我们的下属。在工作当中，社区不会把行政性的事务都压给他们去做。(BSQ1)

社区服务社会化推出以后，社工过来帮我们一起做手头工作，其实我们是一个团体，我们只有相互合作才能 1 +1 >2。他们进驻以后，我们一直把他们当成社区一份子。他们其实为我们做了很多工作。因为我们把没时间做和没精力做的很多服务工作交由他们来做，所以我们社区都是很配合的。(TSQ2)

其中，T 市在还人于社的实际操作中，将社工辅助社区的行政性工作，以超过规定工作时长就付费的形式，在其社区治理的“邻里家园”项目中，明确进行规定，帮助社区工作人员提升对社工职责的认知。

社区的有些工作与我们机构的工作内容不太相符。民政已经考虑到这个问题，设置了每年度驻地社工以 500 个小时配合政府部门工作作为工时上限。超出 500 个小时后，社区需按小时支付社工劳动报酬。虽然在具体的操作上，我们也不会去累计工作时间到底有没有超过这个时限，但是这个规定确实是让社区领导意识到我们并不是他们的下属，我们也有机构必须完成的工作。我觉得他们有了这个意识是非常重要的。(TJG－DY2)

3. 费随事转：服务项目专款专用

随着国家治理的逻辑“从总体支配走向技术治理”，各级地方政府的运作逻辑也正在发生巨大的变化，其中财政支出的专项化与项目化便是最根本的变化之一（渠敬东、周飞舟、应星，2009）。中央到地方逐渐发展出一套严格而完备的财政资金专项化与项目化的制度化规则，包括项目申请、批复、实施、考核和审计等。随着政府职能转变，公共服务实质形成了以项目评估和项目管理为中心的治理体制，其资金使用也采取“项目化”的方式。随着自上而下资金规模的迅速扩大和技术监督手段的发展，各种以项目管理为中心的政策、制度、法规和实际运作方式迅速发展起来（渠敬东、周飞舟、应星，2009）。“费随事转”原则就是遵循这一运行逻辑，它具体是指有关部门需要社区居委会协助工作的，必须及时将所需的经费划拨给社区居委会。四市区在针对专业社工机构参与社区治理的经费使用方面也采取这一原则。经费专用是贯彻政社分开原则的必然举措，是机构参与社区治理制度环境合法性的又一重要表现方面。

T 市建立针对社会工作发展的专项财政资金制度。该市将社会工作发展项目经费纳入市、镇（区、街道）财政预算范围，并依据经济社会发展情况，适时调整和增加财政资金的投入。T 市出台了《政府向社会购买服务指导目录》和《具有承接资质的社会组织目录》，推动社会工作服务向残联、卫生、群团及区镇进驻。为确保财政支持社会工作的科学有效，T 市建立以政府购买社会工作服务为主要形式的财政支持机制，合理界定政府提供社会工作服务的范围。同时，T 市对各级部门购买服务项目经费有明确规定，市级机关、镇（区、街道）购买服务的经费须由各级政府和各部门独立承担。并且，T 市明确规定各级财政需对社会工作交流合作、实习基地、社会工作室等平台建设给予支持。

G 区通过购买服务和资助贴补等方式，向社区不断延伸服务，培育了多家社会服务机构。G 区对社区工作经费的设立、监督等方面做出明确规定，即经费预算和决算经社区成员代表大会同意，街道每季度或半年将社区工作经费和活动经费直接下拨到各社区账户，社区活动项目制经社区议事园议定，社区居委会具体实施。在社区财务监督方面，社区须每月公示财务支出，街道定期对社区财务进行审计监督。

B 区在履行社区服务专项经费管理时，规定区财政须在年初将社区服务专项经费统一拨付至街道，由街道实行专账核算，并每月在社区张榜公示项目内容和资金使用情况。同时，B 区还建立了社区服务专项统计报告制度，要求社区每月 10 日前向街道完成专项经费报账工作，并将使用情况报送街道，再由街道汇总后按月上报市级部门。

J 区在项目经费使用上严格按照项目预算进行核定，规定实施项目的经费支出，需统一按照“会计基础工作规范”和“民间非营利组织会计制度”建立独立核算，并规定所有费用的支出均需提供正规的票据证明。同时，J 区规定所有经费的确定须由市级主管部门的评审委员会，依据评审标准审核与确定评审项目及其资助额度，确保专项经费专项使用。

（二）文化—认知维度的合法性：政府管理者的承认和支持

前文提及，哈贝马斯特别强调合法性赖以存在的价值基础，强调文化对合法性的重要意义；斯科特将文化—认知维度作为合法性的重要考量因素。可见，政府管理者的行为或态度等非正式制度亦是考察制度环境对专业社工机构的合法性的重要观测维度。政府的承认和支持根源于其对专业社工机构的文化认知，并内嵌于政府管理者对机构的互动方式中。从对四市区民政局领导和工作人员、社区主任或书记的访谈中发现，政府管理者的承认与支持，在政府对机构考核、激励办法与信息沟通制度的实行两方面体现得尤为明显。

1. 政府管理者的承认：考核与激励制度并轨

四市区针对专业社工机构的考核制度主要体现在准入和评估两方面。四市区针对专业社工机构的行业准入都实行简化原则，即对社会福利类、社区服务类社会组织，登记管理机关可以简化登记程序、降低登记门槛的原则。T 市把对机构实行的单向评估，变为双向评估，将“三社联动”工作纳入对党政领导责任制考评体系的内容，作为衡量政绩的重要依据。该做法体现了政府管理学者对专业社工机构地位的认可。

四市区在考核制度态度和方式的转变的同时，加强激励制度建设，如 T 市针对专业社会工作人才形成了“五位一体”的机制保障体系，从社会工作人才薪酬保障机制、社会保障机制、职业晋升机制、人才合理流动机制和表彰奖励机制入手，体现了对社会工作人才的尊重和承认。四市区都实行社会组织登记评估考核标准和办法，对于考核达到政府规定等级的社会组织，可以优先作为政府委托职能和购买服务的对象，并给予一定金额奖励。以上政府制度的建立，都体现了政府管理者对社会组织的承认。G 区将专业社工机构考核结果作为服务购买的首要标准，激励机构的发展。

> G 区对社会组织服务管理能力会进行等级评估。我们聘请第三方评估机构，对社工机构进行评估。评估结果会作为政府向社会组织购买服务的重要依据和条件。对于达到 3A 或以上等级的社会组织，我们会将其作为购买服务的优先选择对象。(GZ1)

B 区也建立了相应的考核与激励办法，激发专业社工机构的发展活力。

> 我市按照《社会组织评估管理办法》，成立社会组织评估委员会，引入第三方评估机构，开展社会组织分类分批登记评估。我们会按照评估等级，对获得 3A、4A、5A 等级的社会组织分别给予 2 万元、4 万元和 8 万

元的奖励，会让这些组织优先承接政府购买服务项目。（BZ1）

2. 政府管理者的支持：信息沟通制度的完善

四市区政府对专业社工机构参与社区治理行动的合法性支持，体现在社区内部工作的信息沟通保障以及外部环境的信息通达保障。在信息沟通保障上，四市区都建立了联席会议制度，定期会召集会议内容涉及的相关部门、社区负责人、社会组织负责人和一线社工、社区居民共同讨论和协商社区治理中存在的问题。同时，四市区通过报纸、广播、网络、媒体等技术化平台去宣传社区、社会组织、社会工作在社区建设中的意义和作用。四市区正是通过建立与完善信息沟通制度，将意识层面的支持嵌入社区治理实践中，这也体现出政府管理者对机构的认同和支持力度。以T市政府管理者的支持为例，该市通过定期召开联席会议，商讨社会组织、社区以及政府之间的合作问题，促进社会组织、社区之间的基层民主协商，协助专业社工机构与社区建立有效的沟通。

> 我们在社区服务项目制定中规定了社工必须要走访多少家庭。我们这么制定的目的就是让社工多跟居民进行沟通，让居民知道社工到底是什么，做什么，跟社区工作者到底有什么区别。我们等于是花钱让社工去宣传自己。同时，我们市建立了“三社”联席会议制度，建立社会组织工作领导小组，完善“三社”工作领导机制，定期召开联席会议，加强社区和社会组织的沟通，商讨和协调解决存在的问题。我们这么做就是要打通社工机构在社区中开展服务的困难局面，让社区、让居民知道社工机构的重要性。（TZ1）

二、还原专业性：利益分化下政府对机构的服务需要

伴随传统社区向现代社区的转型，原有的社区管理体制、功能和运行机制不再能够满足日益变化的新的社区需要，各种社区矛盾已经不能由社区自行有效化解。社区内不同社会阶层、群体之间的利益分化严重，甚至产生冲突并引发一系列尖锐的社会矛盾。基层政府原先通过单位体制来实现社会整合和个体控制的社会管理模式，随着单位组织的衰落而渐显失灵，新型社区治理机制亟待建立。此时，专业性社会组织作为社区治理的主要载体，在协调利益关系、

化解社会矛盾方面的主体角色地位日益突出。可见，专业性是社会组织化解利益分化的重要切入点，社会组织如何利用专业性、做到专业性，就显得越发重要。

利益分化是社会分化的重要表征之一。伴随社会的结构性变革，各自具有相对独立利益的利益主体不断分化、组合，并且由于不同利益主体获取利益的渠道和获取利益的程度不同而引起利益差别（李璐，2015）。当前，个人、部门以及公共利益之间的冲突日益频繁，并已经投射到城市基层社会之中。社会利益分化直接导致社会自治需求的增长以及社会整合机制的重构。社会自治需求与力量的增长，加速新社会势力对原有经济、社会及政治的参与机制的替代；社会整合机制的重构，使得一元化的行政性整合方式无法适应社会利益分化的格局（王星，2012）。改革开放前，我国的社会利益结构是建立在单一所有制经济基础上的以国家利益为中心的利益结构，群体公共利益和个人利益被淹没在国家利益之中。

改革开放后，市场经济的发展促进了社区的发育和发展，导致了传统高度同质性和整体性的社会结构被解构，取而代之的是市场主体多元化，生活方式多样化和个体需要精细化的利益分化结构。面对公共服务需要的快速增长，社会发展确实需要更多的公共服务作支撑。在此基础上，公众利益需求表达途径的多元化趋势增强，形成公众利益需求的显性化特征。这在客观上要求政府进一步强化公共服务职能，以平衡和调解各方利益需要。政府在面对社区治理中遇到多种利益分化的情况，如何兼顾公共利益与政府自身的利益，是政府亟待解决的问题。而政府与专业社工机构进行互惠合作，可以帮助政府完成角色调适和转变。实现双方合作，政府要起到主导和宏观把握作用，给予专业社工机构发挥其专业性的渠道和平台。因此，为实现社区利益的多元化需要与专业社工机构的专业性服务供给的有效链接，政府需要还原机构专业能力，主要体现在政府对专业社工机构专业服务的需要，包括社区居民公共事务参与的积极性提升与多样化、专业化的服务供给。

其一，社区治理最重要的方面就是要调动社区居民参与社区事务管理的积极性，这是当前政府和社区工作者的重要工作内容之一。对于行政性的工作，社区工作者就已经应接不暇。对于如何激发社区居民参与社区治理的积极性，传统沟通方式已经不适应社区居民变化的社会需要。因此，社区工作需要专业社会工作人才进驻社区，使用专业的价值理念和方法，激发居民的积极性，缓解社区工作的压力。

> 我们社区也就这么三四个工作人员，既要把内部事情管理好，又要涉及那么多的外部环境，人力上是不大够的。比如说，我们要动员居民参与到社区治理中去。就拿楼道卫生来讲，老百姓喜欢楼道干净，但是他为什么自己不肯参与进来整治楼道卫生？我就反思是不是要激励他或者是发掘他内在的一种需求，比如用什么方法，让他感受到主动参与楼道清理的成就感，让他愿意来付出。我们就在想，在这个过程当中，我们引入一些专业力量的话，就能非常精准化地去了解老百姓的一些需求，激发他们参与的积极性。我们觉得就是需要社工这样更细致的、更专业化的人来做。这样既满足社区居民需求，也在很大程度上减少我们的工作压力。（TSQ1）

其二，社区公共性服务需要，不论是服务的数量，还是服务的专业性程度，都在大幅增加。政府和社区工作者已经不再能够满足社区居民多样化、专业化的各项服务需要。此时，专业社工机构的介入就显得格外重要。

> 我们社区在这个专业社工机构进驻之前，越来越发现以前通过开展活动与居民进行沟通的方式开始出现瓶颈。居民来到社区，一看又是这些老活动，就开始抱怨，不想来参加社区活动。这个 JT（某机构负责人）找到我，说他们可以辅助社区开展服务项目。我当时还半信半疑，就让他尝试在我们社区做了一次活动。结果他们搞了个什么破冰游戏，不到几分钟就把居民拉到了一起，活动氛围特别好。我非常感兴趣，觉得可以在社区里尝试，就答应了跟他的合作。（BSQ1）

专业社工机构的介入不仅能成为链接社区和居民关系的一个有力抓手，还能够利用非营利的本质，让社区居民可以普遍享有专业性服务。

> 社区服务这一块，我们社区目前是交由社会组织来做。有很多社区自己在做，但是能力有限。相比较而言，如果社会组织介入以后，就会完全不同。我们把服务交给专业机构，政府的钱花到实处，我们为居民办实事；资金拿出来购买他们的服务，居民能得到的服务是免费的，而且是专业

的。这样机构也能生存，社区活动也举办了，居民也享受到这种专业的服务，这就是社会组织在社区带来的好处。(GZ1)

三、激发能动性：搭建资源供给平台

专业社工机构的成长发育最重要的表现形式是能动性的有效发挥，而各类资源的匮乏是限制能动性发挥的最大阻力。资源依赖理论认为，资源是组织生存与发展最重要的因素（Bob，1995）。组织并不具备维持自身生存所需的全部资源。组织必须从与它所依赖的外界环境中获取资源以维持生存。区别于国外发达国家社工机构自下而上的生成路径，我国专业社工机构是由制度环境自上而下推动生成的，机构对制度环境存在非常强的资源依赖关系。可以说，没有制度环境的资源支撑，社工机构就会面临解体的危险。本研究中四市区政府通过资金支持、人才培养、场地扶持等多方位投入，搭建专业社工机构社区治理的资源供给平台，激发机构的能动性，助其更有效地参与到社区治理的实践中。

1. 资金支持：专项经费与公益创投基金

四市区在专业社工机构的组织登记成立资金和组织项目资金上都从政策的高度出台了专项规定，确保机构的生存与活力。四市区政府的资金投入主要表现为，政府购买服务的项目经费与公益创投基金两个方面。

在项目经费投入方面，T 市建立了公共财政支持体系，确保财政资金是“三社联动”的主要资金渠道。T 市出台《促进社会组织和社会工作发展资金支持办法》，市本级财政每年投入资金近 4000 万元用于“三社”发展，扶持范围涵盖社区基础设施建设、社区微治理项目运作、社工人才培训、社工人才引进、岗位开发、重点机构扶持等领域。[1] 在四市区的社区建设项目中，T 市的财政支持体系建设相比之下较为精准。全市社区核拨补助经费，根据社区实际居住人口分为 10 万元、12 万元和 15 万元三类，功能完善的市社区综合性服务中心市财政核拨补助经费 20 万元，各镇（区）社区综合性服务中心市财

---

[1] 数据来源：T 市民政局内部统计资料。

政核拨补助经费10万元。同时，T市设立社区建设项目专项奖励资金，年专项资金不少于300万元；加大对社会组织培育发展经费的投入，年投入经费不少于150万元；同时，加大对社会工作人才队伍教育培训、交流合作和实习基地等领域的投入力度，年投入经费不少于30万元。2014年，G区❶出台了《G区深化街道和社区体制改革实施方案》，明确每年设立300万元专项资金以扶持社会组织发展。2015年，该区出台《关于印发G区社区为民服务专项资金使用管理实施细则（试行）》，明确每年拨付每个社区20万元社区为民服务专项资金。2016年为民服务专项资金增加至每个社区30万元，推动实施“三社联动”项目化。

在公益创投基金建立方面，B区2013年就专门针对社区社会组织公益创投的实施意见出台了《B区社区公益服务项目资金管理办法（试行）》。自2014年开始至今，B区设立专项财政资金开展社区服务公益创投，每年连续开展公益创投项目征集活动，将购买服务项目与社区治理创新相结合，扶持了社区治理、社区营造、专业服务等公益项目。G区❷以项目化运作方式，紧紧围绕社区需要展开公益创投。截至2017年上半年，N市公益创投项目已投入1.2亿元，区级层面投入社区微公益创投资金1200万元，累计资助大小创投项目4000余个。T区❸自2013年开始，持续开展公益创投活动。迄今为止，五届公益创投共投入公益金1600多万元，资助290个社会组织的557个项目，累计服务人群25万人次。

2. 人才培养：专业培训与人才补贴计划

专业社会工作人才培养是机构在社区治理中有效发挥中坚力量的最主要路径之一。四市区在专业社会工作培养方面主要通过专业培训与人才补贴两种方式。四市区都探索建立健全社会工作专业培训制度，开展国家社会工作者职业水平考试辅导培训、社工继续教育培训和社会工作基础知识普及培训，大幅度提升现有从事社会服务人员的专业素质和职业能力。四市区不仅注重专业知识投入，同时还注重职业能力培训，如定期进行社会组织负责人员的职业管理能力培训，推动和发展社会组织规范化管理的中坚力量。四市区还逐步探索建立

---

❶❷ 数据来源：G区民政局内部统计资料。

❸ 数据来源：T区民政局内部统计资料。

社会工作人才教育培训制度，贯穿社会工作专业教育、社工人才继续教育、社会工作业务普及培训相衔接的社会工作教育培训体系，稳步推进社会组织人才队伍专业化、职业化。T市开辟实务实训基地，实施“社工培育千人计划”，设立了近百个社区社工室，建立了十大社会工作实训基地，开展志愿者、残疾人矫正、戒毒、养老等系列化、专项化实务培训400多场次，受训人员5000多人次。B区建立了“社区学院”人才培养模式，该模式相继举办了《社区参与式治理方法与技巧》等三期专题培训，重点培养社区治理人才，提升社区治理软实力，实现在社区社会组织人才培养上的制度化、规模化运作。

> 社区学院分为两大块，每年分为春季和秋季两个学期，每个学期开设12堂课，从全国范围内邀请专业老师或业内优秀的同类型组织机构负责人，过来分享他们是怎样开展活动以及他们在开展活动过程中会遇到的问题及其解决方案等。(BZ1)

在人才补贴方面，T市积极开发社工岗位，明确了社工员、助理社工师、社工师三级岗位的薪酬指导标准。截至2018年9月访谈结束前，T市统计已投入1500万元，通过岗位补贴和购买服务的方式开发了近170个社工岗位[1]。以T市对社会工作专业毕业学生的岗位补贴为例，该项措施极大减少了社工机构创办初期的运行风险。

> T市的岗位补贴，一个社会工作专业本科生每年5.8万元，研究生每年6.2万元，连续补贴三年。前期我没有业务的时候，政府等于是帮我负担员工工资，缓解了机构创办初期面临的最主要风险。(TJG－RE1)

B区在2016年修订的“1+4”政策中就社会服务人才队伍建设加大了系列奖补措施力度，对社会服务组织吸纳社会工作专业毕业生就业的给予9000元/人的社保补贴。

3. 场地扶持：无偿使用

场地资源是专业社工机构赖以存在的最基本条件之一。四市区在场地供给方面都给予大力支持，在本研究所调研的16家专业社工机构，均是由政府无偿提供场地给机构办公与活动使用。G区在场地扶持方面：

---

[1] 数据来源：T市民政局内部统计资料。

> G区要求社区只要有办公用房，就必须要提供给社会组织使用，以便向社会提供服务。目前辖区内120个社区办公服务用房平均面积达到720平方米，其中要拿出80%的面积供社会组织免费使用。所以基本上各个街道、各个社区有空场地的，只要社会组织带着好项目进驻社区，都是免费提供给他们使用的。(GZ1)

T市遵循“筑巢引凤”原则，特别注重专业社工机构成立初期的生存问题，在场地供给上给予大力支持。T市的社会组织服务中心将办公地二楼的四间办公室全部无偿分配给刚成立的社工机构作为办公场所使用一年。一年后，机构孵化培育成熟，社会组织服务中心会给机构安排更适合其发展规模的场地。以RE社会工作发展研究中心为例：

> 民政局对社工机构的孵化还是比较明确的。第一个就是先筑巢，先把这个“凤”给安顿下来。我们机构所在的这个空间是政府的社区服务中心，1000多平方米，委托我们来运营管理。我们机构在这里办公，政府不收我们费用。我们只需要帮助他们进行中心的日常管理。(TJG－RE1)

四、第三方治理与政府行动方式转变

政府在社区治理中从政策、资源和需要的维度，为专业社工机构渗入的制度空间营造提供了可靠保障。在具体社区治理实践中，政府通过购买服务的方式与专业社工机构展开互动，即政府提供资金，将公共服务通过一定方式交给社会组织来完成（王浦劬、萨拉蒙 等，2010）。政府做好“舵手”角色，将“船桨”交给社会组织，政府只需对服务结果进行监管和评估验收。政府向社会组织购买公共服务作为近年来推动政府职能转变和构建服务型政府的重大举措。政府购买服务也为社会组织提供了经济支持和发展空间（赵一红，2012）。专业社工机构主要通过向政府提供项目服务与政府进行互动。当前，各地的社区治理模式基本是在政府购买项目的体制下形成的。本研究概括分析了N市G区、S市T市、H市B区以及W市J区的政府购买服务主导下的社区治理模式，阐述政府购买引导下的社区治理，地方政府与专业社工机构的互嵌方式。

(一)"中心社区+专业社工机构":N市G区政府购买的治理模式

G区是N市的中心城区，文化底蕴深厚，是N市古文明的发源地、六朝古都肇始之地、民国政府行政中心，文物古迹众多。该区科教发达，拥有18所高等院校、120余家研究机构、47名"两院"院士，人才荟萃，是国家东部地区国际商务、金融、经济中心。G区是N市政治、经济、文化、教育的中心，是江苏省的政治、文化和行政中心，是省委、省人大、省政府、省政协和省军区机关所在地，共有118家省级机关在此办公。G区区域面积53平方公里，常住人口130万，下辖13个街道、120个社区。20世纪90年代末，G区在全国率先提出"社区建设是城区工作的永恒主题"发展理念，社会治理能力逐年提升。2012年出版的《鼓楼模式》一书，入选民政部中国和谐社区建设实践与创新书系。G区先后获得全国社区服务示范区、全国社区建设实验区、全国社区建设示范区、全国和谐社区建设示范城区、全国老龄工作先进区、全国社会工作服务示范地区等30多项国家级荣誉称号。2015年7月，经申报、评审等程序，G区被国家民政部确定为第三批"全国社区治理和服务创新实验区"。近年来，面对利益主体多元化、群众诉求多样化的新形势，按照民政部推进"三社联动"工作部署要求，N市G区在"三社联动"原则指导下，主要以项目购买为主，通过"枢纽型专业社工机构"❶进行项目打包购买，政府交由专业社工机构承接社区全部服务职能，即由一个枢纽型专业社工机构统领，多个社会组织按功能分个承接，社区进行有效监管的运作模式。G区政府通过项目购买，探索项目制下的"中心社区+专业社工机构"的社区治理模式，以社区服务项目为抓手，以开展公益创投项目评选为手段，打造区级社会组织培育基地，并由专业社工机构来孵化公益服务类社会组织，进一步理顺"三社"的联动关系，努力构建符合"三社联动"发展要求的社区服务

---

❶ 本书的"枢纽型专业社工机构"概念源于"枢纽型社会组织"概念。枢纽型社会组织首次出现在2008年9月北京市社会工作委员会出台的《关于加快推进社会组织改革与发展的意见》，在北京市《关于构建市级"枢纽型"社会组织工作体系暂行办法》中指出：枢纽型社会组织是由负责社会建设的有关部门认定，在对同类别、同性质、同领域社会组织的发展、服务、管理工作中，在政治上发挥桥梁纽带作用，在业务上处于龙头地位，在管理上承担业务主管职能的联合性社会组织。本书的"枢纽型专业社工机构"沿用"枢纽型社会组织"内涵，只不过仅是针对专业社工机构而言。

管理模式。

该区的社区治理模式依据G区地处中心城区，充分利用中心社区覆盖范围广、基础设施好的优势，积极引进专业社工机构进驻，通过政府购买服务的方式开展社区专业社会工作，为社会组织参与社区建设提供场地和平台。G区在引进专业社工机构时，着力推进社会工作“总部服务”模式，即G区计划通过特色社区打造和中心社区建设，逐步引进具有一定社区服务经验的专业社工机构入驻社区，以协议的形式明确机构中专业社会工作人才的比例，充分发挥其在专业社会工作上的优势，由点到面、由专项到综合，以专业社工机构作为社区服务“枢纽”，将社工机构中的专业社工人才按照服务项目需要进行合理配置，增强“三社联动”中的专业力量。

（二）社区服务项目化：S市T市政府购买的治理模式

T市隶属S市，是下辖的县级市，位于S市东部，东濒长江，南临上海市宝山区、嘉定区，是长江经济带和沿江开放带交会点上的一座新兴港口城市，也是长江三角洲经济最发达的县（市）之一。近年来，T市经济综合实力一直位居全国百强县（市）前列。截至2018年第三季度，地区生产总值为1017.88亿元❶。该市总面积为823万平方公里，户籍人口48.3万人❷，辖区含6个镇和1个街道办事处、88个村民委员会、68个社区居民委员会。为落实《国务院关于加强市县政府依法行政的决定》，T市从2008年开始尝试建立政府行政管理与基层群众自治有效链接和良性互动的机制，逐步开展“政社互动”改革试点工作。T市先后荣获首批全国和谐社区建设示范市、全国农村社区建设实验全覆盖示范市，全国首批社会工作服务标准化建设示范地区。截至2018年9月，全市现有各类社会组织2334家，其中登记社会组织879家，备案社会组织1455家，全市万人（户籍）拥有社会组织数18家，居S市第一，等级社会组织占比达53%；现有专业社工机构20家，专职社工近200人，持证社工从195人增长到670人，每万人社工拥有数达5.8人；城乡和谐社区

❶ 数据来源：T市统计局微信公众号2.0版中“微服务”的“月度数据”。

❷ 数据来源：T市统计局《2016年T市国民经济和社会发展统计公报》。

占比分别达到98%和94%[1]。T市在社区建设方面，积极推动以“双向评估”取代“单向考核”，明晰权力边界，下移工作重心，规范行政行为，强化服务意识，扩大基层民主，积极推进服务型政府建设，高标准建设社会组织服务中心，有效形成了党委领导、政府负责、社会协同、公众参与的社区建设格局，提升了专业化、特色化、品质化的社区服务水平。T市“政社互动”项目名列2015年度“中国社区治理十大创新成果”之首。

T市通过整体购买“邻里家园”社区服务社会化项目，有效促进项目承接的专业社工机构与落地社区之间的良性互动，注重培育机构的专业化服务，推进社区自治，深化社区治理。社区服务社会化概念，广义理解是指社区服务的项目、服务管理、服务经费及设施等通过社会化的办法来解决；狭义理解是指基层政府向第三方专业社工机构购买社区公共服务。“邻里家园”项目周期为2年，是T市仍处于探索阶段的社区治理模式，该模式需要社区和承接机构紧密合作才能取得明显成效。社区发挥基础作用，要依法履职；承接机构发挥协同作用，要依合同履约；双方主体地位平等，职责分工明确。该项目的资金支持为20万元/社区，T市规划到2020年要实现不少于100个社区服务的项目化指标。截至本研究2018年9月调研结束前，已实现全市75个社区全面推开项目服务，购买资金达1500万元，成功吸纳百名专职社工服务社区。

T市为确保项目服务目标更符合社区发展和居民需求，社区服务的内容有具体的要求，社区和专业社工机构必须对“4+2”的具体内容进行共同商定。“邻里走访”要共同商定走访对象的类别和比例；“邻里活动”要共同商定全年活动开展计划，包括大型活动、中小型活动、一般活动开展的次数、时间、活动目的、活动内容、参加人数、活动场所、物资保障、资金预算等要素。“社区治理项目”要共同确定社区所要解决的2个公共问题；“邻里社团”要共同商定当年重点孵化培育的社区社会组织类型、名称、使命、拟任负责人等事项；“邻里服务”要共同商定生活服务的整合类型、志愿服务“结对子”帮扶对象、自助互助服务类型等。“2”为自选项目，需要社区和承接机构共同商定个案服务、小组服务的重点人群类型。同时，该项目明确要求承接机构必须在每个驻扎社区，配备不少于2名的社会工作专业人才。

---

[1] 数据来源：T市民政局内部统计资料。

T 市的“邻里家园”项目要求，承接机构要完善“一委一居一站一办”新型社区服务管理体制。该市通过加强城乡社区综合服务中心（站）建设，形成以城乡社区为平台、社会组织为载体、社会工作专业人才为支撑的“三社联动”机制。T 市通过整合各类资源，引导社会组织有效承接政府及相关部门面向社区的公共服务事项，增强社区综合服务管理效能，助推“政社互动”深入开展，实现“一委一居一站一办”全覆盖。

（三）“五社联动”：H 市 B 区政府购买的治理模式

B 区地处 H 市主城东南方向，是“安徽新中心、品质首善区”。该区内辖 8 条街、2 个镇、65 个社区，1 个省级经济开发区和 2 个街道级大社区，区域面积 340 平方公里，户籍人口 63.62 万人，常住人口 95.22 万人[1]。B 区为新的省行政中心，是全省政治经济文化新中心。该区历史文化底蕴深厚，拥有 30 余家高等学校与科研院所。B 区为全市示范引领的“第一城区”，其综合实力稳居全省首位。其中，B 区下辖的滨湖世纪社区被中共中央授予“全国先进基层党组织”，其社区治理创新和城市“大综管”改革经验被《人民日报》等主流媒体多次报道。B 区夯实社区治理专业社会工作介入基础，不断扩大社会治理人才队伍。全区现有社会工作持证人员达 618 人。B 区继续推进社会服务平台建设工作，全区街镇、社区社会服务平台 90 个，覆盖率位居全省第一，其中辖区的望湖、芜湖路、包公街道实现社会服务平台建设街道、居村两级全覆盖，常青、淝河实现街道社会服务中心建设全覆盖，常青街道社区社会服务站建设覆盖面达 70%[2]。B 区在全市率先开展“社区协商”“互联网 + 社区”“设立环境和物业管理委员会”“城市小区、农村村民小组自治试点”“五社联动”五项试点工作，并着重向老城区倾斜，以期进一步凝聚基层共建共治共享智慧，引领品质社区建设方向。

---

[1] 数据来源：B 区统计局《B 区 2017 年国民经济和社会发展统计公报》。

[2] 数据来源：B 区民政局内部统计资料。

H市B区在H市“1+4”社会服务政策[1]推动下，主要依托基层社会服务平台，以街道（乡镇）为主体，采取“岗位+项目+孵化”的多元方式，注重培育枢纽型社工机构，形成“五社联动”的特色服务项目运作机制，推动社区微治理模式创新。“五社联动”是以社区居委会为主体，搭建社会服务平台（即社区服务中心或站），引入专业社会工作力量，以枢纽型社会组织为服务载体，依托社工整合社会力量，孵化培育社区社会组织，采取社区服务项目化运作方式，通过项目吸纳和整合多元化社会资本，解决社区当前疑难问题，加强和创新基层社会治理体制和机制建设，开展社区服务、合理推进社区治理创新。具体来说，“五社联动”的主体分别为社区服务、社会工作者、社会组织、社会资本和社区自治。其一，社区服务作为各级各类资源的汇聚平台，无论在“三社”还是“五社”，其主要功能都是实现社区服务项目化。“五社”的社区服务内容更加注重规范化、可持续化和专业化的发展，以回应群众需求、长期有效解决社区问题，为“五社联动”提供资源保障。其二，社会工作者在“三社联动”中作为一支不可或缺的专业力量，其主要功能是为社区和居民提供服务。在“五社联动”中，社会工作者主体地位不变，但角色有了新变化。社会工作者更关注社区和社区居民的全面发展，主要角色是给予服务上的指导，引导社会组织和居民培养社区治理意识和能力。其三，社会组织在“三社”和“五社”中作为载体依托，主要是为居民提供服务。在“五社”中，社会组织的主要角色是在社会工作者引导下参与社区问题解决，在此过程中提供机会，带动居民参与社区服务，进而培育孵化社区社会组织。其四，社会资本是“五社”引入的新主题，主要包括基金会、企业、志愿者或其他社会力量。它的主要角色定位是为社区服务提供各项资源，联合社区相关部门、居委会、社会工作者、居民代表、物业、志愿者等，保证服务开展的持续化和

---

[1] H市为创新基层社会治理，研究制定“1+4”社会服务政策，为专业社会工作发展确立了平台、岗位、组织、项目等基本条件，构建起“依托社会服务中心（站）等基层社会服务平台，以职业社会工作团队为核心，统筹开展辖区内各类社会服务项目，孵化培育和组织支持其他各类基层社会组织开展服务工作”的社会服务体系建设格局。“1+4”系列文件，即《中共H市委办公厅 H市人民政府办公厅关于进一步加强和改进社会服务工作的意见》《H市加快培育发展社会组织办法（试行）》《H市社会服务人才队伍建设办法（试行）》《H市社会服务平台认定与补助办法（试行）》《H市政府购买社会服务办法（试行）》。2016年，H市进一步修订了《关于进一步加强和改进社会服务工作相关配套政策》，加快社会组织参与社会服务的能力提升。

专业化，有利于社区社会组织能力的提升。其五，社区自治同样是“五社”引入的另一个新主体，包括居民自治组织和居民，在过去的“三社”中，没有此主体。在“五社”中，其主要角色定位是解决社区问题，实现居民自治，实现从自治到社区共治的发展。B区社会组织管理中心主任介绍了政府通过购买服务进行社区治理的具体操作步骤：

> 第一步，政府购买服务撬动社会组织和社会多元力量，搭建社区服务平台，虽然撬动社会力量介入社区治理中，但这一步还不够，并没有解决社区具体问题；第二步，抓住公益创投来点火，让社会力量自己主动思考、发现问题和设计方案；第三步，政府需要研究社区治理创新的举措，改革社区体制，培育自治力量，建立协商制度等，前提是基于政府购买服务、公益创投，并且利用街道和社区的平台；第四步，社工机构想办法立足社区服务平台，通过项目化运作，利用专业力量去整合辖区居民和单位的力量，代表政府设计整合方案，搭建服务平台；第五步，以社区治理问题的具体导向，专业社工机构联合多元力量，解决特殊人群问题、自治问题、协商问题等。B区把这一套步骤总结出一个模式——政府购买，政府公益创投，政府体制改革，搭建平台让社工机构运用专业技术力量，去解决具体问题，这就是“五社联动”。(BZ1)

(四)“枢纽+平台”：W市J区政府购买的治理模式

J区是W市的中心城区、服务业的核心区，是全市经济、文化、信息、金融中心和中央商务区，是理想的宜业、宜商、宜游、宜居之地。J区经2006年与2010年两次行政区划调整，以及2012年9月作为安徽省试点在全市率先启动社区管理体制改革，撤销11个街道办事处，设立10个公共服务中心之后，现辖滨江、天门山、弋矶山、赭山、赭麓、张家山、镜湖新城、大砻坊、汀棠、荆山10个公共服务中心和方村街道办事处，55个社区居委会，12个村委会，常住人口约60万人，区域面积121平方公里。2017年实现地区生产总值514亿元；固定资产投资346亿元，；社会消费品零售总额287亿元；财政收入

52亿元；城乡居民人均可支配收入39135元[1]。在抓好经济发展的同时，J区坚持不懈做好民生工作，切实维护社会和谐稳定，分别取得了全国平安建设先进区、全国科普示范区、国家传统知识知识产权保护试点区、全国和谐社区建设示范城区、全国社会工作服务示范地区、全国社区服务先进单位、全国社区志愿服务示范城区、安徽省文明城区、安徽省未成年人思想道德建设工作先进区等多项荣誉称号。W市社会组织培育发展服务中心是市民政局搭建的集孵化、服务、创投等职能为一体的综合服务平台，是市—区—社区三级孵化体系的重要组成部分，是社会组织培育发展与党的建设"双孵化""双共建""双提升"的核心阵地。该中心多方位地为全市社会组织提供支持，有效地发挥了社会组织与社会各界力量之间的桥梁和纽带作用。该市民政局以"三社联动"为突破口，推动入驻的社会组织孵化出壳，引导入驻社会组织，特别是社会工作机构进驻社区，推动专业社会工作机构服务向社区延伸，加快推进社区、社会组织、社会工作有机整合、协调发展，促进社会组织在创新社会治理中更好发挥作用。

W市J区在整合社会资源、发挥社区居民主动性原则的推动下，主要依托社区的公共服务中心，发挥专业社工机构的枢纽作用，以"五联共治"的工作方法，推动社区综合治理质效。在"五联共治"的工作方法中，专业社工机构与社区形成了"枢纽+平台"的治理模式。

所谓"五联共治"，就是"统筹协调——联谋、为民服务——联办、群众自治——联抓、社会治安——联防、精神文明——联创"。针对社区居民的服务，社区以专业社工机构为枢纽，以社区的公共服务中心为平台，广泛征求居民意见，共议难点事项，同时发动社区内的志愿队伍、辖区单位共同出力，通过"提事、定事、决事、办事、评事"的程序，完成"联抓""联防"。在这个过程中，专业社工机构通过服务供给，调动居民参与社区治理，完成社区共治的目标。J区政府注重培育专项服务的专业社工机构，为社区内老年人、青少年、残疾人等人群提供专业化服务。

---

[1] 数据来源：J区人民政府网站。

(五) 政社互动的推进方式：不同地区治理模式比较分析

在我国社区治理中，政府主要通过政府购买服务的形式与专业社工机构展开互动，各地由于社区情境的差异，在具体政府购买服务方式下形成的社区治理模式既有共同点，也有所差异，具体见表4.1。

表4.1　四市区政府购买服务形成的治理模式比较

<table>
<tr><th>城市</th><th>特色治理模式</th><th>相同点</th><th>不同点</th></tr>
<tr><td>N市G区</td><td>项目购买的“中心社区+专业社工机构”模式</td><td rowspan="4">1. 均为政府购买服务的社区治理模式；
2. 政府处于主导的优势地位，是机构政策、资源服务需要的主要供给商；
3. 注重枢纽型专业社工机构的发展，但其对政府仍具有较强的依附性；
4. 注重培育社区与专业社工机构的合作关系</td><td>突出机构的枢纽链接和综合管理社区服务主体作用</td></tr>
<tr><td>S市T市</td><td>社区服务项目化模式</td><td>注重培育枢纽型与服务型的复合型专业社工机构，建立机构服务标准化指标</td></tr>
<tr><td>H市B区</td><td>“岗位+项目+孵化”的“五社联动”模式</td><td>注重机构的枢纽链接作用以及机构社区社会组织自治的培育功能</td></tr>
<tr><td>W市J区</td><td>“枢纽+平台”的项目合作模式</td><td>突出社区主体的平台地位，忽视专业社工机构的枢纽作用，注重机构的弱势群体服务功能</td></tr>
</table>

从表4.1可以发现，政策支持、资源供给和服务需要是当前四市区普遍存在的政府与专业社工机构合作的方式。政策支持和资源供给是政府给予专业社工机构开展社区服务的资本，通过购买服务的方式，不断提升机构在社区治理中的地位和作用。落实服务需要导向是政府提高购买服务项目有效性，发挥购买服务中政府、社区和专业社工机构三者主体性作用的关键。由此可见，随着政府服务职能的行动方式逐渐向社会组织倾斜，第三方社会组织参与社区治理的格局已经形成，并日益发挥其重要的主体作用。因此，处理好政府与专业社工机构政策、资源和需要的长效互动，已然成为社区治理中的重要环节。

比较总是相对的，目前各地政府购买服务方式下的社区治理模式有区别，但各地区治理模式中政社良性互动这一核心环节未变，再加之各地区间相互学习、相互借鉴的趋势日显，因此，模式的比较在于把握各地政社合作的共有方式，形成双方合作的长效机制，才能更好地推动社区治理模式创新。

第二节　国家控制：政策、资源和需要约束下政社关系悖论

在整体检视四市区政府与专业社工机构社区治理模式并获得初步成效的同时，需要注意到这种成效的取得更多还是停留在制度的形式化层面。当前社区实践层面仍为国家控制下的社区建设，社区治理的成效呈现出“名”与“实”分离的特征，使得专业社工机构社区治理显得非常乏力。本书针对四市区的民政局工作人员，并对区域内具有代表性的机构和社区进行深入调研时发现，政策、资源和需要作为政社互动的作用方式，在提升机构社区治理能力的同时，也直接或间接地阻碍了政社关系可持续性的合作进程。

一、利益博弈：治理目标异化与政策执行阻滞

利益博弈带来的政策执行阻滞是政社关系中国家控制的重要表征之一。利益和政策具有天然相关性。政策对人的行动规范，主要就是基于人与人之间的利益抗衡来实现的。政策体现的意志背后就是各种利益，它是社会共同的、由一定物质生产方式所产生的利益需要的表现。政策依据一定利益来确认形式、调整工具和分配原则及方案，执行者进行政策执行活动的动力是利益（丁煌，2002）。政策执行是指执行某一项政策所采取的行动（Edwards & Sharkansky，1978），即执行者为了落实政策指令、达成政策目标所实施的全部活动和整个过程。政策执行是政策出台后运行过程中的核心环节，是将政策目标转化为政策现实的唯一路径。政策能否得到有效执行，很大程度上基于政策中的利益问题能否有效化解。本研究中的政策执行阻滞，是政府在政策执行过程中的执行行动因利益分配不均，导致政策目标无法完满实现，而产生的与原本目标异化的状态。基层政府之所以在政策执行中出现貌合神离，根源就在于基层政府官员未能处置好公共性利益与政府工作绩效利益之间的冲突。本研究从四市区的调研情况来看，其政策执行表现在四个方面，即对政策的扩大化执行、选择化执行、象征化执行和停滞化执行。

（一）政策执行扩大化

政策执行扩大化是指政策执行者在执行过程中为了个人或局部利益，在执行上级政策过程中随意添加某些政策目标规定以外的指标或不恰当的内容，导致政策的调控对象、力度、范围和指向不符合或超出政策原本的目标，造成既定政策目标未能有效实现的行为。政社的权责分工在政策文件中已经明确提出，但仍有基层政府将机构捆绑为自己的下属机构，将社区行政工作与机构的专业服务工作含混。

因为社区很缺人手，社区特别希望社工的工作能带一点社区的东西。比如说他们每个季度都要做党建主题活动，他们就希望我们社工做社区活动的主题多往社区党建的方向偏。但社区要求我们做一些社区需要的东西的时候，我们很多其他专业性服务的想法就要放一放。（TJG－AD2）

我们社区是一个街道级大社区，刚开始进驻的时候，居委会让我们单独做居民自治。我们刚开始也在摸索，社区层面的要求就是要成效大而好的，要能立刻看到政绩，所以要求我们不论做什么活动都要声势浩大，要打响。我们跟他们解释说居民自治是一个过程，但领导就是想要结果。（BJG－AL3）

上次在社区计生工作这一块，街道需要社区上交一些材料。这些材料社区希望全部由我们根据材料清单做出来，而且做好后装订起来，等于说他们应该做的事情他们不做，让我们这边做。（TJG－YJ2）

（二）政策执行选择化

政策执行选择化是指政策执行者在履行上级政策指示时，会依据自身部门的利益需求对上级政策精神进行偏差理解，对政策内容进行任意取舍。具体表现为，下级部门的执行者往往对本地方、本部门或本人有利的政策内容或是容易执行的政策内容进行落实和安排，对自己不利的内容或是不易的内容则采取忽视的态度，从而导致上级政策难以有效在基层贯彻和落实。当专业社工机构服务项目指标的设置与社区的利益相冲突时，社区往往不会支持机构的做法，或要求机构用其他做法代替。

社区主任或书记是我们跟社区联系最密切的。有的社区领导很专制，他会要求你做任何事情都要跟他请示汇报，还会有很多的限制性要求。比如我们社区治理项目里要求做一些大型社区活动。我们就想在社区露天做一场大型的活动，是希望能有上百人的规模。我们把方案设计全都做好了，但社区就会以群众安全为由，一口否决，要求我们做小型的室内活动代替。(TJG－RE2)

(三) 政策执行象征化

政策执行象征化是指政策在执行过程中只是假意宣传或口头上表态支持，并未将政策精神或内容转化为实质、具体的操作性措施，以致政策的效用达不到原政策目标的要求。“政策执行的最高准则在于维护政策的权威性和严肃性。”(陈振明，2003) 然而在政策的具体执行过程中，表面文章、形式主义和敷衍了事已经成为某些执行部门或工作人员的基本执行方式，他们不考虑具体措施的实施和行动方案的落实；甚至有的部门有意而为之，拒绝履行上级政策指示，等等。以上现象的出现使得高层政策只起到象征性作用，违背了政策的权威性和严肃性。

我们有些基层领导目光短浅，对社区治理公共服务的政策和意义认识不到位，只满足于把政策规定的购买项目完成，对质量并不关心，认为那是机构自己的事情。基层领导很少主动俯下身去跟机构沟通交流，他们觉得自己是老大，缺乏对机构的监督和管理。这样下去，项目做得不好，达不到原有设定的治理目标，群众不满意，最后社区治理还是做不好。(JJG－YC1)

政府在对专业社工机构进行监督和考核时更注重机构书面材料的形式完备，并不从实际活动中去监督和考核，以致一线社工要花大量时间疲于应付“台账”(书面汇报和总结材料)，挤占了机构为其他居民正常服务的工作时间。在调查中，四市区的社工都反映存在以上困扰。如 B 区的 AL 机构社工和 T 区的 DY 机构社工谈到：

我觉得评价标准和考核制度流于形式。每次整理这些材料的时候，我们社工都表示很崩溃。我理解的这种考核是比较主观的。虽然有一些量化的指标，比如一线社工每个月或一个季度要有50篇访视记录个案、多少次小组、多少次协调、多少次沟通。我们每个季度还有自评，自评的时候要提供所有资料。我们马上又要自评了。我昨天下载了自评那套资料，要自己准备自己的考勤资料，还要准备截图、写说明，我觉得光准备资料都得四五天，其他工作只能简单应付了。(BJG－AL3)

我们那个“邻里家园”项目，我感觉今年项目考核和评估标准越来越多、越来越烦琐，现在感觉更多的精力都花在应付台账上，就像这些每天都写不完的台账。我知道因为我们做了工作，政府也看不到，只能用这个台账来体现。但是写台账的要求越来越高，越来越细。我们是做服务的，现在有时候写台账的感觉是对这份工作都丧失了原来的那种初心。(TJG－DY4)

(四) 政策执行停滞化

政策执行停滞化主要表现在具体政策执行过程中，鉴于执行者所在地区或部门的利益与专业社工机构的利益发生冲突，或是其他某种原因而导致执行者利益受损，政策就会在执行过程中的某一环节发生停滞现象。在四市区的调研情况来看，这一情况常常出现在政府对专业社工机构的项目中后期拨款的不定期延迟方面。

政府拨款滞后到账、拖欠情况比较多，一般不会提前，拨款形式为“433”或“334”，在前期、中期和后期评估后进行打款。一般中期和后期，政府拨款延迟支付的情况较多，基本都会延迟支付，一个月都算正常的，有时候会两三个月。政府有自己的办事流程和效率，不太会考虑我们。而这段时间机构运行不能停，人员工资不能停，资金周转就是个大问题。(TJG－DY1)

二、强势在场：“政府本位”惯性思维与资源的选择性支持

政府本位的惯性思维导致对专业社工机构的资源选择性支持是制度环境中国家控制手段的又一表现形式。托克维尔曾经对国家吞噬社会的弊病有过深刻

分析，“政府当局越是取代社团的地位，私人就越是不想联合，而越要依靠政府当局的援助”。政府在专业社工机构的资源来源中拥有绝对的决策权和话语权。相较于市场力量和社会公众的资源，政府仍为机构资源供给的主要来源。我国长期处于强政府、弱社会格局之下，政府掌控专业社工机构社区治理需要的资金、人力与场地等多维度资源，几乎垄断所有机构生存所需的资源。从四市区政府对专业社工机构的资源支持来看，政府对机构资源的支持依然处于强势地位，会根据自身的利益需要对机构进行选择性资源投入，机构与政府之间是典型的非对称性依赖关系。总体来看，政府对机构资源的选择性支持，主要源于三方面因素限制，即政府的能力、政府的需要与目标以及政府对机构能力的信任程度。

(一) 政府的能力有限导致资源选择性投入

在社区公共服务井喷式增长的情境下，四市区政府都渴望迅速推动社区治理创新发展。然而，从四市区的实际情况来看，S市T市、N市G区以及H市B区等经济较为发达地区，政府对社区治理类的公共性服务项目购买资源相对丰富，而像W市J区属于安徽省次发达城市，对经济效益的追逐仍是城市建设的主要着力点，而对公共服务的投入资源相对较为缺乏。其中，资金是资源投入最主要的形式。而资源的有限性直接导致机构社区治理的工作不到位与成效不足。J区的民政局领导在回应社区公共性服务资金短缺时，表示无奈：

> 我们也想社区投入多一点，但每年政府的预算就这么多，我们还有很多其他的事情要做。没有资金，很多工作也是有心无力。(JZ1)

从四市区的调查情况来看，政府，尤其是民政部门作为社区公共性服务的牵头部门，是渴望在服务供给上能尽量满足社区居民的需要。但即便是四市区中资金投入相对较多的T市，也仍然认为资金是制约社区治理创新的阻力。

> 政府从内心来说肯定是愿意加大购买服务的力度，但是前提是要有财力保障。可事实是我们没有那么多资金。我们现在一个社区20万元，包括购买岗位的补贴每个人7万元，但还是不够。很多一线社工为什么走？还是购买岗位的补贴太少。7万元的补贴，机构收一点管理费，五险一金再扣除一部分，每个人到手就2850元/月，连生活费都不够，还怎么能让

他们全身心地投入工作？（TZ2）

（二）政府工作需要与目标限制形成资源选择性投入

政府的资源供给是通过公共服务项目的内容和要求进行的。在社区公共服务项目设置时，各个部门会遵从自身的利益取向，对于项目的内容和要求会期望能够与本部门的工作内容相吻合，希望专业社工机构的参与能够帮助本部门完成其工作指标或任务，以致对不是其工作职责的服务内容，各部门往往不予重视。比如基层政权管理科和残联，由于他们各自服务对象的差别，会产生对机构不同的利益诉求，导致资源投入的差异化。

政府跟我们机构的利益诉求是不一样的。我认为很需要做的，但是从政府的层面来说，他们可能并不觉得。比如说就像基层政权管理科，他们做的事情实际上就是在培育社会组织基层的政权、民主、协商，还有包括居民自治这些东西。因为“邻里家园”这个项目的钱是他们出的，所以他们最关心的就是：“我要去培育多少组织？我要居民怎么参与？我要居民怎么自治？”他不会关心机构要去探访多少困境户，去帮扶多少残疾人。因为这个不是他们的权责范围，这是残联的事情，这是其他条线的事情。他们只关心他们想要的部分。（TJG－DY1）

我们那个社区书记，他的思维可能还是跟不上现在的形势。社区的治理环境，之前因为回迁安置会有很多物业方面的问题，很多居民来找他吵找他闹。但是社工在那边做了三四年服务后，社区很和谐，也没有吵也没有闹，居民天天见到他，也觉得他服务做得好。从书记的层面，他自我满足，觉得社区挺好的。因为他觉得社工在一个社区里面把组织培养起来，把居民的意识能力培养起来以后，社工就可以退出了。他觉得社区很成熟，暂时不需要我们再去做一些事情。（BJG－AL3）

（三）政府对机构能力的质疑造成资源选择性投入

专业社工机构在我国仍处于初步发展的阶段，目前社工机构的社会认同度仍普遍较低。专业社工机构呈现出弱专业性、机构内部成员不稳定，这极大削弱了机构社区治理的能力。政府对机构承接公共服务的职能，对社工的实务能力和专业水平是有很高要求的，但目前机构社区服务供给是半专业化的，加上社区驻扎的一线社工流动频繁，这种模式会降低服务的质量和效果，甚至流于形式，无法达到政府所期待的服务水平。政府自然会对机构的专业性和可持续供给服务的能力产生疑虑，从而限制对机构的资源支持。

社工机构的专业化水平一直不高，而且在介入社区服务方面我觉得很表面很肤浅。社工干的事情一定要体现出他们的专业性，这个事情只有他们能干，别人干不了。但是现在看，这种独特性没有体现出来。(BZ2)

我们对社会组织的期待很多，能够承接社区的行政服务，或者用我们话说是满足社区居民的多样化和个性化的服务需求。但是现在的专业社工机构，有多少是很专业的？很多事情交给机构，他们根本就做不了，还是得我们来做。(GZ1)

专业社工机构的专业化服务水平不足，同时也面临着社区工作可持续性的难题，降低了政府对机构的信任程度。在调查中发现，专业社工机构的人才流动过于频繁是导致社区工作可持续性差的重要原因。

我们现在有些机构负责人，他找你首先不说怎么把服务做好，先是问你要项目经费。我们购买服务的经费盈余，机构按道理是不能够私下分配的。当然他们账上不一定体现，但是会变相通过多开工资、买东西纳进自己个人的口袋。我告诉他们，非营利机构如何跟营利企业竞争？你的员工待遇至少不能低于那些营利企业。所以机构的盈余，肯定应该用来改善员工的待遇，给他们涨工资。这样再加上非营利组织的性质，优秀人才肯定愿意到机构里去。但是现在有些机构负责人把钱放在自己口袋里，你说这种机构怎么能发展？他凭什么能够发展？他的员工怎么会在他的机构里做？人家肯定会跑掉的。我们一些机构负责人目光太短浅。没有人，服务还怎么做？(TZ1)

机构来我们社区不到两年，驻扎的社工已经换了三个人。社区工作是需要长期持续地跟社区居民互动，居民才能了解你。现在频繁地换人，前一个刚熟悉情况，又来一个要重新适应。等这个项目结束，我们应该会重新换一个机构。(BSQ1)

三、需要错位：服务意义重构与政绩观

前文提到，政府对专业社工机构的服务需要主要体现在人才、价值理念和专业化服务的需要。本研究在四市区的调研中普遍发现，在实际社区治理工作中，政府由于渴望打造本地区的特色治理，会脱离本地区实际的社区需要状况，往往会对机构产生过高期望，期望机构能替政府实现这一需要目标。这使得机构参与社区治理的原有服务意义丧失，而加上了许多政府的行政色彩，造成社工在实际工作中得不到价值和专业能力的认可，从而产生机构对工作的不认同和自我价值的否定，不利于社区治理活动的有效进行。因此，政府的政绩观对机构服务意义的重构是制度环境国家控制下机构制度环境阻力的又一表现方式。

社区对机构社工做的工作，有两个极端。一类认为机构社工在处理社区问题时，应该是无所不能的。他们希望把最棘手的问题丢给社工，比如河道治理、拆迁、信访老赖等自己多年无法解决的问题都一股脑地抛给社工；一类认为机构的社工随便做做活动就行了，锦上添花就行了，不要搞棘手的，以免激化矛盾。这跟社区领导的思维观念很有关系。（TJG－XC1）

刚开始，社区对我们的态度有两种极端。一种是社工来了之后，社区就觉得社工是专业的，社区这边所有的事情社工都能解决；还有一种就是把社区的一些行政性事务也推给社工机构。（GJG－HR2）

政府作为专业社工机构的购买方，也是机构的重要服务对象之一，满足政府的服务需要也是机构的应有之举。然而，专业社工机构在社区服务的供给方式或模式等方面仍处于摸索阶段，亟须政府观念或行为的正确引导与鼓励支持。然而，政府的政绩观使得服务需要异化，让机构的一线社工在应对政府需要与社区居民需要之间陷入两难境地，极易导致双方需要均无法满足的局面。

我们在社区里开展工作，需要社区的支持。社区对我们提要求，社区也是我们的服务对象，所以我们必须要跟社区搞好关系，很多工作不得不向社区倾斜。但是社区有些要求，他们自己都做不了，我们更没有这个能力去做好，有时候我们会觉得很惶恐不安：怕书记不高兴，不支持我们日

后的工作，也担心花了大量时间去进行维护，最后自己机构的工作完成不了。(TJG - RE2)

四、政社关系悖论下的社区治理

制度环境形塑专业社工机构参与社区治理的成效。制度环境的国家控制局面使得专业社工机构在社区治理中的地位和功能发挥，存在着名不副实的局面。政府掌握着专业社工机构发展的资源，控制机构发展的节奏，在政社关系中处于绝对的优势地位。而专业社工机构处于从属地位，“当面恭维”“背后牢骚”的局面并没有得到根本改善。在社区治理中，政府作为专业社工机构服务的购买者和提供者，专业社工机构作为服务生产者和供给方，社区居民作为服务的消费者和满足者，三者建构的运作体系，任何两者间的调适不畅都会影响到体系功能的削弱。面对公共产品供给的复杂性和不确定性的日益增长，政府在公共产品供给上的垄断已经不再能够满足机构发展的要求，从而经常性地引发政府与机构关系的紧张，降低了机构社区服务的效率和成效。专业社工机构正是在上述政策、资源和需要的多重压力约束下，与政府形成了非对称性依赖关系，导致专业社工机构激励居民参与、专业服务供给以及构建规制功能的弱化。

首先，政府的政策执行阻滞直接导致专业社工机构专业方法难以有效开展。政府是购买服务的推动者和主导者，政府对政策的执行效率直接影响到政策目标群体对政策内容和信息的认同。政府针对专业社工机构相关政策的扩大化、选择化、象征化和停滞化执行，直接导致政策的许诺无法兑现，使得专业社工机构在心理上产生消极情绪，从而造成对政府的拒斥态度，更会将这种态度带到工作当中；同时，由于政府需要错位，专业社工机构花费大量精力在社区关系的协调和维持上，从而降低社区居民专业化服务的供给。社区居民得不到服务，也就难以激发他们参与社区治理的积极性。

其次，政府资源的选择性投入使得专业社工机构组织运作不畅，致使机构为降低服务成本而削弱服务质量。政府的能力有限、政绩需要的偏差以及政府对机构的能力的质疑，导致政府对专业社工机构的资源倾向产生偏差。资源是组织生存与发展的根本。资源的缺失必然招致专业社工机构的运作不畅，没法有效完成组织的任务，从而不得不寻求低水平和低层次的服务，以维持机构自身的生存，难以实现社区治理的目标。

最后，政府的政绩需要与居民服务需要的矛盾与冲突，使得专业社工机构价值理念遭到质疑。政府项目制的购买方式导致社会组织成为政府行政指标的被动执行者，缺乏识别民众服务需求的动力和能力，也容易忽略服务质量（王清，2017）。专业社工机构既要满足服务供给商的需要，又要满足服务对象的需要，当两者需要发生矛盾时，会导致机构陷入进退两难的尴尬境地。

通过上述分析可以发现，政社关系不畅导致专业社工机构不能有效嵌入社区治理，造成机构的生存环境危机重重。如何应对制度环境带来的诟病和危害，突破机构发展窘境，形成政府、专业社工机构以及社区治理的利益共同体？答案就是不断地敦促专业社工机构选择有效行动策略以回应国家过度控制下的制度环境干预。

第三节　权力获取：专业社工机构化解政社关系悖论的策略分析

组织的行动是其在面对困境时采取的权宜行动（陈为雷，2013）。组织通过策略手段化解组织面临的困境，是组织行动的重要方面。组织分析理论强调行动者总是拥有一定的自由余地，他们不会接受被作为工具去实现外部环境所决定的目标。因此，组织尽管有约束性，但不会被外部环境彻底压制，而是通过策略手段去扩大行动者使用自由空间的范围。在组织分析理论中，这个自由空间就是权力。学者们对权力的理解有不同视角。一般意义上的权力是指一种影响力或控制力。如韦伯把权力看作行动者可以排除一切抗拒以贯彻其意志的机会（高宣扬，2010），而吉登斯则把权力视为个体改变既定事态或事件进程的能力（吉登斯，1998）。这里的权力并不等同于从上至下的强制性力量，强权只是权力的极端病态形式。组织分析理论中的权力是一种能力，是行动者通过自己的活动而创建的协商谈判的能力，一种在不平等关系（其他行动者）中获取资源的能力。因此，行动者为获取这种权力，会形成各种策略性行为。

值得注意的是，策略分析强调权力获取的自由空间是相对的。行动者的策略施展会受到外部环境与行动者共同建构的规则的约束，因此，行动者的策略是有限理性下的策略。专业社工机构的行动策略正是在制度环境对其的激励与约束规则下应运而生。本章节基于四市区专业社工机构对制度环境的策略分析，阐述了机构在社区治理中如何通过行动策略，化解制度环境限制，实现社区治理的目标。

一、理论牵引：专业方法化解政策执行阻滞

从四市区的 16 家专业社工机构收集的资料来看，专业社工机构在面对政府的政策执行阻滞与自身机构利益发生冲突时，都会积极主动地寻找解决方案来回应政府，变行政命令式的粗放管理方式为依照契约规定进行合作治理的方式。专业方法是专业社工机构在服务案主时会使用的工作方法，且都会依据一定的社会工作理论进行指导。从本研究 16 家专业社工机构的调研情况来看，沟通理论、优势视角理论以及生态环境理论，是专业社工机构进行专业方法指引的前提，以形成应对政策执行阻滞的权力内容。

（一）进行“关系疏通”：机构与“案主”的情感建立与维系

政府通过购买服务与专业社工机构发生业务关系，政府也是专业社工机构的服务对象之一。在社区层面，社区书记或主任代表政府层面，是专业社工机构最直接接触的服务“案主”。沟通是有效建立与维系机构和“案主”的情感纽带和方式，是机构化解政策执行阻滞的有效策略选择。

沟通理论强调人际沟通在人际关系中的重要性。如不能良好地沟通，就不能恰当地接受、选择与评估信息，不能很好地给予或接受信息的反馈等。沟通在社区实践中至关重要。它能够帮助社区成员一起朝着共同的目标努力，在相互之间建立良好的社交关系。从四市区的研究来看，专业社工机构在遇到社区领导的政策执行障碍问题时，会通过积极主动地与社区建立信任关系，实现良性沟通，协调双方的关系，从而缓解或解决各种矛盾。比如社区在面对社区领导要求其做一些行政工作时，要善于利用沟通的技巧，通过委婉的方式让社区了解社工的工作内容，不给社工增加额外的工作负担。

有的社区书记，他是以自己多年的经验来衡量社工，认为社工应该是辅助社区多做些行政性的工作，而不是根据社区服务的项目内容来要求社工。每次看到我们没做好行政工作，他都会对我们进行批评。我们也在反思，怎么样与他沟通，因为我们做活动的时候他们也愿意帮忙。于是，我们想社区行政性的工作也是我们工作的一部分，我们就会主动去找书记沟通，很积极地帮助他们。同时，我们也会把机构的工作安排，每周一都去跟他汇报一次，让书记了解我们的工作职责。他有时候一看，我们一周的工作都排满了，也都是为社区服务，很辛苦，就开始慢慢降低对我们行政事务的要求。所以，沟通是我们打通社区的第一步。（BJG－AL2）

有的专业社工机构通过变强硬的拒绝态度为委婉的沟通方式，也实现了社区的理解，并形成了良好的互动关系。

以前我做一线的时候，社区书记让我做他们的工作，我就直接提意见，不会拐弯抹角。我是真的受不了，一点儿都受不了，一有不满就跟领导提意见。但是后来我发现讲多了就属于一种抱怨，一种没有任何作用和价值的抱怨，也得不到社区的理解。我现在作为项目负责人，就在琢磨跟社区领导应该怎么表达过多的行政工作对社工的影响。因为我要不提，自己和一线社工就会有一肚子委屈，而且下面人反馈上来我也需要回应他们。怎么提呢？我就琢磨着换个说法，先肯定社区领导的工作，再去谈自己的想法，而且会提得越来越委婉，而不像之前那样剑拔弩张，现在我们跟社区的关系也越来越融洽了。社区书记也不像之前那样一股脑地把事情都推给我们了。（TJG－RE2）

专业社工机构还采取设立中间代理人和对接员的方式，与社区进行沟通和协商。

社区负责计生的主任年龄比较大，可能没有做过团建材料，他就想全权交给我们做，当时为这事跟我们关系闹得有点僵。后来我们机构设立对接员，他就跟主任和书记分析，这件事不是说社工不愿意做，而是需要合作完成。后来主任和书记也理解了，误会就解除了。（BJG－AL2）

（二）倡导“优势融合”：挖掘机构与社区工作的互利性

沟通是专业社工机构进入社区的第一步，接下来是要挖掘机构与社区工作的互利性。优势视角是社工与案主一起工作的模式，社工关注案主在互动过程中所呈现出来的优势和资源等，不再聚焦于案主的问题、不足及标签。优势视角的本意是协助案主看到生活中遇到的困难和问题相较于优势而言是微不足道的，并帮助案主利用他们的优势应对重要生活事件。专业社工机构在处理由制度环境带来的政策执行阻滞问题时，也将优势视角的理论引入工作中，利用各自的优势和资源，将社区工作与专业社工机构的项目工作有机融合，这样可以有效化解政策执行阻滞带来的问题。

> 社区有个微治理工作，主要是解决社区居民日常需要的公共性服务。比如说今年政府规定不准燃放烟花爆竹，需要挨家去宣传，他们人手不够时就让我们去。我们就发现这样宣传正好可以和我们“邻里访问”的工作指标挂钩，既满足他们希望我们开展社区宣传工作的要求，我们也正好完成家访的任务，并可以借此开展项目工作。这样对我们双方都有好处。（TJG－DY3）

（三）打造“社区行动系统”：共享社区治理的资源或经验

在以上两个步骤的基础上，专业社工机构通过联手社区，打造社区共同行动系统，共享社区治理的资源或经验，以实现共同发展。社会系统理论认为系统是开放的，系统是以维持动态平衡为目标导向的。系统在实现一个目标时，内部的子系统即使存在持续紧张的过程，但目的都是为了达到系统目标（Forder，1976）。该理论强调系统内的每一个子系统都有重要的作用和价值。而政府在政策执行中出现偏差，很大程度是由于政策执行主体没有对政策对象的作用或功能有正确的认知。专业社工机构和社区居委会是社区行动系统的两个重要子系统，每个子系统运行不畅，都可能会产生原有系统功能的改变。因此，只有专业社工机构和社区把彼此看作工作的共同伙伴，才能更加有效地实现社区治理。专业社工机构在工作中为回应社区在政策执行中的不作为，往往采取打造共同“行动系统”的策略，让双方认识彼此的作用，共同分享社区治理的资源和经验。

现在社工的能力有限嘛！因为老年人行动不便，我们发现社区居民需要安装楼道扶梯。我们想给每一个单元都装，但是算下来经费不少。社区一开始并没有在意我们的要求，认为每个单元都装的话，社区难以承担经费。我们就跟他们说了社区居民需求的迫切性，以及对社区治理的重要性。后来达成协议，经费由社区和机构分担。这样相当于互相帮助嘛，最后受益的还是社区居民。社区也感觉到我们相互合作的重要性。（BJG－MD2）

二、主动“化缘”：机构应对资源短缺的组织运作

资源是组织生存与发展的根本。面对政府的资源选择性投入，专业社工机构时常陷入资源短缺的境地。离开资源的保障，专业社工机构的社区活动开展会受到资源限制，直接导致社区服务的质量下降和成效不足。政府、社区和社区居民也无法认可机构的服务工作。而服务成效的低质效应又会带来政府对其专业性的质疑，面临解除购买服务关系的艰难处境。可见，社会工作机构与政府之间不平衡的资源依赖关系最终导致社会服务机构的行动结果有可能偏离了最初服务宗旨的危险（陈涛，2011）。这一原本由资源权力缺失带来的恶性循环，始终萦绕机构自身，充斥着不安定感。比如从 XJ 机构的负责人的话中可以看出机构在资源权力获取上的无奈与渴望：

像这种项目招标都是一年一招，当然明年可能是两年。即便如此，两年过后，万一要是我们机构没中标，那就存在很大的变数。我们心理上的这种不安定感是一直存在的，所以我们必须主动出击，想出路，想对策。（GJG－XJ1）

因此，资源对于专业社工机构在社区开展服务非常重要。从四市区的专业社工机构的资源获取对策来看，16 家机构都将主动“化缘”作为应对资源短缺的权力获取策略和途径。

(一) 打造品牌服务，主动寻求政府保护

16 家专业社工机构都意识到，自身专业服务供给的品牌塑造是获取政府的资源权力的最主要策略。各家机构也在自身的服务领域和服务范围内，打造自己的服务优势。如 LJ 专业社工机构会针对自身服务对象的特色，打造特色服务品牌战略，使之成为社区特有的服务项目，获取政府对机构服务的认可与支持。

我们的“4 点半公益小课堂”，已经被 J 区列为终身教育品牌。我们这个服务其实很简单，但看似简单，却是现在社区居民非常需要的服务：小学生每天放学后，我们会有专门的社工（还请了专业的老师），每天教小朋友们写作业，或是教一些简单的美术辅导、作业辅导，等等。现在每天大概有不同年纪的将近 20 人到小课堂上课。我们现在想打造这个品牌。我们时常往领导那儿汇报我们这个项目的重要性，去政府那儿要资金。只要政府支持，居民需要，我们就会一直做下去。(JJG – LJ1)

(二) 提升社会知名度，形成资源获取路径

专业社工机构目前的社会认知程度普遍偏低，机构要积极通过大众传媒宣传，以及积极参加各种评比活动，扩大自身的影响力，赢得社会的关注，让资源资助方主动找到机构进行资源投放。从四市区的机构情况看，专业社工机构中已经获得知名度的，通常更易获得政府的资源选择。T 市四家在该市做得比较专业的机构负责人都一直积极通过微信、网络等社交平台宣传机构的服务业务和成果，积极参与各项评比。DY 机构的负责人，获得 T 市社会工作领军人才称号，成为该机构专业服务非常有分量的宣传。

我们现在都会积极参与各种社会组织的会议、各种机构的评比活动，去宣传自己的机构，多去宣传自己的品牌，扩大自己的知名度，让外界了解你能做什么，能做到什么程度，能出什么效果，这个是很重要的。我们也不能光闷头做事，我们要学企业产品营销的模式，宣传自己的服务。大家知道你能做这个，并且能做好，自然就会主动找到你，把这个项目交给你来做。(TJG – DY1)

（三）拓展政府其他部门和政府以外的其他资源

我国的专业社工机构是政府自上而下推动发展起来的，机构天然就与政府的利益捆绑在一起，机构也就自然对政府的依赖性更强。四市区的16家社工机构负责人都表示，如何进行自我造血是机构生存和发展，也是能否介入社区治理的最重要问题之一。

现在16家机构的主要资金，仍来源于民政部门的政府购买服务。除了民政部门以外，机构亦积极联系其他政府部门的资源。

> 现在民政、妇联、残联、团委、老龄委，这几个部门算是最支持的，是我们一直的合作伙伴。然后接下来的司法、教育、卫生，他们说你来给我做事情是可以的。特别是像卫生这一块（医务社工），还有教育这一块（学校社工），还有司法这一块，其实他们有很多的服务项目也想拿出来给社会组织做。当然，这也是建立在我们有专业能力去做好的基础上。很多领域都有我们可以拓展资源的渠道，不能只盯着民政。（TJG－RE1）
>
> 我们除了拿民政的项目，还可以整合其他部门的资源，比如团委、妇联、统战部的，这也算是我们的自身造血功能。（GJG－HR1）

此外，专业社工机构面对政府的资源短缺，也在积极拓展政府外的资源造血。基金会也是机构的资源供应商之一，还有市场的资源，这将在后面的章节中详细论述。

三、理念持守：机构应对需要错位的政绩观

政府在社区治理中与专业社工机构有着各自不同的利益取向，政府从它自身的政绩出发，会对机构提出这样或是那样的工作期待，影响机构自身的工作，甚至机构有沦为政府统治工具的危险。此时，专业社工机构应该做好自身价值理念的定位，一旦迷失自身的定位，就会无法在社区中立足，并轻易被其他服务机构取代。专业社工机构要坚持社会工作的价值理念，并有机融合在社区治理的情境中，获取在社区治理中的话语权。价值理念的秉持也是专业社工机构策略回应的核心环节。机构坚持自己的价值观，有利于形成服务社区的价

值观。这些价值观能不断巩固机构所在的社区。价值观有新陈代谢的作用，能够击退那些有可能破坏目标的威胁和问题。当机构感觉自己似乎脱离了社区时，他们也就是失去了自己的价值观。

> 很多人从事这个行业，一开始都是秉承助人自助的服务理念去开展服务的。但是慢慢地随着社区里很多事情自己做不了、做不好，政府不肯定你，居民不认可你，你会发现很多并不是自己在学校里面所学的所想的。这个时候如果没有价值理念的支撑，人就很可能会被这种现实打败。一旦没有这个理念，你做这份工作的意义也就不存在了。（BJG－AL2）

社会工作的价值理念是专业社工机构的灵魂和根本，即强调公平、平等、正义的以人为本理念。该理念主张公平、正义，将实现人类的平等、公平作为专业愿景，认为每个社会成员都应该受到社会关怀；注重每个社会成员都具有人格平等性和价值独特性，并将利他主义作为专业的价值追求；强调每个社会成员都有自己的潜能，并有能力和权利发挥潜能。专业社工机构在社区治理中持有的价值观，能够有效回应社区居民多元化和个性化服务的需要、提高社区服务和治理水平的需要、激发多主体共同参与社会治理的现实需要。因此专业社工机构要立足社会工作价值理念的指引，在与政府的互动中，应该积极摆正自身的姿态：机构与政府在社区治理中是合作、平等的关系，而并不是从属的工作关系。机构在政府的需要错位时，通过坚守自身的价值理念，让政府感受到机构存在的专业性和必要性，从而获取在社区治理中的话语权。这是机构回应政府需要错位的重要策略。

> 我们的服务都强调客户至上。我们的需求是做社区服务，这与政府的需求会有差别。但甲方是老大，我们会尽力去满足他们的需求，在满足他们的需求的情况下，再来看我们关心的点。当然我所说的客户不单单是政府、社区，还包括居民，我们就是要在这三方客户里面找到一个平衡点。这三方要求的东西方向不一样。政府要求的可能是他所关注的某一项业务的开展，是某个政绩的实现；而社区、居民所关注的是某项特定需求的满足。这三方客户要求只要肯花点心思还是可以去做的，我觉得这个其实就是价值理念专业性的体现。社工所谓的专业不是说会做两个个案、做两个小组，那只是方法手段。“专业”更多的是指背后的一些专业的价值观有

没有在里边，做这个事情的逻辑在哪儿？价值观不是一种具体的方法，它是内化在社工做事的服务当中的。我们在寻找三者需求的平衡点，这种背后的逻辑就是价值观指导的。我们在寻找这种平衡的过程，实际上就是在让政府、社区、居民看到我们做事秉持的理念。由此，他们会认可我们、知道我们做事的原则。他们也会改变他们的一些看法和观点。这样才能体现出我们和别的组织的差别。（TJG－DY1）

四、政社良性互动下的社区治理

专业社工机构与政府的互动关系逐渐从政府与社会的高度同构向政社的明确分工转变。这种转变，既有政府在社区治理规则与方向上的改变，也离不开专业社工机构通过行动策略回应的权力获取，以实现自身在社区治理中的合法性地位。从四市区的现实情况来看，专业社工机构的权力获取，促进政府与其的互动从机械合作逐步迈向有机合作。政府主动将部分公共事务的管理权进行转移，专注于行政性事务的管理，逐步调整政府在合作中绝对权威的治理方式。同时，社会组织开始承担更多的公共事务服务的功能，不再是机械合作中单纯的被动服从者的角色。社会组织在合作互动中的制度环境变得更为宽松。

在这种转变中，专业社工机构的价值理念、专业方法和组织运作的策略手段，能够有效化解政社互动中的困境。专业社工机构的价值理念持守是化解政社关系危机的核心环节，是机构进行专业方法和组织运作的指导原则。专业社工机构需要在与政府双向沟通和反馈中印证其存在的价值。因此，离开了价值理念的专业方法会迷失机构在社区治理中的地位，有沦为政府统治工具的危险。专业方法是价值理念的展现形式，是组织运作的理论基础。社会工作的专业性体现的重要方面，在于其专业方法的运用和掌握。专业社工机构在社区中，通过良好的沟通、优势融合、打造社区共同体的理论指引，能够有效缓解或解决政府政策执行阻滞带来的矛盾和误解。组织运作是价值理念展示和专业方法在实践中的具体运用，是价值理念和专业方法良好展现的具体方式。组织通过打造服务品牌、扩大机构的知名度与拓展资源来源等方式，能够有效缓解政府资源选择性投入带来的资源困扰。

从四市区的专业社工机构与政府的互动实践来看，这三种权力获取的手段，是实现机构与政府良性互动的重要策略。政府与专业社工机构的良性互动，不仅带来社区治理体系的变革，而且形成社区治理方式和内容的转变。在社会转型过程中，一元化的政府垄断制度无法继续为社区居民提供足够、多样的公共物品和公共服务。在社区治理的多元主体中，专业社工机构可以满足社区居民多元化、复杂化的服务需要，激发社区居民参与治理的积极性，帮助社区建构规约和制度，形成与政府权责分担、共同治理的格局。由此可见，专业社工机构的权力获取是机构与政府良性互动的重要途径和手段。

本章小结

本章通过对调研资料的整理与分析以期回答的研究问题是：制度环境如何通过政策、资源和需要共同作用下的行动来影响专业社工机构参与社区治理的行动逻辑生成？本章分三节讨论了制度环境对机构社区治理行动的影响，以及机构在其影响下的行动策略生成与回应。

第一，四市区专业社工机构参与社区的制度环境总体现状。制度环境通过政策支持、服务需要和资源供给，从机构的合法性确立、专业性还原和能动性发挥三个方面，对机构在社区治理方面的总体制度环境概况进行了梳理。本节首先基于四市区出台的政策视角，从合法性的规制性和文化—认知维度，对制度环境对专业社工机构参与社区治理合法性机制的确立进行阐释。其次，从当前四市区制度环境对机构服务需要的视角，阐述了机构如何能够利用专业性化解社区内部利益分化的矛盾。本研究从四市区制度环境对机构社区治理的资源供给上，阐述了制度环境如何助推机构社区治理中的能动性发挥。上一节在制度环境对机构社区治理的环境塑造基础上，分别讨论了四市区如何与机构搭建社区治理的模式，并进行了不同模式间的比较分析。四市区都是通过政府购买服务的行动方式，与专业社工机构产生互动，介入社区治理。四市区在具体购买服务方式上有所区别，形成了不同的社区治理模式。通过对各地不同社区治理模式的比较分析后，本研究认为：政策、资源和服务需要是机构在社区治理中与政府互动最主要的有效方式。因此，如何搭建这些要素与政府的长效互动，是机构参与社区治理需要解决的重要议题。

第二，在第四章整体检视四市区政府与专业社工机构社区治理模式后，可发现当前机构社区治理的成效更多还是停留在制度形式层面，社区实践层面呈现出名实不符的特征。本研究针对四市区的民政局工作人员、专业社工机构的负责人以及一线社工的访谈资料发现，当前社区利益分化、政府的强势地位和政绩观使得政策、资源和需要约束下形成的政社互动长效机制的缺失，成为影响政社互动可持续性的最主要障碍。因此，本书从制度环境的视角，提出构建政社关系不畅导致的社区治理功能弱化问题。

第三，面对政社不畅导致的社区治理功能弱化问题，专业社工机构通过权力获取的策略原则应对制度环境带来的问题。本研究经过调研专业社工机构发现，机构大多采用专业方法回应政府政策执行阻滞、组织运作回应资源短缺、价值理念回应政府需要错位和政绩观等行动策略，形成对制度环境约束的权力获取，实现机构提升社区治理成效的行动目标。

第五章

市场环境与专业社工机构参与社区治理的行动建构

市场经济体制改变了社区治理的组织行动体系及其功能建构，为专业社工机构参与社区治理的行动逻辑引入市场环境提供了现实可能性。专业社工机构长期处于政府单边管控之下，服务效率低下与资源匮乏等问题丛生，已经成为制约社工机构参与社区治理创新的绊脚石。在政社分开、政企分开的改革背景下，市场导向成为我国专业社工机构参与社区治理方式革新的重要议题。然而，受限于传统社会低效的管理体制，我国社会组织市场环境建设迟缓且力度不足，其市场化程度普遍较低，如市场资源获取能力欠缺、市场需要回应能力偏弱等。（张冉，2018）。这直接导致专业社工机构参与社区建设和管理能力薄弱。基于本书中专业社工机构参与社区治理行动逻辑的理论分析框架，本章构建了市场资源、产品营销和供需关系的三维行动分析框架，对四市区的专业社工机构进行了多案例分析，以期阐述市场环境如何与机构发生互动，并在此基础上，结合四市区市社工互动的实际运行困境，提出市场环境如何能够推动机构社区治理行动逻辑的生成。

第一节　专业社工机构扎稳社区的市场生成

面对社会公共服务需要的骤增和财政吃紧，政府在公共服务领域进行了民营化改革（项辉、汪锦军，2014）。政府在公共服务供给过程中打破传统垄断的经营模式，引入市场等私营部门的力量，形成多元供给的格局，满足公众的服务需要。市场作为私营部门的重要力量，在社区公共服务供给中具有资金、技术、效率等方面的优势。政府作为公共部门，可运用各种政策手段，将公私部门资源整合，以更有效的方式进行社区治理。我国政府为市场经济进入公共服务领域，及其和社会组织合作创造了良好的政策环境。党的十八届三中全会审议通过《中共中央关于全面深化改革若干重大问题的决定》，将处理好政府和市场的关系作为经济体制改革的核心问题，明确市场在资源配置中的基础性与决定性地位，这为我国社会组织市场化方向提供了制度指引。2016 年，中共中央办公厅、国务院办公厅印发《关于改革社会组织管理制度促进社会组织健康有序发展的意见》，这项专门针对社会组织去行政化和进行市场化的政策发布意味着：政府逐渐放权于社会，重塑国家与社会之间的关系，提高社会资源的有效配置。由此可见，社会组织在社区公共服务市场化方面的合法性已经得到制度层面的承认。在政府提供市场化政策的制度保障前提下，市场环境自身与专业社工机构在供需、资源以及产品的维度上具有高度互构性。本部分通过分析市场环境与机构在上述三个维度上的互构关系，讨论专业社工机构如何在社区治理中获取市场环境的支持，与其展开适应性的行动建构。

一、需要趋同：市场的利润取向与机构价值取向的耦合

组织分析理论认为，理性的行动者是有着自身利益追求与相对独立性的，他们并不满足于被动接受环境的限制，而是具有改换有利于自身的规则，以协调不同利益主体之间关系的能力。企业是市场的主体，市场环境的供需关系主要是基于企业或商家与专业社工机构的互动合作，市场天然是以利润为驱动的，企业利润是企业生存和发展的最重要目标。企业将其与非营利组织之间的联盟与协作（Drumwright，2000），视为其提升竞争优势的一个重要来源。专业社工机构作为非营利组织，与企业的双边关系，可以为双方带来有利的价值（Yaziji，2004；Argenti，2004；胡杨成、蔡宁，2009）。因此，企业与专业社工机构在社区建设中的有效互动与合作，可以实现企业利润与机构价值实现的共赢。其中，供需的有效链接是企业赢得利润的最有效渠道。社区是广大消费者市场的集结地，企业可以通过向社区进行市场供给而获取利润。而专业社工机构作为链接供需的平台，不仅可以成为社区居民的需要与企业的服务供给之

间的桥梁，而且能够形成与企业间的战略性伙伴关系，共同实现社区治理。可见，专业社工机构与市场的联盟与合作，无疑是机构自身服务目标与价值实现的有效路径。下文将根据四市区的专业社工机构与企业的互动现状，阐述市场环境与专业社工机构在供需关系维度上的互构性。

（一）供需链接：商家的市场推广与机构的信息搭建

随着社区建设运动的兴起，各类社区要素高速流动、分化，居民需要多层次与多样性的趋势愈加明显。社区内居民不再像以往那样被动地接受政府安排的服务需要，而日益主动根据自身意愿消费。市场的供求机制吸引企业对社区居民这一消费群体的关注。然而，企业要想在社区的市场竞争中获得和保持发展优势，仅凭借自身力量进入社区，难以有效打通与社区居民的联系。而同社区内各类居民自治性组织或团体建立亲密的联系和友好的合作关系，成为企业获取社区消费资源的主要战略手段和运作方式。在这种伙伴关系的建立和加深过程中，专业社工机构凭借自身链接资源的枢纽作用，自然成为企业合作的首选。

1. 市场推广需要专业社工机构的信息平台

四市区的专业社工机构在社区治理中，积极帮助企业搭建服务供需信息平台。社区作为企业想要攻克的消费群体，逐渐成为许多企业渴望征服的领域。然而，由于社区的封闭性特征，使其无法像商业街区那样开放，商家的轻松进驻并非易事。社区作为城市的重要组成单位和居民生活的主要场所，是各类社会矛盾和利益关系的交会处。特别是形成于城市化建设早期的开放式社区，人员流动性强、构成复杂等因素导致社区治安环境隐患频出，使得物业管理难度大且服务无法有效开展，居民的生活和服务功能缺失。因此，开放式社区容易招致多部门的责任交叉和推诿，且单一部门管理和服务的效率不足等问题，社区管理方式开始向封闭式管理进行转变。封闭式社区使得居民对于外来人员或外来物，总会抱有一种质疑或怀疑的态度。因此，企业需要一个中介将其顺利带入社区中。而专业社工机构的链接资源优势可以成为企业进驻社区的有效途径之一。从四市区的现状来看，企业的社区服务推广，主要涉及的群体有老年、青少年以及中青年人群，其业务范围包括居家服务、养老服务、青少年服务、健康医疗服务以及一些金融服务等。而专业社工机构起到媒介、中转的作用，帮助商家与社区居民搭建服务互通的有效对接。以 J 区和 T 区机构的居家服务为例：

家庭服务这一块，我们都可以帮他们转介。我们把企业的服务和社区居民的需要转介做成了机构的品牌。比如说谁家门锁坏了，被锁在外面，他需要人帮他换，就打了电话联系上我。我会马上联系修锁的商家。这个修锁的成本费商家是要收取的，我们也会提前跟居民沟通好，但价格肯定是比自己联系便宜。我们的宗旨就是想把这种实惠带给老百姓，属于一种便民性质。所以它会收取一定的成本费，但绝不会高于市场价。现在一般只要社区居民家里有什么小问题，比如灯坏了、电不通或是找家政阿姨，都会先给我们打电话，让我们帮忙联系。我们就相当于一个信息平台和中心。因为他们知道我们的信息多，并且价格也实惠，相信我们。（JJG - YJ1）

社区活动里面，我们会跟市场有一些合作，虽然我们机构内部也有护理员，但是还有一些服务是要通过供应商来提供的，我们作为平台来链接这些服务。这些供应商有理发的、修脚的、按摩的、修空调的。（TJG - DY1）

2. 市场推广提升专业社工机构平台的运作效率

专业社工机构营销是为了扩大社会利益，高效地满足服务对象的需要。然而，很多非营利组织会遭遇“志愿失灵”的困扰，即组织通过公益活动所分配的援助资源并没有满足服务对象的真正需要。非营利组织的供给和服务对象的需要之间存在对接不畅的现象。专业社工机构要实现需要和服务对象的真正对接，告别公益的家长式作风的被动接受，让服务对象可以自主选择所需服务。由此，专业社工机构既可以体现对服务对象的尊重，也能够充分发挥其枢纽作用和价值，实现提升市场服务与社区需要的吻合。市场可以有助于专业社工机构体察社区服务的供需关系。市场的供需机制，可以实现对专业社工机构对居民服务需要的准确把握，提高服务资源的利用效率，从而也进一步奠定了专业社工机构在社区里的地位和作用。

现在居民服务需求量很大，我们已经不能只坐在家里等着商家找上门。我们会主动去了解与联系社区内和周边的商圈，了解各个企业或商家

能够提供的服务人群和类型，以便能与居民的服务需要进行有效链接。这也是市场在推着我们往前走。(JJG – YJ1)

(二) 形象塑造：企业社会责任的利润价值与机构声誉价值

企业社会责任与社会服务是一种互惠互利的关系。社会责任是衡量和提升企业价值的一个重要渠道。企业在关注所创造的经济效益的同时，开始关注企业的社会效益。已有的相关研究也表明，企业履行社会责任能够有效提升企业的声誉（沈洪涛 等，2011），为企业获得更多正面的社会评价（Fombrun，2005）。企业声誉的提升能够吸引消费者的关注，增强其在产品市场的竞争力，提升企业价值。Pava 和 Krausz（1996）、Orlizky 等（2003）的研究都表明企业的社会责任与其财务绩效间存在正相关关系，履行社会责任已经逐渐成为企业获取更多财务资源的主要渠道之一。因此，有社会责任感的企业能够通过树立良好的企业形象来提升公司盈利水平，这已经成为企业获取利润的一个重要的差异化竞争策略。在当前竞争白热化的市场形势下，企业仅通过提高产品质量来获得市场竞争力的战略已明显力度不足。企业还要通过实施品牌战略，积极树立良好的企业形象和声誉，从而增强其长期的获利能力（雷茜，2012）。

根据利益相关者理论（Stakeholder Theory），一个企业的利益相关者可以包括政府、股东、供应商、债权人、雇员、竞争者、消费者、社区、社会组织、媒体等。无论是西方国家还是中国，社区都是企业主要的利益相关者之一。企业想获得社区居民这一消费群体，可以通过履行社会责任作为一种宣传工具进行社区参与，打通连接这一群体的渠道。可见，企业社区参与不仅是企业利益追求的必要选择，还是企业履行社会责任一种非常重要的表现方式（史云桐，2017）。专业社工机构是社区民间组织，基于其固有的社会公益性，企业认为与社工机构这样的民间组织进行联盟与合作，可以助力企业树立良好的品牌形象。在市场化运作模式下，专业社工机构与企业的联盟主要是建立在商业化互惠合作项目基础上，机构可以借助企业的资金、人力等资源赞助实现其公益目标，而企业则通过参与支持公益项目，塑造企业形象、宣传和推广产品以及提升潜在的消费群规模。在现实情境中，很多企业并没有考虑到社会责任带来的有益方面，或是担心社会责任的负担会导致企业无法有效进行盈余管理，从而造成企业的亏损。此时，专业社工机构就要发挥其倡导功能，帮助社区获得市场资源，同时实现了自身的倡导价值。这对于企业和专业社工机构都是有利的。

1. 企业树立良好形象需要专业社工机构的助力

专业社工机构助力企业获取竞争优势的过程实际上是机构通过与企业合作联盟的方式，带动企业或商家积极参与到社区公益事业中，共同为社区居民服务。这样企业既将社会责任感落到了实处，又可以通过树立的良好企业形象在社区中积累各类社会资源，形成一定的消费网络。同时随着企业与社工机构这样的民间组织合作关系的深化，企业进一步明确的品牌形象效应和社会责任感可以成为企业提升市场竞争力的有力武器。从四市区 16 家专业社工机构的调研情况来看，不少企业已经通过各种方式积极与专业社工机构进行合作。尽管二者合作的形式和方式仍不成熟，但是企业和专业社工机构在社区治理中合作的双赢成效已经开始显现。

> 原来企业是没有这种意识的，只有那种全国性的大型企业，才会有企业文化。整个 B 区这一块，这种意识特别差，但这两年随着我们天天跟他们去做工作，他们自己也发现：与其天天花这么多钱去宣传，还不如跟社区合作更容易，相当于做了公益，也是自己企业文化的一个亮点，是一个更好的广告，这样双方互利。（BJG – AL3）
>
> 社区前面的商业街有很多教育机构，其中有一家是做国学的。我们机构正好有个传统文化宣传的项目，我们想请这家机构到社区来讲国学。我们跟对方负责人沟通的时候，他非常愿意到社区里面来，因为这样我们机构发展了，他的教育机构也得到宣传了，有需求的居民也受益了。所以我们现在需要通过这种共赢的方式来做社会服务。（GJG – HR2）

从以上的访谈资料可以看出，正是在专业社工机构的倡导下，企业通过与公益机构建立合作关系，开始参与到社区的公益事业中去，自觉承担起社会责任。

同时，专业社工机构还能为企业和其他参与社区公益事业的商家、媒体等搭建沟通和合作的桥梁，帮助企业和社区建立信任关系。企业与专业社工机构的合作，获取的不仅是社会资源优势，更重要的是消费群体这一关系网络。关系网络对经济效益的影响和价值是毋庸置疑的。由此，企业在社区的公共关系网和社会资源网的形成，可以帮助其提升市场竞争力，降低商业运营风险。

2. 专业社工机构形象与声誉的树立

专业社工机构这一非营利组织，如企业需要塑造形象一样，也需要塑造形象。非营利组织树立良好形象可以帮助其提高服务的质量和效率。专业社工机构的形象和声誉主要取决于其为服务对象提供的公共服务。专业社工机构在平衡社区各主体之间利益和关系时，具有很强的居间角色。机构非常重要的功能之一就是帮助弱势群体或是有需要的群体去实现他们的意愿。专业社工机构在企业服务供给和社区居民服务需要之间搭建起沟通的桥梁，有效地实现了供需对接，帮助社区居民满足服务需要。本研究的16家专业社工机构都表示，富有社会责任感的企业与专业社工机构的良性互动能够塑造机构的权威形象，赢得居民对机构的信任，有利于其扎根社区。

> 我们上次通过一个精准化走访，了解到有两户生活比较困难的残疾人——肢体残疾，每次从楼上下来很不方便。他们经常闷在家里，情绪开始变得非常暴躁，家里人因此很着急。我们了解到这个情况以后，想给这两户人家所在的楼梯安装残疾人使用的扶手，好方便他们出行。我们走访后联系了一个爱心商家，他愿意出资安装爱心扶手。扶手安装好以后，他们可以经常下楼到社区参加活动，他们和家属都特别开心。他们经常出去走走，多跟社区的居民接触以后，心情也变得开朗很多。这个资源是我们机构这边联系的。说实话，这件事也帮我们一下子拉近了跟居民的关系，机构的口碑一下就树立起来了。（TJG－QL2）

（三）社区嵌入：企业与机构的合作共赢

专业社工机构与企业的社区嵌入是指二者通过合作共同参与到社区建设和发展中，实现社区的专业服务供给和自身所需资源获取的过程。机构和企业作为社区治理的重要主体，积极主动地参与社区治理既是他们应尽的社会责任，也是他们自身发展的必然选择。企业不仅是商业组织，还是社区公民。企业有参与社区治理的义务和责任，同时对社区的贡献也成为其市场竞争策略中的一部分。企业与专业社工机构的合作并非是单纯捐赠，而是市场策略（雷茜，

2012）。可见，企业与专业社工机构的合作使得双方都可以实现自身价值。企业可以通过专业社工机构的助力，既获得企业形象的塑造，又能实现社区市场与关系网络的获得，最终满足自身的利润取向。而专业社工机构也可以发挥自身链接资源的能力，通过信息平台的搭建，帮助社区居民得到相应的服务，发挥自身枢纽作用，实现社区治理的创新。二者有机结合的社区嵌入，能够更好地满足社区公共性的服务需要，达到双方互利共赢的目的。

嵌入性（Embeddedness）是由波兰尼（Karl Polanyi）首次提出，并用于探讨经济活动如何嵌入到社会关系网络之中。波兰尼（1944）指出，人类所有的经济活动同所处的制度环境和社会关系紧密联系在一起，经济活动能够通过不同的模式嵌入特定的社会关系和结构中。Granovetter（1985）将嵌入性的概念更加具象化，认为经济活动过程实质是人际关系的互动，并强调人际互动产生的信任关系是组织从事交易活动的基础，也是决定交易成败的关键因素。社会学视角对嵌入性理论的研究，主要关注制度环境、社会关系与组织经济行为的关系，注重研究对象之间的关系特点或网络结构，强调社会资源的占有程度（何立军、杨永娇，2018）。专业社工机构和企业嵌入社区实质就是要实现与社区居民的良性互动，获得居民的信任和认同，获得社区关系网络的资源，以实现自身的发展和社区服务的治理目标。可见，市场与专业社工机构的合作关系可以帮助双方更加嵌入到社区情境中以寻求共同发展。

企业的社区嵌入需要专业社工机构的倡导和支持。利益最大化是企业与生俱有的天性，这使得他们往往忽视应当履行的社会责任，甚至还存在社会责任会影响企业经济效益的思想误区。另外，从制度环境的规范和要求来看，政府缺乏促进和支持企业履行社会责任的政策鼓励，并且关于企业社会责任方面的相关法律法规建设也不够完善和健全。然而作为社区治理的主体之一，具有强烈社会责任感的企业或商家，应运用自己拥有的人力、资金、产品等资源为社区提供帮助或服务，利用自身的产品优势与技术优势主动地参与到社区治理中，积极地与其他社区治理主体进行合作，合力打造健康、有序、和谐的社区。这不仅是社区对企业这样的市场组织的需要，也是市场组织应对社区履行的责任。因此，如何增加和提高企业的社会责任感，鼓励更多市场组织开展企业社会责任的活动就显得十分重要。为实现这一目标，专业社工机构这类的社会组织与企业的合作就显得极为必要和迫切。B 区成立的社区共治理事会是企业与专业社工机构合作共同嵌入社区治理的平台，是二者合作治理模式的成功探索。企业自身具备一定的资源基础和信息渠道，专业社工机构又能够为企业传递经验和补充资源。在二者良性互动的基础上，双方可以共同创造出不仅服务于机构和企业自身的资源，还能够设计出福利性强、创新性高的项目服务于社区居民。

> 社区共治理事会的成员是BHSJ社区辖区的单位，只要参与理事会的单位都视作会员。其实理事会刚开始成立的时候，做得并不是很完善，但是这两年社工机构进入后，把我们整个BHSJ辖区的共治单位这块盘活了。这个共治理事会相当于社区居民或社区社会组织的项目与企业资源对接的平台。企业可以通过提供场地、物力和财力等向社区居民或组织的项目进行资源支持。而资源对接现在完全是共治理事会在做。共治理事会的会员是AL机构的社工和社区工作人员到企业洽谈的，倡导他们成为会员。很多企业对入会很感兴趣，比如我们现在理事会里特别活跃的几家银行，经常会利用这个平台向居民的活动提供各种物资，获取社区市场。因为他们银行现在竞争压力也很大，需要开拓市场。AL机构的倡导为社区和居民赢得了更多资源和服务，我们和居民也很认可AL机构。这也是对他们服务的肯定。（BSQ2）

通过上述分析可以发现，市场和专业社工机构的合作能够让双方共同实现深度社区嵌入，带来了强大的社区建构力量，能够为社区成员提供社会参与的机会，促进社区成员的互动，激发和培育社区成员的公共责任意识，增强社区凝聚力和归属感。这使得社区、市场和专业社工机构形成了一个互助互惠的运作机制，不仅提升了市场中企业或商家的运作效益，而且增强了专业社工机构的资源储备，进一步加强了二者的社区嵌入性。专业社工机构可以从两个方面带动企业或商家建构社区公共性：从价值维度来看，企业作为营利组织，通过传播公益精神并使之成为人们日常生活的一部分，让更多居民主动去了解和认识企业，同时也培养居民公共责任感和公共意识，培育社区公益文化。从实体维度来看，企业通过资助等形式与社区公益组织合作，推动公益活动的开展，为居民基于对社区的认同感而自觉自愿地参与维护社区共同利益的社区公共活动提供平台。

二、资源交换：市场的逐利性与机构可持续性发展的吻合

组织对资源的依赖形态决定了组织采取何种方式运行，去实现组织目标。资源是组织生存与发展的根本。Saidel（1991）指出，尽管政府是非营利组织资源的主要供给方，但非营利组织的生存与发展并不完全依赖政府，政府对非营利组织也没有享有绝对掌控权。专业社工机构为社区居民提供服务，需要政府支持与协作，但也要避免完全依赖政府资源的极端行为，要擅于利用自身专业优势来获取其他渠道资源。这是一种主动应对组织环境变化以谋求自身生存和发展的必要行为，被专业社工机构称为“造血”。社工机构面对资源匮乏、人力成本、场地约束等带来的多重挑战，要在夹缝中寻求生机，不断地去寻找“造血”的方法与途径。从四市区的实际情况来看，专业社工机构的资源供给渠道单一是限制机构社区服务供给能力提升的最关键因素。因此，为应对资源不足的现状，机构开始转向市场，以谋求自身生存与可持续发展。

然而，市场天生的逐利性使得其对机构的资源支持，实质是满足自身对社区居民消费群体获取的利润价值追求。市场对机构的资源供给实际是资源的交换过程，这种交换使得双方都可以获利发展。BJ 机构社工的话也印证了这一运作逻辑。

> 说实话，现在市场上有谁能够提供资金来让我们去做服务？企业愿意出钱吗？企业都是营利性的。我现在接触企业接触得特别多，他们的爱心是无可厚非的，但是他们也一定要有自己的获得，比如名气、产品宣传等。他们不营利，就肯定会有其他方面的需求。（BJG－BJ2）

可见，企业愿意对专业社工机构进行资源支持，而机构对企业资源供给也有着极大的需求，两者的合作既有利于企业的长远发展，也有助于专业社工机构缓解资源短缺等问题，提升其生存和发展能力。因此，企业和社会组织对于互利共赢的合作愿景追求，已经成为双方合作并推动市场化的强大动力。从四市区调研的情况来看，商家可以为专业社工机构提供资金、人力、场地、市场管理理念等支持，对机构进行能力建设。

（一）物质资金支援

资源获取能力是专业社工机构自身生存与发展和进行社区服务供给的必要基础。企业或商家可以协助专业社工机构进行这种能力建设，这也是市场力量与社会组织合作的主要方式之一。在这一过程中，专业社工机构被市场力量建构和形塑，从而增强了其市场生存和发展能力。企业通过对机构的资源供给和支持，让机构逐渐摆脱对政府资源的单边依赖，获得自主、自由和独立的发展空间。在四市区的社区现实情境中，专业社工机构在从企业获取资金资源方面是相对匮乏的，并且直接投入社工机构的活动资金金额相对较小。

> 我们拉一些银行的赞助，或者一些商家的赞助，他们会给一些物品或现金。但资助一般都是一次性的，跟着一个项目走。长期性的资助目前还没有。（GJG – HR2）
>
> 跟我们合作多一点的是银行。像一些大型活动和中小型活动，他们会支持我们的，比如项目实施之前我们去采购活动需要的物品，银行会直接给我们钱报销。（TJG – DY3）

从调研情况来看，企业大多会以物质资源代替资金对专业社工机构进行支持和援助。

> 我们经常会在社区里做一些公益宣传活动，有时候我们会主动找商家拉赞助，商家有时候也会主动来找我们提供赞助，银行跟我们的合作会比较多。他们会按照我们要求给我们提供一些小礼品，但是他们会要求在活动的时候摆上他们的广告展示台，或是在发放礼品的时候发一些他们的宣传单页。这些物质支持也能够弥补我们机构开展活动资金不足的问题。（TJG – XC2）

（二）人力资源支持

专业社工机构与企业的跨部门合作，还可以为机构带来人力资源方面的支持。专业技术人才是企业生存和发展的必备资源。企业可以利用这一专业优势为社工机构提供技术和专业支撑，这已经成为专业社工机构进行社区服务的主要资源来源。以社区居民的自治性文娱组织或团体为例，专业社工机构通过邀请企业的专业老师们充当这类组织或团体的专业顾问或辅导老师，提高文艺组织成员在唱歌、舞蹈、曲艺等诸多方面的专业技能。以社区的健康志愿活动为例，社工机构可以邀请专业医疗机构的医务人员到社区进行问诊等活动，为居民提供医疗志愿服务，成为机构专业人力资源的有力补充。

我们每个月做一些公益活动，比如这个月是免费理发，下个月是免费义诊。我们的理发师还有一些专业的医生护士都是免费义务给我们提供服务的。他们虽然会在服务的时候跟居民聊天介绍自己的企业，但是我们之前跟他们都沟通过，活动是公益活动，商业宣传也都在居民能接受的范围内。（JJG－LJ2）

（三）场地资源支持

社区辖区的企业除了能够给专业社工机构提供资金、物品、人力资源的支持，场地支持也是企业最典型的资源支持手段。场地资源的支持解决了专业社工机构在举办居民活动时场地局限的问题，有利于机构社区活动的开展。AL机构的社工在谈到商家的场地支持对社区活动的重要性时说：

社区驻地企业也不一定就是提供钱来支持项目。我们有些服务需要大型的场地，社区又没有场地提供，每次找合适的场地最让我们犯愁。在我们社区辖区有个世纪金源大酒店，是我们的爱心企业。我们上次有个活动就直接跟酒店要场地，在酒店帮助下我们成功地办了一个结业典礼。那种大酒店一场活动的费用是很高的，但他直接给我们免费使用。（BJG－AL2）

又如，G区的RC社区也谈到企业或商家对专业社工机构开展社区活动的场地支持。

我们社区经常会得到银行的支持，比如浙商银行，总部马上设立到我们辖区，一栋楼都被他们买下来了。他们行长就对社区居民活动特别感兴趣，经常来我们这边跟我们沟通。他说你们开展活动需要场地的话，可以去他们那边，他们场地很多，也方便。无论中小型还是大型的活动，他们都可以支持。（GJG－HR2）

(四) 营销理念和方法的注入

营销理念和方法是企业或商家获取利润的重要手段。商家将自己的一些成熟的管理经验和理念传递给专业社工机构，帮助其更好地进行组织管理和完成组织使命。专业社工机构在日常的运营中，需要面对构成复杂且有显著差异的服务对象，而这种情况通常会使机构的管理者和一线社工难以应对。市场营销理念对服务对象的差异化营销策略，可以对目标群体进行细分，制订出差异化的服务方案，进而满足不同目标群体的需要，与服务对象之间形成一种良好的关系。这一营销理论，专业社工机构可以灵活运用到实际日常管理和服务工作中，如开展对市场需要的调研，建立专门的服务产品设计、推广和销售部门等，这样能够帮助机构建立起系统和高效的组织结构。专业社工机构这类的非营利组织以往并不重视营销策略，导致组织内部出现了不少管理问题，如资源配置的效率低下、组织人员和工作管理的混乱、组织目标和行为的短视等。如果非营利组织擅于学习和使用营销理念，那么以上问题会随着落实相应的改革措施而得到很大程度上的解决，其具体改革措施包括合理和有效的资源整合、清晰的组织职能定位、明晰部门和人员的权责分配等。如G区的HR机构就利用企业的营销战略，通过与当地媒体资源合作，帮助机构做宣传，以扩大自身的影响力。

> 我们做这么多年，现在跟N市的各家媒体，包括新华日报、N日报、现代快报、江苏电视台等都有联系。我们一般搞个活动，都会先跟媒体联络。如果觉得可以的话，他们会帮我们进行宣传。这对扩大我们项目活动和机构的影响力非常有帮助。(GJG－HR1)

XJ机构主要是针对老年人的送餐服务，运用了市场价格机制和激励机制，形成了特色的市场运作模式。XJ社会工作服务中心在社区居民送餐服务的市场运作上，首先，做好前期市场调研，在价格上贴合社区居民实际消费能力，并以较低的价格迅速获取市场。其次，机构充分利用机构内部员工的价值，通过激励机制激发员工特长，减少市场化运营的成本，使其成为该机构自我造血的重要资源。

> 你看三菜一汤，一个大荤、一个小荤、一个蔬菜、一个汤，七块钱很便宜，可我做到2000份的时候就会有盈利，但是这种运作模式人家也不

愿意去做。人家会讲：助餐服务怎么能有盈利？你想做2000份的量，光请两个厨师就要一万二三千元一个月，还要有人买菜、配菜。你肯定要问我怎么能挣钱，我告诉你，内部的工作人员要充分利用他们的价值。但是员工愿意跟着你去做更大的事情，你是需要一些激励机制去激励他的。现在已经不是只谈情怀的时代了。情怀固然重要，但是你要通过激励机制让他发现他的价值实现是与机构发展捆绑在一起的，这个时候就能充分发掘员工的潜质，比另请人员节约成本。所以我们现在助餐服务都是员工自己充当厨师、配菜员、送餐员，按照每份一定的提成给这些员工补贴。(GJG - XJ1)

三、产品互适：市场专业诉求与机构专业供给的契合

随着专业社工机构的专业化服务发展的不断推进，与市场紧密化关系的形成，市场与机构在服务产品上能够形成有效对接。社区市场需要专业服务的供给，而专业社工机构可以提供专业化服务，同时，为了区分社区市场的服务差异，机构可以通过收取一定的费用来实行这种差异化服务。本研究中专业社工机构的产品供给，主要是指能够从服务对象那里收取费用的服务产品，且服务产品具有持续化、专业化、市场效率化的特征。专业社工机构的产品供给重在机构的专业服务与社区市场对机构专业服务的需要契合。从当前四市区16家社工机构的调研情况来看，服务对象为老年人、青少年群体，更偏重特殊人群的服务型机构市场化倾向比较明显，其市场需要和产品供给量相对较大。以上一节提及的G区XJ社会工作服务中心为例，该机构是本研究中典型的市场内生型的专业社工机构。该机构成立于2012年，主要是针对社区自理老人、失能老人、半失能老人的精准服务。XJ机构针对老年的送餐服务，形成了规模化的市场运作。其市场收费服务总额达到机构总资源金额的20%，在政府购买几乎垄断社工机构资金来源的情况下，该机构的市场化收入比例已经相当高了。该机构紧跟社区老年人对配餐送餐的市场需要，并积极回应市场需要，形成了针对需要的个性化、特色化服务产品。

落地的服务非常重要，高大上的都没有用，知道吗？我做养老这么多

年，一直牢记两点。一是落地的服务，满足这个小区居民。他需要什么，你就给他什么样的服务。我这个小区的人很贫穷，你就把饭菜这个最基本的做好就行了。有的小区的人条件好，你就可以考虑一些像增加营养这样的增值服务。二是紧跟政府的政策，现在政策就鼓励做养老服务，你就可以从养老服务上想办法。（GJG－XJ1）

通过上述分析可以发现，专业社工机构与社区市场环境的服务供需关系是机构嵌入社区治理的市场化运作的前提。社区市场环境的服务产品需要是社工机构能够实现市场化运作的外部动力。在此基础上，专业社工机构通过内部的专业服务供给，巧妙地将社会服务与市场化运作相结合，形成持续性且专业化的服务产品。可见，机构与市场环境的关系越来越密切，机构不可避免地卷入市场环境之中，而市场环境也日益展露出对专业社工机构服务的需要。

四、“公益＋市场”的低偿式服务供给

市场环境带来的市场化筹资和运作方式给专业社工机构服务内容和方式带来一系列的转变。专业社工机构的市场化筹资方式是专业社工机构在追求商业化的融资过程中，以营利组织的筹资方式或与企业合作的方式，实现服务产品的运转。它明显区别于非营利组织的传统筹资和项目运作方式，改变了非营利组织以往只被动接受外来资源赠予的受赠者角色，而是努力将企业效率和非营利精神相结合，通过采取自营创收的方式，实现社会公益目标。专业社工机构的市场化运作方式主要采取服务收费制，通过市场化的手段谋求自身生存和发展，追求组织效率，以避免成为没有效率的非营利组织而被市场淘汰。迫于资金不足导致的“志愿失灵”，公益服务有偿收费已成为许多非营利组织在社会服务领域市场化运作的手段和收入来源。从四市区的情况来看，市场化运作主要还是以老年人、青少年等为主要服务对象，同时家政和社区服务也开始逐渐占领市场。本书主要选取活跃在社区内的老年服务、青少年服务、社区便民服务等领域的三家专业社工机构为案例分析，这三家分别为“夕阳美”——YT智能化养老服务中心的老年服务市场化项目；“亲子中心”——QP青少年社会事务服务中心的青少年辅导市场化项目；“社区食堂”——LJ便民服务中心

的社区居民餐饮供给的市场化运作。本部分以供需关系、市场资源与产品互适的维度为分析框架，讨论当前专业社工机构在不同服务类型供给中社区市场化服务的现状和特征。

（一）专业社工机构的发展概况

本研究共有四家市场内生型专业社工机构，由于 XJ 老年人服务中心在前文已经论述，且与 YT 智能化养老服务中心的服务对象均为老年人群。因此，本书将选取另外三家不同机构服务（机构的概况见表 5.1）的类型进行比较分析。由于政府购买型和公益基金会支持型的专业社工机构的市场化运作相对而言，尚未形成一套模式化、持续化和稳定化的市场运作方式，因此，本章节将主要对市场内生型社工机构进行讨论，以保证对专业社工机构市场化运作共同特点和不同特征的把握。

表 5.1　专业社工机构的成立与业务范围概况

名称	机构概况
YT 智能化养老服务中心	YT 智能化养老服务中心是 W 市民政局批准成立的社会工作服务机构，是 5A 级社会组织。该机构于 2013 年成立，主要致力于打造以智慧养老、社区养老、居家养老、养老评估、养老机构信息管理为主体的养老服务体系建设，努力形成全方位服务、全过程监督、全天候守护、全体系建设的养老服务新模式
QP 青少年社会事务服务中心	QP 青少年社会事务服务中心，成立于 2016 年 5 月，是在 B 区区委区政府领导下、由共青团 B 区区委员会和 B 区区民政局共同发起并建立，旨在加强全区青少年社会事务工作专业人才队伍建设，统筹全区青少年社会组织孵化培育工作，引导其健康有序发展，是专门服务青少年健康成长发展、权益维护、预防犯罪等领域的青少年社会组织。QP 介入社区治理主要是向社区内青少年提供发展性服务，如宣传教育、亲子沟通、青少年成长性活动等各类与青少年相关的专业社会工作服务。资金主要来自政府，多是购买服务、资源支持和项目补贴。该机构与上级政府、社区以及社区居民的互动方式为：政府购买服务项目—机构向社区输送活动、提供服务—社区为机构提供场地、活动场所、人员名单—社区青少年参与活动。目前已承接的项目包括青少年普法小课堂、青少年自护小课堂、“融爱融乐”等青少年社区融合项目等
LJ 便民服务中心	LJ 便民服务中心是 J 区采用“互联网 + 便民服务”的模式，通过整合各类社会资源，在便民生活、文化教育、居家养老、家庭发展、社会事务延伸等方面，为辖区困难群众提供“惠民兜底服务”，为中等收入群众提供“评价优质服务”，为高收入群众提供“高档定制服务”。该中心通过政府购买服务形式，激发社会活力，并进一步改进公共服务供给方式，加强和创新社会治理，完善社会主义市场经济体制，探索民办非企业单位参与公益活动、社区服务和社会治理相结合的“零距离模式”

（二）专业社工机构的市场化运作

1. 供需关系：专业社工机构市场运作的动机

市场的供需调节，要求社会组织进行信息捕捉，能够及时、全面地获取主体活动的内容情报（张冉，2018）。市场运作要求专业社工机构能够敏锐及时地对社区居民的服务信息进行捕捉。近年来，我国社会组织的管理体制进行了重大调整，使得组织的外部生存环境发生极大转变，如服务对象、竞争对手等市场供需信息的不确定因素加大。因此，社会组织需要具有对外部变化做出合理判断的认知敏感性。绩效优良的组织应当积极培养收集市场供需信息的能力，从而充分掌握外部环境的变化（Day，1994）。从本研究的调研机构发现，市场内生型的专业社工机构在市场化项目开展的前端和后端，均注重市场供需信息的把握，以便为组织决策提供有效依据（见表 5.2）。例如，YT 机构通过对社区的老年人口数据分析，发现社区老年人口的占比较大，且社区居民对老年服务，尤其是孤寡、行动不便的老人的服务需求量巨大，由此获得了老年服务需要的数据信息；QP 机构则建立在其在社区提供的青少年小课堂服务的基础上，由于之前是免费的，服务能力和服务内容有限，许多家长迫切希望能够通过付费的形式拓宽服务领域和范围；LJ 机构的社区食堂，源于给社区老年人提供低价餐饮便利。后来，随着社区食堂口碑的树立，社区许多双职工家庭由于工作太忙碌没有时间做饭，强烈要求扩大社区食堂的服务对象和供给范围。从以上分析可以发现，社区居民的服务需要提供了专业社工机构服务供给的市场。在对三家专业社工机构的一线社工访谈中，可以发现机构具有对市场化项目运作前期市场信息的捕捉能力。

表 5.2　专业社工机构市场运作供需关系维度的访谈资料举例

机构	访谈资料
JJG－YT1	我们社区是个老旧小区，老年人特别多，发生过老人晕倒在家里一天后才被发现的事情。社区特别重视，老人的孩子也找到我们想问问有没有相应的服务，收费都是可以的。我们也发现了这个市场，也想过怎么样将市场与老人的问题相结合
BJG－QP1	我们放学小课堂已经运作一年多了，之前都是免费的，时间是从 4 点半到 6 点。我们会辅导一些简单的课程作业。很多家长说我们小课堂辅导作业效果特别好，希望能延长辅导时间，因为有的家长下班时间晚。我们就在思索一些收费项目，因为辅导难度加大，我们需要聘请专业点的老师，而且社工也要下班，延长时间就要给他们费用

续表

机构	访谈资料
JJG－LJ1	社区食堂是社区要请我们来做的，本来就是想针对社区里行动不便的老人，解决他们的吃饭问题。我们注重菜的质量和口味，而且价格非常便宜。特别现在很多年轻的居民不愿意做饭，需求量越来越大。社区就给我们一个场地，我们就把这个社区食堂做起来了

2. 市场资源：专业社工机构市场运作的基础

市场资源现在已经成为专业社工机构解决社区问题的主要选择手段。从本研究调研的16家专业社工机构的运作情况来看，主要依靠市场的资金资源运作的专业社工机构相对有限，市场大多是通过物质、人力、营销理念等机构进行支持。案例表明，市场资源的所占比重尽管仍位于较低水平（较制度环境资源比重而言），但也已经成为机构项目运作的主要资源基础之一（资料举例见表5.3）。例如，YT机构在老年服务当中，会遇到很多护理的专业性知识，他们会跟当地附近的医院进行合作，医院会每周派一个医生或护士进行专业指导，同时他们还与做老年服务的专业公司合作；QP机构在开展业务时，发现聘请专业老师进行孩子课业辅导的重要性；LJ机构社区食堂，通过营销理念的改变，根据居民需要，设置不同价格套餐供不同需要的社区居民挑选。从以上分析可以发现，市场资源的广泛性和丰富性可以帮助专业社工机构进行有效的市场化运作。

表5.3 专业社工机构市场运作市场资源维度的资料举例

机构	访谈资料
JJG－YT1	老年服务是非常专业化的，很多需要服务的老人都会有这样那样的生理或心理问题。比如老人的护理知识，很多社工是不具备的，那我们就花钱请专业的人士来教，有时候有些爱心商家也会主动过来义务帮忙。还有一些老年人在家遇到危险时家里没有人，怎么办？他们需要专业的呼叫仪器，我们就去找专业公司谈。这个费用就高了，但是我们发现也是有需求量的，并且还不小，主要是在一些高档住宅小区，子女愿意给老人花这个钱
BJG－QP1	家长都非常重视孩子的学习，但很多家长没时间或是不知道怎么教孩子，我们就会去找学校的老师或是做教育的企业，去跟他们合作。他们会相对收费便宜点，但是同时这也是在给他们企业打广告
JJG－LJ1	我们之前只有简单的一份套餐，5元钱三菜一汤。但是随着居民越来越多，我们发现很多年轻人口味跟老人不一样，就开始设置不一样的套餐，现在有7元、9元、12元几个价位，菜也根据不同价位，荤菜素菜比例都不一样

3. 产品互适：专业社工机构市场化运作的根本

专业社工机构的服务产品是否能够满足市场化的需要，这就要求社工机构能够及时、精准地响应市场的需要，提供契合其需要的产品和服务（资料举例见表5.3）。基于供需信息的掌握和市场资源的供给，能够形成市场需要的服务产品就成为机构市场化运作的关键环节。专业社工机构的产品供给主要是以收费的形式，向服务对象供给，由服务对象按照收费标准进行购买。从三家机构的服务对象回馈来看，都普遍接受并且能够认同机构收费服务的项目。例如，YT机构、QP机构和LJ机构都会依据服务内容设置类别不一的产品项目，主要分为免费服务项目和收费服务项目。免费服务一般是指服务对象在生活中不可或缺的基础性服务；收费服务主要是指一些需要其他人力或物力投入的增值性服务。但值得注意的是，社工机构的收费服务项目不能脱离公益本质，因此服务价格会明显低于市场价格（见表5.4）。针对不同的服务对象，社工机构所提供服务的类型也不同，如机构服务收费的价格会建立在双方认可的前提下，根据不同的服务对象进行适时调整，付费形式一般为服务对象自费和他人付费（政府买单和企业买单）。这种收费模式一方面可以为机构带来客观的经济效益，另一方面能够帮助政府和企业实现市场服务资源的优化配置。比如YT机构的老年人服务项目，针对有特殊困难的老人（如低保户、五保户等），他们的服务一般都由政府买单；针对特殊困难老人以外的人群，是按照免费服务和收费服务的标准和内容进行产品供给服务。

表5.4　专业社工机构市场运作产品互适维度的资料举例

机构	免费服务	收费服务
YT	定期上门巡诊、组织活动、个人建档、各类咨询、应急救助、维修呼叫、按需提醒、电话门诊	家政保洁、送餐服务、代购物品、代办事务、全程陪诊、老人理发、老人洗浴以及老人所需的其他服务
QP	4点半课堂（从4点半到6点免费）、小学一二年级课业辅导、小零食	从6点以后辅导按小时收取、三年级以上课业辅导、其他特长辅导（美术、英语等）
NJ	米饭加量、素菜加量、每日例汤、打包服务	不同价位收取不同套餐费用

（三）“公益+市场”的低偿服务：不同机构市场化运作的比较分析

从上述三家市场化运作的专业社工机构的实际市场运行情况来看，“公益+市场”相结合的形式，是专业社工机构与市场环境互动的主要运作方式。市场环境通过资源支持和供需调节帮助专业社工机构开展社区服务，不断提升机构在社区治理中的地位和作用，并最终形成市场需要与服务产品的契合，是发挥市场、社区和专业社工机构三者主体性作用的关键。由此可见，处理好市场与专业社工机构在供需关系、资源供给和产品互适三个向度上的长效互动，是机构参与社区治理中的重要内容和基础环节。

从上述三家的情况来看，市场化运作有着如下共同点：一是专业社工机构的完全市场化还无法实现，机构普遍采取公益与市场结合的方式，进行服务供给，更能为居民接受；二是专业社工机构市场化项目的服务收费标准很低，属于低偿式服务，一般价格普遍低于市场价，仅收取成本价或是略微高于成本价的费用；三是专业社工机构的市场收入占其总收入来源的比重较小，依据三家机构负责人的大致估算，如 YT 智能化养老服务中心的市场收入占比总收入的 20%～25%，QP 青少年社会事务服务中心占总收入的 10% 左右，NJ 便民服务中心占总收入的 20% 左右。虽然当前市场化收入相较于政府购买项目收入的比例仍较低，但市场化运作已经成为专业社工机构扩展自身资源、拓宽获取渠道的重要来源之一。本研究通过调查还发现，政府购买型和公益基金会支持型的社工机构也有少量市场化收入，但其比例仅占总收入的 1%～5%，市场化动力与市场内生型机构相比，明显不足，基本收入来源是依靠企业的项目或活动赞助。

总体来看，专业社工机构采取“公益+市场”的运作方式，通过销售服务产品收取费用，是一种多赢的模式。首先，收费服务能够为机构的良性运转创造经济效益，是非营利组织获取市场环境资源的主要手段和方式之一。其次，收费服务能够赋予服务对象选择或不选择公益服务的权利，维持服务对象的自尊心。再次，它能建立服务对象对公益服务的理性化消费，避免或减少公众在享受公益服务过程中对公共资源的过度浪费，有效提升了公共资源的配置效率。最后，收费服务在为服务对象提供多样化和个性化服务的同时，对机构自身专业性的服务内容和质量也有着更高的标准和要求。相较于免费服务，服务对象对收费服务有着更高的期许，这也有利于进一步促使专业社工机构不断提高自身的服务质量和水平。

第二节 动力匮乏：供需、产品与资源维度下的市场环境迷局

市场环境作为专业社工机构缓解资源压力、拓展服务领域和范围的有力途径，已经不可避免地来到非营利性质组织经营的领域。然而，从四市区的16家调研机构情况来看，专业社工机构的市场化仍面临诸多方面的困境。专业社工机构自身在回应市场需要和创新市场运营模式方面的动力匮乏，与社会公众持有的“公益即无偿”的理念等原因密切相关。本研究依循市场环境的供需关系、产品互适与市场资源的视角，逐步分析专业社工机构市场环境迷局的表现形式以及内在原因。本部分主要依据上述三个视角讨论和分析后发现，市场环境与机构互动的动力匮乏主要表现在市场与机构供需关系的互限性、市场产品需要与机构产品供给的疏离，以及市场资源投入带来机构性质的质疑。在此基础上，本部分主要讨论了市场环境与机构互动动力匮乏的困境原因，并对二者互动困境带来的机构社区治理功能的弱化问题进行阐释。

一、“底层市场”：市场与机构供需关系的互限性

“底层市场”带来市场环境与专业社工机构的供需关系受限，是机构市场环境动力匮乏的重要原因之一。“底层市场”是指市场的主体主要由金字塔底层（the Base/Bottom of the Pyramid，以下简称“BOP”）低收入群体构成。BOP市场属于长期被忽视的边缘市场，其消费者购买力严重受制于收入，在制度环境、资源条件和基础设施等方面都不同于金字塔中高端（the Top of the Pyramid，以下简称“TOP”）市场（邢小强 等，2015）。由于环境、资源等条件的限制，BOP市场的基础设施存在不同程度的缺位和缺失，导致BOP市场的群体无法充分地获得医疗、卫生、教育、培训等方面的社会服务。因此，

BOP 市场很难轻易或无法通过正常市场交易的方式，获取企业进行商业运营所需的很多必要资源，如购买人群、分销渠道等。即便可以获取，这些资源在低收入群体市场这种特殊环境下发挥作用的方式与成效也很难进行事前评估和预算（Mair et al.，2013）。这种资源价值判断的模糊性主要源于底层市场所依赖制度环境的非正式性，即缺乏正式的政策和法律等制度安排、没有明晰的产权界定和有效的执行等（Mair & Marti，2009）。同时，BOP 市场的消费人群强烈依赖本地的风俗、习惯、社会规范等文化因素的非正式制度进行生产和交易。可见，这部分人群在消费理念、需求和行为等方面与主流市场的消费人群有很大区别。Subrahmanyan 与 Tomas（2008）依据马斯洛的需求层次理论把低收入群体的消费类别归纳为食品、能源、交通、金融服务与教育技能五个类别。在对每一类别的消费需求状况与消费趋势进行分析后发现，低收入群体对食品的需求量最突出，但比重呈下降的趋势；对通信、教育与医疗等方面的需求不断增加。这些低收入群体日益增长的需求并未得到有效满足，尤其是具有针对性的创新产品与服务缺乏严重。低收入群体由于收入水平低且收入的稳定性差，大多对于价格敏感度表现得更为明显。因而，他们更愿意在能够接受的价格范围内，为能够真正提升他们生活品质的、高质量的、创新性强的产品买单（Viswanathan et al.，2008）。可见，低收入群体的消费者面对新产品时会及时地进行自我能力评估，在一定程度上也会影响其接受新产品的态度（Trujillo et al.，2010）。但由于这部分群体的教育程度偏低和信息获取渠道不畅，他们无法有效评估和选择新产品的质量、性能和服务。因此，本地的社会网络是 BOP 市场的消费人群分享消费经验与获取消费信息的主要渠道，对其购买决策具有重要影响（Sridharan & Ivey，2008）。

专业社工机构的主要服务人群是弱势群体，大多属于 BOP 市场的消费人群。一方面，这部分人群可以通过机构这一本地社会网络获取对机构服务产品的认知，逐渐培养对服务产品的消费习惯；另一方面，这部分人群的服务大多是由政府兜底进行购买，自我支付的消费能力不足。因此，这部分人群的消费能力和购买力相对较弱，对专业社工机构的服务需要大多维持在基本需要水平，对高水平服务消费购买能力相对较弱。而专业社工机构的服务对象主体就是底层市场的人群。YT 机构负责人在谈及市场化困境时，特别强调底层市场人群对于机构市场化运作的限制：

> 市场化首先要有市场，我们现在服务对象大多是一些老年人，这些人的服务都是要政府兜底的，他们也习惯了由政府买单。如果让他们自己来买单，他们会很不理解，而且最主要的是他们没有这个购买能力。没有这个购买市场，我们的市场化运作就很难运转起来。(JJG－YT1)
>
> 机构想要完全进入市场进行服务销售和购买是很难的。我们现在的服务购买者还是政府。这不仅是因为居民的购买服务意识不到位，也因为我们的主要服务对象还是弱势群体，他们不愿意也没有能力购买服务。比如，我们机构在社区开的麻将室，一开始免费的时候，很多老人一待一天。一天下来，光茶水、电费我们都吃不消。我们就开始收费，但人就明显比以前少了很多，因为他们不愿意花钱去购买服务。(TJG－RE3)

二、专业匮乏：市场产品需要与机构产品供给的疏离

专业社工机构回应社区和居民需要的专业性供给的能力缺失是导致专业社工机构市场环境动力不足的又一重要原因。专业社工机构对公共需要的回应迟缓，致使其在市场化进程中发育不良。我国专业社工机构是在政府资源的推动和供给背景下应运而生，对政府的强依附性使得机构只关注政府资源的动向，不去关注和应对市场竞争的压力。市场竞争是组织发展模式革新最有效的推动力。而长期脱离市场竞争环境的专业社工机构，缺乏外在和内在的革新动力去创新组织发展模式，致使机构频频出现人才外流、资源供给不稳定等现象。然而，机构的发展缺乏创新和竞争意识会直接导致机构的专业能力不足。如B区社区工作人员对驻地社工机构的评价为：

> AL机构的社工为什么成长得那么慢？每天都忙着招人，就是招不到人，更别说人才。我就在想考虑到社工的成长，不可能永远让一个人做一线社工。要让一线社工知晓他以后的发展前景是怎样的，要有规划。看不到前景，专业的社工就不会到你的机构去。(BSQ2)

同时，我国专业社工机构的发展长期存在专业性欠缺的问题，使得机构社区治理的范围和服务对象非常有限。由于我国传统社会工作具有行政性和非专业化的特点，因此，我国社会工作在回应和解决社会问题、增进社会福利等方

面，尚处于明显的边缘和辅助地位。社会工作介入和参与的服务范围主要局限于个人、家庭生活的心理咨询类问题，对于社会生活中如失业、社会秩序和贫困等普遍关注的社会问题介入明显不足。同时，由于政府的行政力量在解决社会主要问题时表现更加迅速、有力，这也一定程度上限制了社会工作的社会力量介入社会问题的力度和影响范围，导致公众对社会工作的认识不足（陆素菊，2005）。以社区老年服务为例，老年服务内容包含很多专业性服务，如护理技巧、餐饮搭配、心理疏导等，大多数机构并未受过类似专业训练，无法满足社区居民的服务需要。G 区民政局基政科科长一针见血地指出当前专业社工机构社区治理中存在的专业性欠缺矛盾：

> 通过这种社会组织服务介入，能给社区治理带来多大改变？其实我觉得只是锦上添花，不可能深刻地改变社区工作的现状，只是说介入社区中，能帮助社区一部分小众的特殊群体暂时解决一部分的需要。这种服务专业不专业，其实我认为都不太专业。不过他们做的个案可能跟别人相比做得好一些，像 HR 做得算不错的。他们的 24 个员工有 21 个都拿到社工职称考试的中级证和初级证了，员工基本上也都是学这一行出身的，但是我也不太满意。社区里边开展的这些服务，无非是搞这个活动那个活动。我看目前机构还承担不了专业性的和复杂的服务。（GZ1）

三、资源质疑：市场文化与公益文化之间的冲突

资源供给的来源与流向是政府还是市场，往往招致公众对专业社工机构组织性质的质疑。这种质疑带来的市场文化与公益文化的冲突是招致机构市场环境动力受阻的又一重要因素。社会公众已经习惯于认为，传统非营利组织依靠政府资源供给或社会捐赠机制的运作方式更符合其本性，而现代非营利组织却采用市场资源和商业化运营机制，致使公众担忧组织偏离公益宗旨。公益事业是社会组织参与社会治理的重要内容，社会公益性是社会组织参与社会治理的主要行动特征（徐自强、李增元，2016）。非营利组织一旦进行市场化运作，就不得不受到利润至上的市场文化冲击。专业社工机构作为非营利性社会组织，社会工作服务对象的弱势群体本质，让专业社工机构天生就披上了公益的

外衣，并被公众认可。这使得机构势必遭受公益文化与市场文化的冲突。当前专业社工机构市场化运作正处于萌芽阶段，这种冲击较为明显，主要表现有两方面：一是专业社工机构自身对公益和市场文化关系处理不当，出现认知上的误解；二是商业文化的冲击使社区居民对公益和市场文化的区分不清晰，担心机构偏离主流公益文化。从四市区的 16 家专业社工机构、社区领导、社区居民的访谈来看，这种公益文化与市场文化的冲突，受到了机构自身和外界的双重质疑，不利于机构的市场化运作与发展。

（一）专业社工机构在公益和市场关系中的挣扎

专业社工机构服务性质的公益化或市场化，首先，来自机构自身是如何对待和处理二者关系的。从 16 家机构的调研情况发现，专业社工机构自身在考虑市场文化冲击时，部分负责人和社工未充分做好心理调适。T 市的 DY 机构是该市发展规模最大的一家注重枢纽链接与特殊人群服务的机构，机构负责人在谈及市场与机构的关系时，论述了机构在市场和公益文化中的挣扎：

> 社工机构有他的民办非企业单位属性，他要再去做收费性服务的时候，是会有所谓“精神分裂”的反应。因为首先他需要有那么一堆有市场化意识的人，而且做市场化的服务和公共服务是两个概念。做公共服务是拿着政府的钱去照顾政府需要去照顾的那些人，而做市场服务是要找到那些有钱的，然后他想要什么，机构可以把什么样的服务提供给他。很多社工其实转不过弯来，并且大多数人都转不过这个弯来。所以如果说让一个人既拿着政府的钱天天去服务弱势群体，又要告诉他要思考中产阶级要什么，他要提供给中产阶级什么，他愿意掏钱买什么。社工不精神分裂才怪，他一定会出现那种角色混乱。他会想我到底是一个行侠仗义去帮助弱势群体的角色，还是一个想办法满足中产阶级需要的角色。（TJG－DY1）

其次，专业社工机构对公益性质的非营利组织从事市场开发的前景持悲观态度，这也导致机构在市场文化与公益文化中踌躇不前。尽管这种态度只代表部分机构的观点，但实质反映了我国专业社工机构在市场化进程中的实际问题。

> 我们老说市场化的思维，市场化的思维到底是什么思维？如果只是简

单地面向客户去开发产品，我觉得这还不完全是市场化的思维。它其实还有一些更重要的市场化思维，也就是对资本的应用。我们可以看到现在很多的服务，其实都是在搭上资本的快车中，快速地获得了一个探索和成长，当然中间有很多问题，就像某外卖平台、共享单车的资本积累都是极快速的。所以说像市场化的东西，如果只是单纯的这种产品还没有资本加持的话，它的发展也比较慢的，但如果要引入资本，公益组织的先天条件又不允许。因为在公益组织中，人家商业机构投进来的钱是属于捐赠，是拿不到分红的，他为什么要投？其实很少人会投。（TJG－QL1）

（二）社区居民对公益文化和市场文化的区分不清

公益文化和市场文化的相对性使得社区居民对专业社工机构的组织性质产生质疑。公众的思维惯性会认为“公益即无偿”，是一种不掺杂任何私人利益、只有奉献、没有索取的博爱情怀（邵丹丹，2015）。公众期待专业社工机构这样的公益组织能够真正为服务对象谋福利。然而，公益组织也会设法维护自身利益，也会产生为获取资源和发展，而不愿将财务资金使用状况等信息公开的现象。甚至在现实中，某些公益组织私自将善款挪用、转移、中饱私囊等现象屡禁不止，大大损害了公益组织的慈善形象，降低了公众对公益组织的信任度。因而，当社工机构这样公益性质的非营利组织开展需要公众支付服务费用的服务的时候，必然会引发两个问题：一是对社工机构服务产品收费的合法性产生质疑；二是对机构已经享受的减免税优惠的合理性与必要性产生疑问。

在此基础上，公众会进一步质疑其组织的公益特性，甚至是组织存在的合法性问题。从现实情况来看，专业社工机构之所以具有良好的组织形象，绝大程度上是受益于其非营利性、公益性的组织文化定位。专业社工机构一旦进行营利性的市场化运作，对服务对象采取收费或者相关服务产品的销售策略，就很容易引起社会公众和服务对象的反感。加之，机构市场化运作中如果没有及时向社会公开资金流转状况，那么，机构将会受到公众的质疑和抵触。这势必会对组织形象和组织运作产生极大的负面效应。当 LJ 便民服务中心的机构负责人就机构市场化问题进行访谈时，该负责人很无奈地解释道：

很多社区居民认为机构是公益组织，做服务就应该都是免费的，如果你跟他说你是收费的，他们根本不理解，甚至不会再找你了。我们有些增值服务，也是需要社工花费时间、人力去做的。我们只能去收费，但收费的标准我们也犯难。因为即使有些服务，居民能接受收费了，费用也不可能像市场那样高，必须远低于市场价，否则居民也不能接受。（JJG－LJ1）

四、市社互动困境下的社区治理

本研究的市社互动是指市场环境与专业社工机构的互动。专业社工机构已经不可避免地卷入市场环境的影响之下，然而当前机构市场环境的发育动力匮乏的特征显著，市场内生型机构的数量较少，并未形成市场运作的规模化服务模式。机构在市场环境中处于进退维谷的尴尬境地，导致其社区治理功能的弱化。从调查的机构发现，专业社工机构与市场环境的互动招致的社区治理功能的弱化主要表现在：一是市场内生型服务产品的供给对象的空间较为狭窄，未形成社区治理中社区居民全覆盖的服务要求；二是专业社工机构市场化运作中的专业性不足的特征越发凸显，未能实现社区居民对市场化服务的满足；三是专业社工机构和市场在公共服务产品领域的合作，易招致公众对机构公益文化的质疑，从而进一步影响专业社工机构在社区治理中的权威性的树立和服务性功能的发挥。

专业社工机构以上的表现形式直接或间接地阻滞了专业社工机构社区治理的参与激励、协同服务和构建规制的功能发挥。

第一，市场是以利润取向为导向进行资源配置的，而专业社工机构的主要服务对象为弱势群体。弱势群体的购买力相较于其他中高层群体低，因此，市场在资源配置和投入时，会与机构的服务供给产生互限行为。这在一定程度上，带来了专业社工机构服务的设置与供给对象的局限性，并在相当的程度上弱化了除弱势群体以外的其他居民的参与积极性。

第二，专业社工机构的专业性缺失导致市场服务产品与机构服务产品供给关系失去平衡，社区治理的专业服务产品无法实现有效供应。市场需要是缺乏治理理念的，市场参与社区治理需要像专业社工机构那样的社区社会组织进行资源链接、调解，从而进行社区公共服务。而专业社工机构由于自身专业性不足，缺乏内在革新的动力去应对市场服务的要求，其与市场环境的互动仍有限，合作层次多以企业捐赠或机构低层次的宣传服务为主，没有建立更高层次的战略合作关系以实现共赢。因此，专业社工机构的专业性不足直接造成专业服务产品供给的缺失，导致社区治理协同服务功能无法有效实现。

第三，市场资源的市场文化要素使得专业社工机构的公益文化性遭受质疑，导致其权威性缺失，使得专业社工机构无法发挥自身权威性和实现对社区治理的制度构建和规范设置的目标。市场资源的投入是以经济效益的获取为前提，市场环境孕育下的专业社工机构不可避免地增加了市场文化的要素。而专业社工机构自身的公益性，使得自身秉持公益文化的特点。二者的冲突，使得专业社工机构的专业性和公益性遭到社区居民的质疑，机构的枢纽型地位受到质疑。社区治理中一套制度或规范需要通过现代化的科学方法和专业技术来实现，社会组织可以运用独特的价值理念、专业方法，建构良性的社区秩序，但前提是在社会组织能够获得社区居民的认可。然而，专业社工机构的价值理念未能受到社区居民的承认，其构建规制的功能也无法得到有效施展。

综上所述，市场环境与专业社工机构的互动，存在明显动力匮乏的特征。它是导致专业社工机构在社区治理中，要从市场环境中获取资源求得自身生存和发展的最大阻力。如何突破当前专业社工机构市场环境迷局，亟待机构行动策略的有效回应。

第三节　互利原则：专业社工机构应对市场环境迷局的策略分析

“市场化为公共服务带来了希望，但是也随之带来了困难，不应该把它看作一种能够包治百病的灵丹妙药。”（休斯，2001）因此，能否有效规避各种风险是专业社工机构与市场环境互动成功与否的关键，如果不能够很好地应对市场环境引发的多重风险，那么，专业社工机构进入市场环境不但无法有效实现其参与社区治理的使命和目标，而且会断送机构自身的发展。基于上文专业社工机构所处的市场环境约束的探讨，本章将对专业社工机构如何在市场环境中有效规避风险的行动策略进行分析，进而实现机构与市场环境的良性互动。对于这些风险，专业社工机构不仅要有一个正确的预估，而且要提前做好抵御风险的回应措施。因此，机构在与市场环境互动时要同时将风险的预防、规避和回应纳入组织规划中。实践证明，只要非营利组织领导者在市场大环境中时刻保持清醒的风险意识，通过行动策略及时、准确地掌握好组织发展的方向，那么，非营利组织是可以有效化解市场化机制带来的风险。

专业社工机构市场环境动力匮乏的根源是由于机构与市场互动无法满足市场的逐利取向。因此，满足市场逐利取向的互利原则成为专业社工机构在市场环境中策略选择的基本立足点。

一、价格优势：机构拓展底层市场的组织运作

BOP 市场与专业社工机构要实现供需关系平衡，价格策略成为专业社工机构实现二者供需互利的主要策略手段。专业社工机构在实行收费制度和价格制定过程，主要从两个方面展开：一是社工机构要考虑的是服务对象对收费服务的认可和认同问题。收费服务并不适用于所有的公益服务，一般只针对具有排他性和竞争性的公益服务。二是收费服务的定价问题。专业社工机构要利用服务产品价格低于市场价的优势，吸引底层市场群体的服务需要。同时，针对不同的人群采取不同的定价原则。促进社会的公平正义是社工机构的服务宗旨和目标，因此，面对高收入和低收入群体实际情况的差异，社工机构在收费服务上必须及时根据服务对象的类型和需要调整定价方案，确保机构的公益本质。XJ 老年人服务中心的机构负责人在做收费服务的对象确认和服务项目的选择的调查时，发现价格是决定服务对象服务选择的关键：

> 社区居民普遍认为我们机构的老年服务都是免费的，他们到我们这里喝茶、聊天、打麻将等都觉得应该是政府买单，是公益的。可是，这里的水费、电费、麻将都是我们的运作成本。时间长了，我们就考虑象征性地收取一些费用。我们做了关于收费的调研，很多老人就反馈说不能接受收费服务。他们认为如果收费，机构就不再具有公益性了。有的老人可以接

> 受收费，但是可以接受的费用是非常低的。有部分老人，尤其是单身或是孩子不在身边或行动不便的老人，他们有吃饭、护理等的需要，他们对于这些是愿意花钱购买的。我们就在想先降低价格，仅收取我们运作的成本费，甚至更低，先让服务对象依赖上这种服务。我们觉得如果服务做得多，赢得了服务对象的信任，我们还是可以通过其他的服务形式营利，市场化这条路还是走得通的。(GJG－XJ1)

可见，服务产品的价格是否足够低，这对于产品能否被接纳至关重要。从消费行为来看，由于收入水平低且随时间波动较大，低收入消费者对于价格的敏感度显著。BOP市场产品创新的逻辑是“价格－利润＝成本”，而不是通常的“成本＋利润＝价格”（Prahalad，2012）。在BOP市场，价格已经内化为价值的一部分。这部分群体在很多情况下并非在不同产品之间进行选择，而是在消费与不消费之间进行决策。因此，经济的可负担性是低收入群体新产品开发的首要考虑因素（邢小强 等，2015）。但价格只要在能够承受的范围内，他们也愿意去支付那些能够提升生活品质的服务产品（Viswanathan et al.，2008）。并且，低收入消费人群也愿意购买那些能够让他们获得充分价值体验的新产品。本研究从四市区专业社工机构应对BOP市场与机构的供需关系来看，社工机构主要采用“公益＋市场”的低偿服务供给模式，以价格优势吸引BOP市场居民人群，以彰显服务产品中的价值要素。

二、资源链接：机构专业服务与市场需要悖论的能力应对

社区市场公共需要的多元化和多样性已经成为社区居民服务需要的主要取向，不仅不同类型的社区对公共品的需求存在区别，而且同一社区的不同社群对公共品的需求也有很大差异。专业社工机构自身并不具备满足居民所有复杂服务需要的专业能力，然而机构的资源链接能力是能够成为有效应对社区市场的多元化服务需要的关键节点。资源链接能力是专业社工机构专业能力的重要体现方式，亦是机构专业服务价值的重要特征。凭借资源链接，机构能够有效将市场资源与机构的专业服务价值进行有效对接，实现其与市场需要的互利互动。因此市场需要的信息采集与资源对接的准确性，决定了专业社工机构在服

务供给与市场需要的对接的科学性和有效性，是机构进行资源链接的重要基础和前提条件。面对复杂的市场服务需要，专业社工机构要深入社区广泛了解社区居民对服务产品需要状况等信息，甚至可以邀请社区居民参与决策。这就需要专业社工机构利用社会工作专业方法了解服务对象的服务需要信息。信息采集后，专业社工机构通过资源链接功能，与企业或商家进行品牌项目合作，实现居民需要与市场供给的对接，弥补机构自身专业性服务产品供给不足的缺陷。

专业社工机构会依据不同类型社区的市场需要对机构服务产品的差异进行信息收集，体现出机构以人为本的服务性价值取向。按照社区居民收入状况区分，中高收入居民所属的社区市场需要与低收入社区市场需要就存在较大差异。低收入社区主要还是生存需要和安全需要，而高收入社区注重的是安全需要和社交需要。陈岳堂、熊亮（2015）的研究发现，低收入社区的主要需求是社区治安、家庭困难扶助和求职，而高收入社区的主要需求是环境卫生、社区治安和社区活动。专业社工机构在社区服务产品提供时，首先，要具备有效区分社区市场中居民服务需要的信息获取能力，以满足服务对象服务需要与市场企业服务供给有效对接的双重需要。其次，同一社区不同群体市场对机构服务产品需要存在差异。

以社区内青少年和老年人为例，由于他们在自身教育水平、生理条件、生活需要等方面的特殊性，专业社工机构的产品开发需要密切契合不同人群的特殊需要，以实现不同类型的服务对象对产品的满意程度。例如，青少年更渴望的是社区能够拥有供他们活动的场所。而老年人自身满足需要的能力普遍较为欠缺，社工机构在进行服务产品设计时，就需要着重考虑老年人生理或心理不适带来的种种问题。例如，饮食需要、身体健康需要和精神需要等。社区中的老年人大多为退休或离休人员，他们在离开原工作单位或生活场所后，活动空间和范围变小，最主要的生活和活动场所就是社区。相较于社区的其他人群，老年人对社区的事务和生活更为关心，对社区的依赖程度更高。老年人的休闲时间较多，大多数子女上班或其他原因无法长期陪伴，他们的精神生活较为空虚。他们大多希望社区可以开展一些适宜老年人的活动，增加其与其他成员交流的机会，以丰富精神生活的需要。比如，老年人希望社区提供更多聚会和交往的场所和设施，如添加老年人聊天室、棋牌室、舞蹈室等服务场所，增加锻炼和娱乐的服务设施等，满足老年人对社区生活的需要。此外，健康是老年人更关注的话题，很多老年人还希望社区能够建立医疗机构，解决老年人对生理健康的服务需要。

> 我们社区的硬件条件比较好，这里面住的大多数居民都是高收入群体。不同收入层次的人的需求会不同，需要的社会组织也不同。如果他是低端消费人群，或者说贫困人群的话，他可能需要一些募捐、心理关怀、生活关照这一类服务，那么我们的服务就会偏向物质关怀、物质建设这一块。这样的社区可能就需要建立慈善超市或爱心商家联盟的服务。而我们社区是一个中高档小区，就会需要文化建设、精神文明建设，如开展培训或家庭情感类服务等。我们就是按照这样的需求去引进市场上的服务，所以说每个社区的需要不同。如果在我们这种中高档社区，搞个慈善超市，搞个慈善联盟，恐怕我们只会捐没有助，就只会收到大家来捐的。所以，我们主要还是看社区的需求。（GJG－HR2）

在信息采集的基础上，专业社工机构要及时通过寻找市场外部资源，开展与市场资源中企业的合作，即机构做好服务资源的平台，企业负责服务供给，共同实现对社区居民需要的回应。J区LJ便民服务中心积极回应社区居民中花艺爱好者的要求，通过聘请花艺企业的专业人士到社区进行免费培训，结合微信服务，与企业共同形成了“花艺坊”这个品牌项目。

> 我们每个月定期为辖区居民做一些花艺培训。我们是与一家企业合作的。他们派老师过来，提供免费培训。我们提供原材料。居民每次来培训，自己作品可以免费带回去。有的居民参加一期后，还要再参加。于是我们跟这个企业洽谈了一个合作项目，开通了在微信上的商店。居民可以通过微信下单，如果需要什么花，发一个要求，然后这个企业就按照他的要求送到家。我们同时也开通线上线下服务。这个形式居民很乐意接受，企业也受益。我们作为平台，只向企业收取很少的管理费用，但也有一部分收益。（JJG－LJ1）

三、服务效益导向：价值理念倡导化解文化冲突

（一）专业社工机构社区治理中价值理念的最主要特征之一，就在于特有的社会责任，即以服务对象的服务效益为机构的价值实现导向

服务效益导向的价值实现能够帮助专业社工机构树立在社区公共服务中的权威性。具体来说，专业社工机构的绩效判断，不是通过利润或市场份额来进行，而是通过服务对象对服务产品是否满意作为效益导向。根据这一价值理念的引导，专业社工机构形成了服务效益导向的“公益市场化”策略。公益市场化是指在公益事业领域引入市场资源或机制来改革和完善公益事业发展的过程。市场机制中平等、契约、创新、优胜劣汰、资源有效配置等理念可以被专业社工机构借鉴，作为公益服务目标的手段。公益市场化并非通过市场化手段获取私人利益的最大化，而是为了更好地满足公众需求与实现公共利益最大化。因此，公益市场化旨在运用市场运作的理念和方式革新公益领域，其核心和实质是对社会公益的捍卫。专业社工机构在社区治理中能够凭借该策略实现对社区公共利益的价值实现。

市场与社会领域的文化之间有不少冲突，其中营利和非营利是两者冲突发生的主要根源。因而，社工机构这样的非营利组织在市场化进程中不能改变维护公共利益的本质属性。在当代社会市场化进程的快速推进中，专业社工机构的市场化运作趋势已不可逆转，但运作方式的转变不等于公益目标的取代，市场化并不等于志愿、平等和互助精神的消解，注重以人为本的社会因素更加符合社会发展的目标。相比之下，专业社工机构的发展因过分担心市场化的弊端，而忽视现代组织发展的必备效率而陷入志愿失灵的困境，则更加不利于机构的发展。鉴于市场竞争环境日益加剧的大背景，无效率的组织会被市场淘汰出局。可见，非营利组织要积极利用市场化的运作手段，针对组织管理效率低下、资源配置不合理等问题，帮助组织提高社会效能，获取更有价值的资源。

由此，专业社工机构为应对文化冲突，致力于秉持以社会公共服务效益的价值理念塑造组织文化。首先，面对机构内部员工的挣扎与困惑，机构通过注

重服务效益的价值理念注入，明确引入市场资源的目的，化解内部员工的疑虑。机构在市场化运作过程中，要向内部员工灌输机构公益服务的价值理念，并将公益价值有效渗透进实际的服务中去，展示市场机制的引入是为了更好地实现公益目的。因此，专业社工机构在转变经营和管理理念的同时，要时刻将关注服务质量和效率的效益指标作为机构社区治理行动开展的出发点和落脚点。

> 机构的经营性活动获取的收入会用于公益事业，不在组织内部进行分配，是我们机构价值观的宗旨。并且我们在收费项目上，不会只考虑支付得起费用的用户，还会针对社区中的那些困难群体，实行一些优惠政策，以使得更多人能享受到我们的服务。这是符合我们机构的服务宗旨的，并且只有自身做好了才能获得公众的认可。(BJG－QP1)

（二）专业社工机构通过服务效益导向的价值观念倾注，引导社区居民正确看待市场文化与公益文化的融合

市场机制的介入能够从观念和行动上改变社工机构传统运行效率低下的不良机制。机构通过市场化运作，培养市场竞争意识、搭建高效的市场运作方案，使得机构可以更加有效地满足市场需要。但机构应当坚决抵制唯利是图的商业文化，始终将公益服务的宗旨和目标置于私利获取之上。收费的目的是不违背组织宗旨和组织价值，且收费的目的不是盈利，而是为了降低组织运行成本，弥补开支缺口，以实现组织的社会使命。G 区 HR 社区的居民对当地社工机构的收费服务的评价，体现出机构注重服务效益导向的价值观得到了社区居民的认可。

> 其实我个人觉得做公益不见得是免费的，像现在这种社会风气，很多免费的公益反而让居民望而却步，他们不敢享受这种公益服务。中国有句古话，天下没有白吃的午餐。可能就是因为现在人们条件好了，接受的教育不同了，人的思想也比较活跃，社会上也出现过一些不良风气的、所谓公益却要营利的事，所以大家就会对这种免费的东西产生排斥心理。例如，一个陌生人突然过来让你扫二维码，你可能会考虑一下我能不能扫，会不会上当受骗。社区搞个免费活动，经常来的人会知道是社区花钱。但是机构的服务，比如孩子去上课，机构适当地收一些费用，他们说得很清

楚是作为管理和奖励这些上课老师的资金。我在外面需要花一百元钱才能上的课，在社区花20元钱就能上，而且是同样的老师同样的教学水平，为什么不去社区？我觉得这就是社区服务给我们的福利。所以我认为公益也不完全是免费的。我还会给其他人推荐。社工机构也要生存，他们只有存活得更好，才会有更强的能力来为你服务。所以我赞同和支持社工机构收取一定费用的做法。（GJM1）

四、市社良性互动下的社区治理

市场环境与社会组织的良性互动业已成为社会发展不可逆转的主流趋势和主导力量。从上述专业社工机构回应市场环境的行动策略发现，机构要想通过市场环境提升社区治理效益，必须有效回应市场动力匮乏的环境迷局，通过与市场互利关系的形成，实现双方共赢。由此，专业社工机构对市场环境迷局的策略回应，能够提升其社区治理的效益，实现居民参与激励、协同服务和构建规制的服务目标。

从四市区专业社工机构的现实情况来看，机构秉持互利原则，让市场与其互动开始向有机合作的方式发展。在这种转变中，专业社工机构的价值理念、专业能力和组织运作的策略手段，能够有效化解市场与机构互动中的困境。具体而言：

第一，“底层市场”的限制导致市场化供给方式与机构服务供需关系失去平衡。机构的大部分服务对象都是收入相对较低的弱势群体，这就使得机构在调动全体社区居民的参与性方面大打折扣。专业社工机构通过价格优势的策略，不仅可以有效调动底层市场的居民参与积极性，同时进行服务产品价值的推广，吸引中高层次人群关注机构的产品。价格优势的策略选择可以拓宽专业社工机构服务的市场供需，激发市场对资源有效配置的动力，促进社区居民的服务需要表达的积极性。

第二，专业社工机构自身专业性的缺失导致市场的服务产品需要与机构服务产品供给对接不畅。机构通过以社区居民为本的服务理念，采集贴合社区居民的服务需要，并链接市场相应的资源，做好服务平台，实现居民对专业化服务的追求。机构通过对企业的资源供给的激励，不要让企业认为和非营利组织合作参与社区治理是“无利可图”，而是使企业意识到与机构合作参与社区治理是一种互利性行为。同时，非营利组织可以与企业共同设计富有社会影响力的品牌项目，使企业在参与社区服务产品供给与形象营销之间找到结合的契机，让企业参与公益事业成为一种有回报的投资。专业社工机构要以企业文化为切入点，把履行社会责任融入公益事业中，吸引企业参与社区公共品供给。企业与专业社工机构的联合经营既可以弥补机构在人、财、物等方面的缺失，也能够实现资源优化配置的互利双赢目标。

第三，市场资源的投入招致市场的逐利文化与机构公益文化的冲突，造成机构在社区公共服务权威性方面受到质疑，使得专业社工机构无法实现对社区治理的制度构建和规范设置的目标实现。专业社工机构通过秉持以服务对象为本的价值理念，将市场手段与公益服务效益相结合，有效调节市场文化与公益文化的冲突。专业社工机构加强对市场资源收益后利润的再次公共性服务投入，化解机构内部社工对市场身份与公共服务身份的困惑。同时，专业社工机构通过注重服务对象的利益和需要，塑造机构在社区公共服务中的权威性，实现社区居民对市场化运作和机构服务形象的认可。在此基础上，机构才能在社区树立有效权威角色，帮助社区居民构建社区的规章约定，实现其构建规制的功能。

从四市区的专业社工机构与市场环境的互动实践来看，机构的组织运作、专业方法与价值理念，是实现机构与市场互利原则的重要策略。市场环境与专业社工机构的良性互动，不仅带来社区治理体系的变革，还实现社区治理方式和内容的转变。市场环境提供的资源和优胜劣汰竞争机制可以进一步帮助专业社工机构提升自身的能力，更好地融入社区中。在社区治理的多元主体中，专业社工机构可以满足社区居民多元化、复杂化的服务需要，形成与市场互利合作、共同治理的社区治理格局。由此可见，专业社工机构的互利原则是机构与市场环境良性互动的重要途径和手段。

本章小结

本章通过对调研资料的整理与分析以期回答的研究问题是：市场环境如何

通过资源、供需和产品三个维度共同作用下的行动影响专业社工机构参与社区治理行动逻辑的生成？本章主要论述市场环境对机构社区治理行动建构的影响，以及机构在其影响下的行动策略生成。

第一，市场环境自身与专业社工机构在资源、供需以及产品的维度上具有高度互构性，形成了市场环境与专业社工机构在社区治理体系中的适应性行动建构。本章首先基于四市区专业社工机构的市场环境的供需趋同视角，阐释市场的利润取向与机构的价值取向的契合性，讨论市场环境与专业社工机构在社区治理中的相互需要关系。其次，本章从资源交换的视角，讨论市场环境如何通过资源投放获取利益，通过机构对市场资源的依赖以获取发展的互适性。本研究从四市区市场环境对机构社区治理的资源供给上，阐述了市场环境如何通过资金、人力、场地和营销理念，对机构社区治理中资源有效供给，以缓解机构对政府的过度依赖。随后，本章通过市场对机构产品的专业诉求与专业社工机构专业产品供给的视角，分析了机构与市场如何在产品供给上互相满足。在以上分析的基础上，本章分别讨论了三家市场化服务具有代表性的专业社工机构市场化服务的模式，并进行了不同模式间的比较分析。通过比较分析后发现，市场化服务机构服务主要采取“公益＋市场”的低偿式服务，有效回应了社区居民市场的服务需要。

第二，在第四章整体检视四市区市场环境与专业社工机构在社区治理中的互动后，本章发现当前机构与市场环境仍存在互动的困境。本章针对四市区专业社工机构的负责人以及一线社工的访谈资料发现，当前社区底层市场的限制、机构专业性的约束和市场资源投入后产生的文化冲突，使得市场环境对专业社工机构所产生以及可能产生的风险，成为影响专业社工机构可持续发展的最主要矛盾之一。因此，本章从市场环境与专业社工机构互动困境的视角，提出构建市社关系不畅导致的社区治理功能弱化问题。

第三，面对市社互动不畅导致的社区治理功能弱化问题，专业社工机构通过互利的策略原则规避市场环境带来的风险。本章通过专业社工机构的资料收集后发现，机构大多采用低价设置的组织运作应对底层市场限制、资源链接的专业能力回应机构专业性不足、服务对象的满意导向回应文化冲突等策略手段，打破市场环境迷局，帮助机构社区治理效益的提升。

第六章

社会环境与专业社工机构参与社区治理的行动建构

经济和社会体制改革行动带动了社会环境的改变，而社会环境的变化是专业社工机构参与社区治理行动逻辑生成的动力基础和来源。在基层社会利益格局变革的背景下，国家对其的实际控制力和动员意愿已经减弱（朱健刚，2002）。在现代社区管理实践中，国家“控制”与社会“抗争”之间的策略行动虽然还存在，但围绕个体性事务及利益诉求而产生的社会行动的生活政治已经成为社区治理的主要议题。可以说，与居民日常生活息息相关的社会资源配置和利益格局重构才是社区治理成效的关键（王星，2012）。社会环境的变化为社区居民个体和社区自治性组织（社区社会组织）在社区治理行动体系中的重新定位带来了新的机遇。伴随传统单位制向社区制的转变，公众的生活空间开始由单位向社区转变，其生活方式、行为方式和社会需要也日趋多元化。社区居民越来越依赖其所居住的社区，要求社区提供专业化和个性化社会服务的需要日益骤增。为实现社区利益的多元化需要与专业社工机构的专业性服务供给的有效链接，政府不断通过多项还原机构专业能力的举措，实现社区居民对机构服务需要的整合。由此，社区居民组织的社会环境与专业社工机构共同、有序地参与，成为实现社区治理的基础和关键。

本章立足四市区的专业社工机构的访谈资料和案例资料等，主要基于社会环境的社会资源、关系网络以及互助需要三个维度的分析框架，关注社会环境如何将社区治理中居民个体和社区自治性组织的自治力量与机构的专业力量有机结合，探究其社会环境治理空间滞后的困境。在此基础上，本研究提出专业社工机构化解社会环境困境“互助精神”的策略手段，讨论机构如何通过“互助精神”指导下的组织行动与社会环境进行合作，并参与社区治理。

第一节　专业社工机构扎根社区的社会环境锻造

社会环境是社会组织发展的重要载体，是社会组织参与社区治理的重要途径。伴随近年来社区服务和社区建设的不断发展，公共服务正面向社区覆盖，社区家庭和社区自治组织在社区建设的参与程度日益加深，共建共治共享的社会治理格局愈益凸显。政府在社区管理和建设中的难度逐步增大，社会环境和社会组织开始配合政府承担越来越多的公共管理和服务工作。同时，居民的社区归属感和社区意识在逐渐增强，基层社会结构与利益关系也在发生深刻转变。社会环境面临利益协调、化解矛盾、专业服务等各项繁杂事务，促进了社会环境与专业社工机构的互动合作以实现社区服务需要的满足。因此，社会环境与专业社工机构紧密化关系的形成，是提升社区治理水平的基础和关键。从四市区专业社工机构的发展情况分析，社会环境通过形成互助需要、培育社会资源以及搭建关系网络等维度，形成了对专业社工机构的功能与服务依赖，同时也为机构在社区治理中的角色施展营造了良好的空间环境。

一、需要互助：居民与机构的社区参与

社区居民和社会组织的共同社区参与是社区治理水平提升的核心要素和主要途径。专业社工机构和社区居民的需要互助是推进二者社区参与的一个重要路径。社区参与是指社区的居民和社会组织通过直接或间接的方式进行社区治理的行为与过程（田舒，2018）。社区居民是社区治理服务过程中最主要和最直接的受益者，是社区参与的核心成员。居民通过充分的社区参与投身社区事务管理和建设中，不断推进社区自治的进程，进一步带动和加快社区治理体系创新。从调研社区的专业社工机构与社区居民的关系来看，居民的社区参与期待专业社工机构的组织和推动，同时能够进一步推进专业社工机构社区参与的进程。

（一）居民的社区参与意愿需要专业社工机构的组织和推动

1. 居民社区参与：个体式参与和组织式参与的双重需要

居民社区参与主要针对的是社区内的公共事务，包括社区自治权力组织的构建、社区决策等（夏建中，2012）。社区公共事务通常与大多数居民的切身利益息息相关。其中，大部分居民共同关注的家庭生活或社区服务问题是社区公共事务的主要切入点。而居民的社区参与一直备受社区关注，是社区治理的动力和社区发展的基础。从调查社区的社区居民参与情况来看，居民的社区参与形式主要分为个体式参与和组织式参与两种类型。个体式参与是指居民以个人身份自由地参与社区公共事务和活动，以满足个人的利益诉求或福利需要。组织式参与是指居民以某个正式或非正式组织的成员身份，有序地参与社区建设和社区发展。在传统的社区参与中，居民是通过社区居委会的组织进行参与，然而，由于大量行政性事务的压力，使得社区居委会的自治性不足，居民在社区居委会帮助下的社区参与中往往无法有效实现自身的利益诉求和福利需要，亟待专业性的组织平台，去实现自身的参与目标。专业社工机构的出现化解了居民社区参与渠道不畅的尴尬境地。

> 我们跟社工相处得非常融洽。我们有问题，第一时间就是想着去找社工，有什么情况就向他们反映。我们有什么需要帮助的，他们也会给我们解决。社区活动有什么事情，社工都会在网上通知，问我们大家需要什么。我们自己要做的东西，都安排得比较全面。比如每一次安排我们社团培训活动的时候，社工会提醒我们时间、地点和注意事项。我们很轻松地去参加就可以了。他们还会帮我们做一些我们特别需要的事情，比如我们晚上排练或者到哪儿演出拍的照片、视频，他们会给我们全部保管好。(BJM1)

2. 专业社工机构组织和推动居民社区参与

专业社工机构在组织和推动居民的社区参与中发挥了重要的助力角色和功能。首先，专业社工机构的价值理念与居民社区参与的理念契合，引导和提升居民社区参与的能动性和积极性。专业社工机构在发动居民参与社区建设的过程中，要充分尊重社区居民的个体差异性，保证居民在社区参与进程中独立、自主和自由决定的意愿，实现居民社区参与的公平性和平等性原则。由此看来，社会工作的价值体系中尊重、自决、公平的理念与居民参与社区建设中坚持的平等、正义、自由的内涵相吻合。因此，坚持在助人工作中融入社会工作价值观的指引，对推动居民社区参与方面发挥了重要作用。

> 居民意识这方面是需要慢慢引导的。我们是从 2016 年开始在这边驻点进行社区社会服务的，从各方面慢慢地让他们先参与活动，了解他们有什么需求，了解他们有什么能力。比如我们有一个手工艺坊，负责的是一位 50 多岁的阿姨。开始她是参与我们手工活动小组的，慢慢地我们发现她做手工这方面比较有能力，可以教其他居民。所以我们慢慢开始跟她接触，让她当我们的志愿者，了解她有没有带领社区居民做手工艺这方面的意愿，并且培养她做了一个手工艺坊的社区公益项目。（TJG－DY3）

其次，针对居民社区参与的不同形式，专业社工机构主要是培育和孵化社区社会团体或组织，扮演好支持者和倡导者的角色，帮助居民通过不同形式、不同程度地参与到社区治理中来。在个体式参与方面，专业社工机构积极帮助社区积极分子组建志愿者队伍，形成制度化、规范化的参与路径。在组织式参与方面，机构积极帮助社区精英组建社区社会组织。

> 我们机构在 DW 社区培育的社区社会组织主要有三种类型。第一种是社区志愿服务类，爱心理发、志愿维修等方面；第二种是文体类，进行一些慰问、公益演出表演，比如葫芦丝队和太极队；第三种是组织孵化类，组织孵化社区社会组织，比如葫芦丝队是原有的三个老师孵化出一个中年葫芦丝表演队，还有一个青少年葫芦丝表演队。（BJG－MD2）

（二）专业社工机构社区治理的居民参与目标

专业社工机构带领居民进行社区自治，既是居民社区参与的重要方式与途径，也是专业社工机构进行社区治理的重要内容。在传统社区管理模式中，居民的社区参与主要是以被动接受政府的服务供给为主，其自主参与社区治理的意识相对薄弱。社区治理强调多元主体的共同参与，注重激发社区居民参与社区公共事务的积极性。专业社工机构是社区治理中的重要支持力量之一，在促进社会参与方面发挥着重要作用（李迎生，2014）。因此，提升居民的社区参与已经内化为专业社工机构社区治理的内容与要求。

专业社工机构参与社区治理中的居民社区参与，在政府购买服务的项目设置上就有明确的指标规范与界定。从访谈的16家社工机构来看，居民的社区参与均是机构政府购买服务项目的重要内容，是衡量其社区治理成效的重要指标之一。以T市政府购买的“邻里家园”项目为例，项目一共包含专业社工机构社区治理的四方面内容指标。一是开展“邻里访问”，做好社区需求调查与分析；二是组织“邻里活动”，促进居民参与社区互动；三是组建“邻里社团”，提升社区组织化程度；四是举办“邻里服务”，构建社区服务和互助体系。其中第二项组织“邻里活动”，包括大中小型活动的举行次数和服务人数要求，以及开展社区“微治理”项目，帮助社区居民评估、解决各种社区问题；第三项组建“邻里社团”，包括培育新的社区社会组织的训练频次和业务指导次数要求，对原社会组织进行业务指导的频次要求，以及开发社区志愿者的人数以及志愿者活动的次数要求等，占据了专业社工机构社区治理服务项目指标的半数以上。由此可见，居民社区参与的范围和深度已经成为专业社工机构参与社区治理的主要工作指标，提升居民的社区参与程度是当前社区治理主要解决的难题。从其他市区的社工机构的访谈资料来看，居民的社区参与也是他们当前服务的主要内容。以B区、G区社工机构负责人的谈话为例：

> 现阶段的社区治理，主要还是围绕如何提升居民社区参与的积极性为主。先要帮助居民认识到他们是社区的主体，社区建设需要他们自己的主动参与。提高他们的意识，是现阶段的社区治理最需要做的事情。在这件事情上，社区和我们机构是达成共识的。（BJG－AL1）
>
> 我们在项目设置里，主要服务内容是怎么提升居民参与，先是通过活动让更多的社区居民能够参与到社区中，培养社区归属感，再逐步让他们能够参与到社区公务事务的管理中。（GJG－AD1）

由此可见，专业社工机构的介入为居民提供了社区参与的平台与路径，增强了居民参与社区公共事务管理和建设的动力和信心。专业社工机构的发展可以带动社区居民通过社区活动或服务项目的形式参与到社区治理中去。在此基础上，社区居民能够更加自愿、主动地参加社区建设，也可以更加有效地实现个体利益或整体的公共利益。社区中专业社工机构与居民的双向互动，催化了双方在社区平等交换、规范和互信方面的生成，是激发社区居民参与自治积极性和能动力的基础性环节。

二、资源吸纳：机构和社区精英与基金会的合作

社会资源吸纳是专业社工机构发展的重要动力源泉。为规避对制度环境资源的过分依赖，以及市场资源供给份额过低的资源窘境，专业社工机构转向社会资源以获取生存与发展权利。本章研究社会环境中的社会资源，主要是指社区精英和基金会向专业社工机构提供的资源。从四市区专业社工机构与社区精英和基金会的互动关系来看，机构与社区精英和基金会共同参与社区治理，相辅相成、相互促进。社会资源的供给可以为专业社工机构提供各种人力、财力、文化资源的服务基础；专业社工机构在吸纳社会资源的同时，能够有效盘活资源，形成社区关系网络❶，进而提升社区精英与基金会社区参与的能力和水平，进一步推动社区治理创新。

（一）社区精英的人力、资金和文化资源供给

社区精英作为社会资源的主要载体之一，能够为专业社工机构提供各种人、财和文化等资源，是机构实现社区治理中服务功能有效发挥的重要基础。“精英”一词被纳入社会学理论研究范围始于维尔弗雷多·帕累托，他认为精英是指“最强有力、最生气勃勃和最精明能干的人”（帕累托，2003）。长期以来，学界对“精英”概念的使用往往集中在两个方面：一方面是处于社会上层拥有特殊权力、财富和地位的统治型精英；另一方面是源于民间的基层草根精英（田毅鹏、康雯嘉，2017）。社区精英是指具有较强的公共意识和参与的行动能力，并且拥有比其他社区居民更多的权威性资源（如经济资源、社会资源和文化资源等），从而能够对社区治理产生直接影响和作用的人群总称（林尚立，2003；卢学晖，2015）。可见，人力、文化资源以及财富是构成社

❶ 专业社工机构能够盘活社区社会资源，形成关系网络将在本章第三节“关系网络”中阐释。

区精英的基本要素。本书讨论的社区精英[1]属于基层草根精英群体，主要包括社区楼栋长、社区志愿者、社区社会组织负责人及其组织成员。

首先，社区精英是构成专业社工机构参与社区治理的主要人力资源来源。社区精英的参与构成了专业社工机构在社区发展的行动基础与内生动力源泉。社区精英有着这样或那样的专业能力或特长，一方面，专业社工机构发展离不开由社区居民组建的志愿者队伍。如果没有志愿者这样的社区精英加入，机构在社区很难立足和发展。另一方面，专业社工机构在社区服务过程中，只有与热心公益的社区精英共同合作，才能满足广大居民的服务需要。由于社工机构在社区治理中的工作成员有限，面对社区居民多元化和多样化的服务需要，机构仅凭一己之力根本无法提供社区的各类服务。因此，社区精英已经成为社工机构在社区服务中的重要核心力量。当前志愿服务业已成为聚集社会资源的有效途径之一，是政府和市场聚集资源之外的重要资源整合方式。居民乐意从志愿服务的参与中获得精神世界的满足感和自豪感，社会组织也愿意通过开展志愿服务这一载体，塑造组织形象（谭建光、周宏峰，2008）。总之，专业社工机构的发展有赖于社区精英的倾力投入与有效合作。

专业社工机构和社区居民的互动相辅相成，二者共同合作是有效参与社区治理的关键。以 B 区的社区志愿者管理与统计为例，截至 2018 年 6 月，B 区登记成立区级层面的志愿者组织包括志愿服务联合会成立的社区“志愿服务联盟”96 个，社区志愿服务站 96 个，共登记备案志愿服务组织 179 个，B 区在全国志愿者管理信息系统中注册登记志愿者 4.73 万余名[2]。可见，志愿者作为社区居民的精英群体已经成为居民参与社区治理的主导力量之一。本部分以 B 区的 BHSJ 社区的志愿者队伍发展为例，探讨志愿者作为专业社工机构治理社区的主要人力来源，如何辅助机构完成社区服务。该社区是全市第一个新型街道级大社区，小区覆盖面广，饱和入住人口约 18 万人，人口结构具有“四多”特点，即青少年多、老人多、妇女多、流动人口多，具有明显的新区、新居民特点，居民融入社区环境较慢。面对结构和环境如此复杂的社区，单靠

---

[1] 本书讨论的社区精英不包括社区居委会及其党组织的成员。当前的社区居委会虽名为社区居民自治性组织，但现阶段仍表现为政府职能延伸的派出机构。社区居委会的资源配置仍是以政府利益为主要驱动力，因此，本书将社区居委会的资源供给放置在第四章制度环境里进行阐释。

[2] 数据来源：B 区民政局内部统计资料。

专业社工机构驻点的两三个社工很难有效了解社区的情况以及开展社区服务。此时，社区个体居民以及社区自治性组织在社区治理中都起到了关键性作用。

> BHSJ 社区是街道级的社区。它下面有八个居委会，每个居委会基本都有十来个社区社会组织。比如我们开展为老服务，需要上门去慰问，结对子，一对一帮扶。BHSJ 社区的每栋楼都很高，一共 33 栋。我们驻点的社工一共就两个人，单靠我们根本无法完成治理目标。但我们有社区楼栋长、志愿者，他们帮助我们开展了很多服务。(BJG – AL3)
>
> BHSJ 社区为老服务的社会组织，他们除了围绕老年人开展了一些服务，还包括各类人群都可以参加的楼组自治。每一栋楼都会搞楼组自治，楼组主题和公约由楼栋长带领楼栋居民共同创建和制定。(BJG – AL2)

其次，社区精英的公益精神及其较高的文化水平或地位，使其在社区居民中获得一定的影响力和权威性。这种文化资源能够帮助专业社工机构与社区居民建立沟通和联系。精英往往在权力、财富、地位等某些方面拥有比一般成员更多的优势资源。他们会利用资源为社区做贡献，从而自身具有了某种权威和价值，能够对社区其他成员乃至社区结构产生影响（项辉、周俊麟，2001）。社区居民的公益精神或较高的社会地位，使其能够获得更高的声望，其道德品质和文化水平易获得社区居民的认可，拥有广泛的社会信任。社会声望高的社区精英可以为社区居民提供参考学习的个人范本，并通过示范效应，以实际行动带动社区居民进行自治。而且，社区声望高的社区精英在集体行动中具有重要的引领价值，可以通过个人的号召促进集体行动（卢学晖，2015）。因此，社区精英的介入能够帮助专业社工机构获取社区居民的信任，实现机构与居民直接的面对面接触，从而进行资源动员和促进公共参与。

> 我们刚进驻社区，很多社区居民根本不知道我们机构是做什么的，社工是做什么的。社区这些热心的骨干、精英对我们的帮助非常大，我们首先得让他们了解我们机构的性质和工作内容。他们会帮助我们打通和居民的关系，让居民知道、了解、认识我们社工。就拿入户走访来说，我们社工刚进社区去敲居民门根本敲不开。但是他们一去，跟居民很熟络，帮助我们宣传服务内容，轻而易举地帮我们解决了入户难这个问题。可以说，我们的工作离开社区这些骨干和精英，就很难完成。(TJG – DY3)

最后，社区精英会通过其拥有的资金、物品、自身才艺等财富，向专业社工机构进行资源供给，从而增加机构的社会资源存量。从实地调研的情况来看，社区精英对专业社工机构通过才艺的能力支持，比资金和物品支持力度要大。JMM 社区居民在成立老年舞蹈队之前，苦于缺乏专业的舞蹈老师指导，于是向专业社工机构请求援助。专业社工机构了解到社区有一位舞蹈老师退休在家，这位老师也愿意义务帮助舞蹈队进行排练。JMM 的舞蹈队当年还以民间舞蹈团体的身份上过央视网络春晚。JMM 社区的驻点社工兴奋地谈及这个社区精英带领社区居民自治的例子。

> JMM 这个社区舞蹈队上了 2016 年的央视网络春晚。我记得那是我们第一年来社区的时候做的事情。他们上了春晚，一下子就火了，在当时还是很有影响力的。其实社区居民里面有能力的很多。这只是我们社区居民自助和互助的一个经典例子而已。（JJG－LJ1）

社区精英也会通过资金、物品等捐助参与社区治理。BHSJ 居民对于楼栋文化的打造就是居民精英带领楼栋进行自治。

> 我们社区今年在搞“四美一好”楼栋主题创建，重点在文化打造。我记得上个月刚刚打造成的是居委会的一个书香雅苑楼栋，他们每栋楼都有热心居民，有的是捐现金 200 元、100 元，或是去买一些东西放在楼道里，弄一些花花草草，还有一些读书角、一些休闲的沙发跟座椅，这些东西还有人定期地去维护，所以打造的是一个邻里共同体。从这一点看，楼栋长带领居民参与的程度就非常高。居民自己出钱打造自己的楼栋，而且日常维护和定期更换等事宜，都是楼栋内居民自己管理。（BJG－AL2）

（二）基金会对专业社工机构的资金供给与项目合作

基金会是以公益事业为导向，具有资源动员、资助孵化、公益服务和社会倡导等功能（刘忠祥，2013），是为社会提供公益资金和公益服务的社会组织。基金会作为社区治理的重要主体之一，与专业社工机构、社区治理之间存在天然的内在逻辑关系。基金会由于其公益资源的丰富性，往往成为专业社工机构，除政府、市场资金获取外，另一主要资金获取来源。从当前基金会与专业社工机构的合作来看，16 家机构均将基金会视为资源获取的重要来源之一。基金会主要通过资金供给的形式，与专业社工机构以项目合作的方式展开互动。其中，专业社工机构与基金会资金供给的互动模式主要有三种。

第一种模式是基金会通过跟政府资金的同等配比进行支持。以 B 区的基金会与机构的合作项目为例：

> 安徽乐邦慈善基金会，主要做救助和居家养老服务。他们跟我们机构的合作，是街道跟基金会 1∶1 配比资金进行资助。比如我们搞这个社区救助项目，由基金会投入 10 万元，同时街道配比 10 万元。（BJG－AL1）

第二种模式是基金会承担项目的独立资源供给。S 市的专业社工机构基金会在四市区中独树一帜，目前是国内第一家专门针对社工机构发展的基金会。S 市成立的通鼎社会工作基金会，是用资金来扶持 S 市辖区范围内社工机构的发展，特别支持发展较为困难的社工机构。

> S 市成立了一个通鼎社会工作基金会，他的职责就是扶持社会组织和人才，注册资金是 400 万元，由通鼎的一个大财团在后面支持，他自己出资了 300 万元，然后社会各界捐助了 100 万元左右。我们 S 市社工协会以社工协会的名义，召集他的会员单位，弄了十几万元，我们市以社工协会的名义捐了十几万元，我还捐了 3000 元。这个基金会是用资金来扶持 S 市辖区范围内社工机构的发展，支持比较困难的社工机构，或者是社工本身有一些家庭困境或经济困难的，这个基金会也会提供一些帮助。（TJG－QL1）

第三种模式是政府、基金会、社区或辖区的赞助企业或单位共同资助成立社区基金会，其资源主要用于社区困难人群扶持、社区服务、社区社会组织培育等事宜。从四市区调查的情况来看，T 市、B 区和 G 区已经开始尝试建立社区基金会，但当前社区基金会的规模相对较小。尽管如此，社区基金会也成为专业社工机构开展社区服务资源供给的渠道之一。以 B 区的社区基金会与专业社工机构的合作为例：

> 我们街道成立一个社区基金，叫“社区 U 基金”，属于一个共治基

金。这个基金的资金来源主要是社区首批注入几十万元，还有辖区单位的赞助。我们社区有一个社区共治理事会，里面的会员是社区辖区的企业或其他单位。会员会按照自己的情况去交一些会费，这个会费是自愿的，交多少没有限制，但是会费都会注入基金里。我们如果有社区服务或活动是可以向这个基金申请资金赞助的。(BJG - AL2)

三、关系网络：机构的平台效应与社区的行动能力

社会资源往往分散在社区居委会、个体居民、家庭或社区社会组织中，处于一种自在状态，难以形成资源的关系纽带和关系网络为社区服务。比如社区居民自身盘活社区内部资源的能力欠缺、居民主动与自发地参与社区管理和服务的意愿和意识淡薄、社区居委会自身行政事务繁重没有精力去搭建社区关系网络等。而专业社工机构能够链接和激活资源，形成关系纽带或关系网络，成为专业社工机构行动的工具，并成为其参与社区治理的独特社会环境要素，是专业社工机构提升社区行动能力的主要社会依托。可见，专业社工机构资源链接的平台效应，能够有效形成社区关系网络，实现其对社区行动能力的挖掘和培育，从而实现机构社区治理中社区矛盾关系疏导和社区服务的关系链接。本章节主要从社区治理中社区矛盾化解和社区服务供给两个向度，讨论专业社工机构如何能够发挥关系网络搭建的平台效应，实现社区行动能力的提升，并成为机构实现社区治理的有力支持。

(一) 专业社工机构社区矛盾的关系疏导

在社区矛盾的处理上，本研究中专业社工机构提升社区行动能力，是指专业社工机构有效链接资源后形成的关系网络，形成了社区自发解决或缓解社区矛盾的路径或机制。社区矛盾在现实生活中具有多样性和复杂性。社区矛盾类型可以从宏观和微观两个层面进行区分。从微观层面来看，社区矛盾主要表现为双向性的人际关系和社区生活事务性矛盾，如婆媳矛盾、夫妻矛盾、亲子矛盾、邻里矛盾、社区环境冲突矛盾、社区公共资源利用矛盾等；从宏观层面来看，社区矛盾主要表现为多维度的利益冲突矛盾，如拆迁问题引起的矛盾、外

来人口的融入矛盾、刑满释放人员和社区矫正对象的矛盾等。社区矛盾的主体可以是个体、群体或社会组织。在任何一个冲突矛盾事件中，由于其发生发展的路径和构成矛盾的原因不一，它的表现方式和形式也呈现多样化趋势。总的来说，引发社区矛盾的原因主要包括经济利益关系失衡、人际关系不协调、个人利益的剥夺与被剥夺等。在化解社区矛盾方面，社会专业力量和专业社会组织的引入和参与化解就显得极为必要（朱力、袁迎春，2018）。专业社工机构为社区矛盾化解提供了平台与渠道，有助于增强居民参与社区公共事务的信心与动力。

> 社工有一个很重要的功能就是链接居民跟社区的关系，化解居民跟社区的矛盾。我们在居民参与社区活动的时候，有些问题我们会直接问他们，比如对社区工作有什么意见，有时候他们也会主动跟我们反映。比如像现在这边拆迁，或者青苗费补偿问题，会有一些居民跟我们社工进行探讨。虽然我们跟他们表示我们只能是反映，但是我们能够向双方有效传达社区居委会跟居民双方的意见。我们反映过后，政府部门、社区开始积极跟居民沟通，主要通过一些现金补偿方式。居民社会组织中还有调解队，会在我们的关系疏通后，积极对居民进行疏导。最后社区矛盾得到了很好的解决，我们社工起到了一个桥梁中介的作用。（TJG - DY1）

（二）专业社工机构社区多样化服务的关系链接

本研究专业社工机构提升社区行动能力在社区服务方面，是指专业社工机构针对居民需要有效链接社区资源，培育和形成了社区居民特有的关系纽带。社区服务内容是指社区服务主体针对社区居民需要提供的服务类型。专业社工机构能够根据社区服务的不同需要，发挥黏合剂效用，促进各类资源与社区服务的有机融合，形成科学的社区服务介入机制，保障介入技术的有效性。社区多样化服务需要可以依据居民收入情况进行划分，主要分为两个方面，即面向中高收入群体的社区服务与面向弱势群体的社区服务。中高收入层次群体的社区服务主要偏重于社区环境与设施建设，如社区卫生环境维护、绿化养护、娱乐活动场所和设施建设等；社区居民的日常生活需要，如家政、餐饮、心理咨询、亲子活动等；社区居民医疗健康服务，如各类人群的日常生理或精神健康诊治、生育医疗服务等；社区文化生活服务，如知识培训、体育活动等。弱势群体的社区服务主要包括老年人健康和活动服务，下岗失业、无业人员等的再就业服务，身体残疾或精神障碍者的服务等。本书以 MD 机构在社区为社区自治组织的能力提升的社区服务和 XC 机构为社区老人争取福利的社区服务为例。

我们机构在三个社区都有服务项目，这三个项目都有调解队。当时申请时我们每个项目负责一个单独的小区。调解队伍的成员比较分散，所以我们尽量把三个队伍集合在一起进行培训。假如，要进行一些法律知识培训，我们会请相关法律专家过来进行辅导，这样可以有效建立起专家与他们之间的联系。我们每个队伍之间也定期进行一些调解经验的交流。调解队现在已经帮助社区化解了很多社区矛盾。(BJG - MD2)

我们上次帮社区里一位 80 岁残疾老人办理残疾证和居家养老申请。他不方便出门，我们跟村里面了解情况之后，就去帮助他做申请。他本身是残疾人又是困难户，家住得离村委会比较远，我们就联系居委会、残联去帮他申请。办理残疾证手续比较烦琐，既要在村委会办理，还去镇残联申请。申请残疾证是有时间限制的，不是说一下子就能办好，这些情况我们也都要跟老人解释清楚。最后帮老人办下来了，我们也觉得是发挥了中间作用。居委会、残联在我们告知这个申请对老人日常生活的重要性以后，各个部门都非常配合，办事效率都非常高。(TJG - RE3)

从上述个案中可以看出，社会工作是一门实操性很强的专业，在社会工作实务中如何发挥资源链接的作用，往往也是保障社会工作实务取得良好效果的基础。社会工作实务是一个系统化的过程，需要多方机制的互相协调才能达到效果的最优化。在社区矛盾调解或社区服务供给活动中，社会工作可以链接政府部门、社区社会组织、居民个体等各方面的资源，帮助当事人从不同的角度认识问题，得到全方位资源的关系网络支持。该关系网络的构建和完善需要社会工作专业力量的介入。专业社工机构要发挥搭建关系网络的优势作用，帮助服务需要者培育专业能力，促进矛盾当事人双方的沟通与理解及利益平衡。由此，专业社工机构形成了特有的社区行动能力，既成为类似社区问题的解决路径和方式，也实现了机构参与社区治理的功能发挥。

综上所述，社会环境主要通过需要、资源与关系的互动方式，与专业社工机构发生合作关系。专业社工机构在社会环境中充当管理者、资源获取和连接者、服务供给者以及倡导者等多重角色。专业社工机构积极参与社区治理的有效服务活动，通过打造多方联动的格局，引导社区居民共同参与社区建设和发展。

四、参与式社区空间营造

社区公共空间营造是实现居民参与最简单和最直接的途径（李郇 等，2018）。公共空间的营造有利于营造良好的社区氛围，有助于形成社区认同感。我国早期推行的是政府主导下的管控型社区发展模式，政府几乎主导社区的全部事务，安排居民的服务内容等。社区居委会虽然名义上为居民自治性组织，但实际上沦为政府部门的延伸单位或派出部门。专业社工机构的参与式社区营造有助于社区发展模式从传统的政府管控模式，向注重社区居民主体性和参与性的自主发展模式转变。政府不再承担主导社区事务管理的角色，而是只负责在社区营造初期提供各类资金或智力支撑，包括理念推广、技术支持和经验交流等。社会环境从需要互助、资源支持和关系网络三个维度，为专业社工机构介入社区空间营造提供了可靠保障。同时，专业社工机构进一步拓展和提升社区社会环境营造的氛围，促进社区居民的融合。从四市区社会环境的发展情况来看，当前，如何提升社区居民对公共服务和公共事务管理的参与程度是社区治理的重要内容，也是对专业社工机构社区治理能力和水平的主要考核内容。本章节主要选取三个专业社工机构提升居民社区参与的项目案例进行分析，这三个项目分别为 AD 社会工作服务中心负责承接的“时间银行”——社区互助项目；RE 社会工作发展研究中心负责承接的社区“益”起来——拆迁安置小区居民志愿服务项目；AL 社会工作服务社负责承接的“幸福邻声”——邻里关爱团项目。本章节讨论机构如何通过需要互助、资源吸纳和关系搭建与社区社会环境进行互动，打造社区、社区个体居民、社区社会组织、社区志愿力量以及社工机构共同参与的社区公共服务空间。

(一) 专业社工机构的发展概况

AD社会工作服务中心、RE社会工作发展服务中心和AL社会工作服务社分别位于G区、T市和B区的专业社工机构（机构概括见表6.1）。这三家专业社工机构服务项目的选择标准，主要有以下三点：一是居民社区参与服务项目的全过程均由专业社工机构参与规划、组织、推动和评估环节；二是该项目在居民社区参与的服务对象覆盖全体社区居民，不仅是针对单一人群的服务，而且是从三个不同类型的社区展开，如“时间银行”项目所在社区为老旧城市社区，社区“益”起来项目所在社区为拆迁安置社区，“幸福邻声”项目所在社区为高档商品房；三是居民社区参与的服务内容多元，不仅是针对某一领域的服务，而且是面向全体社区居民共同感兴趣的服务。基于以上三点，本研究认为他们有益于把握专业社工机构与社会环境的互动关系，从不同角度阐述机构社区参与式空间营造的可能性和必要性。

表6.1 专业社工机构的成立与业务范围概况

名称	机构概况
AD社会工作服务中心	AD社会工作服务中心是由N市AD基金会出资成立的一家专业社会工作服务机构，成立于2016年。AD社会工作服务中心以扎根社区，服务社群为服务理念，以打造N市最具影响力的社会工作服务机构为愿景，开展老年人社区关怀、青少年发展、妇女儿童支持、残疾人照料、流动人口服务、义工管理、社区矫正与辅导、家庭辅导与支援、城乡社区综合服务与发展、社会工作专业咨询与培训等服务
RE社会工作发展研究中心	RE社会工作发展研究中心是在中国科学院、T市市委市政府支持下，由T市民政局注册成立的一家非营利性社会服务机构。该机构现有专职人员49名，其中社会学博士后1名，社工专业硕士研究生6名，下设有行政部、社创部、评估部、社服部、社区部等。RE机构成为T市近900家社会组织中首家社会工作专业服务机构，首家枢纽型社会组织，首家致力于社区发展与治理的社会组织，首家走出T市到周边城市承接项目的社会组织
AL社会工作服务社	AL社会工作服务社是H市首家无业务主管单位的民办非企业单位，是一家综合型专业社会工作服务机构。机构的服务领域主要包括居家养老、儿童教育、家庭服务、社区文化、居民自治、社会组织孵化培育、社会服务教育培训等。机构致力于推动社会工作介入社会养老服务、青少年成长、社会救助、康复助残等服务领域、探索社工特色服务模式，破解相关服务领域瓶颈问题；积极搭建基层社会工作服务平台，发挥职业社工在基层社会服务尤其是社区服务中的核心作用，培养造就具有强烈价值感的专业社工人才队伍，支持其他专业社会服务人才、优秀志愿者的成长发展

（二）机构激发居民进行参与式空间营造

1. 需要挖掘与确定——参与式空间营造的契机

服务需要的确定和分析是专业社工机构参与式空间营造的基本立足点。专业社工机构在提升居民社区参与的服务项目开展前期，注重收集与分析社区所在地的实际问题、了解居民的服务需要，主要通过社区走访、重点人物访谈、社区观察等形式进行调查。社区走访是在社区范围内进行的调查，通过走访居民主要活动场所、特殊群体聚集地等，与普通居民进行对话，收集各类意见。重点任务访谈是指，针对社区内的重点人物，例如居民领袖、社区书记、社区特殊群体代表等进行访谈，了解当前社区存在的困境和需要。社区观察是带有目的性地针对社区内的某一现象或需要进行的观察，比如居民互动情况等。社区观察更具有针对性，将重点放在社会工作者对于某类现象的分析与预估上，而不是简单收集表象的信息。三个项目在进行需要评估时，主要发现居民社区参与存在以下问题和现象（见表 6.2）。

表 6.2　专业社工机构服务需要调查的内容分析

项目名称	项目所在社区的概况与存在的问题	项目所在社区的服务需要
“时间银行”	老旧小区；社区 60 岁以上老人占常住人口 20% 左右；弱势群体较多，人均收入偏低；服务需要高	家政服务、家电维修、咨询代办、儿童辅导、心理慰藉五大类服务，其中为老服务需要占社会服务需要总量的 39.8%
社区“益”起来	典型的拆迁安置小区；常住居民 4000 多人，人群以老人与青少年儿童为主；社区居民角色转换困难；社区缺少交流平台	社区认同感培养；社区青少年服务；社区交流平台搭建
“幸福邻声”	社区为高档商品房，硬件设施齐全，经济水平相对较高；常住人口 3600 人，大部分为外来流动人口；邻里互不相识是首要问题；居民对社区的认同感低；居民对社区公共环境和事务漠视	社区认同感培养；居民融合、邻里互助需要

2. 资源吸纳与供给——参与式空间营造的支撑

资源的吸纳与整合是专业社工机构参与式空间营造的主要支撑。社区内分布着个体居民、志愿者和社区社会组织的散点式资源，专业社工机构能够针对社区服务需要，有效链接和整合。“时间银行”——社区互助项目，是将“时间银行”与志愿服务相联系，其有偿性更能调动志愿者的积极性，成了志愿服务的一种新模式（陈友华、施旖旎，2015）。该项目通过存储和记录服务的时间来换取相应时长的志愿服务。“时间银行”的互助养老服务将有偿激励的方式注入志愿服务中，实现志愿服务付出与回报的统一。比如参与过服务他人的老人在自身需要帮扶时，就可以从“时间银行”支取相应时长的志愿服务。这样的互助模式不仅能够调动志愿者的服务积极性，还能够推动互助养老服务的持续发展。“时间银行”主要通过志愿服务时间积累的方式（见图 6.1）存储时间，社区社工会协助记录社区志愿者的服务时间，并按照服务时间的总量和比例，志愿者可以领取相应的物品、服务和现金。“时间银行”自 2014 年 8 月以来，共组织了近 3000 名个体志愿者、34 个志愿者团队开展志愿服务活动，累计服务居民 16.9 万余人次，累计时间存款 8.9 万个小时，支出成本约 32 万元。该项目的资金主要来自该社区所在街道成立的慈善基金会。

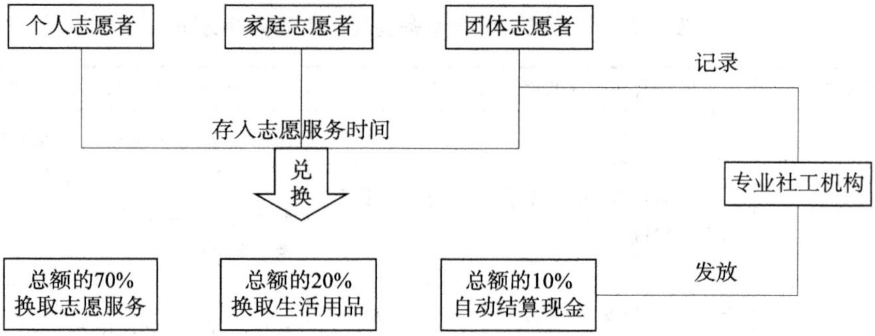

图 6.1 志愿服务时间积累的方式

社区“益”起来——拆迁安置小区居民志愿服务项目，专业社工机构针对不同群体需要，主要通过结合社区内精英资源，通过“5 + X”的模式，开展服务活动，即采取两名社会工作者加 5 名志愿者以及社区居民参与的模式来开展社区活动。在整个模式中，社会工作者作为协调者、社区志愿者作为组织者、居民作为参与者来开展活动。专业社工针对社区内青少年服务的需要，通过如 QQ 群、微信公众号等形式进行宣传，招募社区志愿者和参与活动的居民，挖掘和引导志愿者资源。移动互联网时代依托微信群在线协商社区公共事务的治理模式，是一种崭新的基层治理理念（闵学勤、王友俊，2017），已经成为机构在社区社会资源吸纳的重要路径和方法。机构在招募过程中，发现G女士有英语专业特长，W阿姨是小学退休教师，可以开展少儿英语和小学课业辅导的活动。机构通过与两位居民沟通，她们表示愿意加入社区志愿者队伍中，并愿意利用自身特长带动社区居民开展社区活动。机构通过与社区协调好社区场地后，安排G女士在居委会二楼图书馆，为小朋友教授英语；安排W阿姨和志愿者每周六上午九点辅导小朋友作业。同时，社工还通过征集社区居民其他的服务需要和活动意愿，发动志愿者开展了快乐厨房和暑期表演等活动。在活动中，专业社工机构以协助者和观察者身份参与，了解参加活动的家庭情况、参与活动的频率和对活动的建议等，做好活动评估与反思。

"幸福邻声"的邻里关爱团项目中，专业社工机构结合小区居民认识交流的需要，通过社会工作者、居委会筹备组成员通过小区调研、入户走访、摆台宣传、问卷调查等多种方式传递公益理念，以"幸福邻声"送祝福为载体，吸纳招募热心居民走出家门，促进社区参与，孵化培育以公益服务为内容的居民志愿者团队——邻里关爱团。具体而言，首先，活动初期，机构带领社区志愿者服务团队进行入户走访，将社区内的志愿者和居民进行对接，组织邻里关爱团，协助成员与邻居建立良好关系。社工带领成员主动了解本楼栋及周边楼栋邻居的信息与需要，为结婚、生子、乔迁、老人过寿、孩子考学、重病或残疾人士、家庭突发重大变故的家庭送去祝福与关怀。同时，专业社工机构定期召集团队成员召开分享交流会，挖掘团队中的居民骨干和精英人群。第二阶段，随着项目推进开展，专业社工机构专项培养居民骨干，加强他们自身对团队的建设。除了参与各类志愿服务活动外，一些具有唱歌、跳舞、手工等特长的成员，其带动其他社员的影响力较大。机构社工将精力放在吸纳更多的热心居民，通过微公益项目的形式带领他们自发参与社区公益，成为社区公益活动的组织者和主要推动者。这为推动居民自治进程奠定了良好的基础。

3. 关系协调和搭建——参与式空间营造的呈现

关系有效协调与搭建指专业社工机构打造参与式空间。关系的搭建能够满足社区居民矛盾化解，以及社区居民服务供给的需要，形成良好的社区参与空间（见表6.3）。同时，专业社工机构帮助社区居民实现从"自娱自乐"到

“参与治理”，从“单一活动”到“项目运作”，从“各自为政”到“抱团取暖”的转变，营造了多元居民参与的自治氛围。

表 6.3 专业社工机构关系协调和搭建的方式与途径

机构	关系的协调与搭建
AD 社会工作服务中心	“时间银行”真正使社区居民参与到社区民生服务当中，形成了志愿者提供基础服务、社工和专业人员（护理员、专业技师等）提供专业服务的服务模式，促进了社区服务全民参与的良好氛围
RE 社会工作发展研究中心	社区“益”起来项目形成了社区居民为活动主题，社会工作者为引导者的角色，动员组织社区志愿者、社区居民对整个活动内容、形式、时间等出谋划策，实现社区居民既是参与者又是组织者的目标，增强社区参与
AL 社会工作服务社	“幸福邻声”形成稳定的邻里关爱服务队伍，机构通过社区计生、民政、残联等公共服务平台，在居委会、居民代表、社区社会组织和物业等多方参与下形成邻里关爱团，共同承担社区公共事务，促进了邻里交流

（三）参与式空间营造的形成：基于不同机构服务项目的比较分析

从上述三家专业社工机构推行的社区参与的服务项目来看，营造参与式社区空间是机构与社会环境互动的主要动力与目标。社会环境通过对专业社工机构的服务需要、资源供给和关系网络的方式，与机构发生互动，形成社区居民和专业社工机构共同参与社区建设和社区发展的空间格局。由此可见，处理好社会环境与专业社工机构的互动关系，亦是机构社区治理中的重要环节。

本研究中专业社工机构社区治理的行动逻辑，强调从不同样本中提取机构社区治理中的共同影响因素，解释不同机构在面对相同情境时的行动共性。根据以上案例分析可以发现，社会环境与专业社工机构的互动有以下三个共同点：第一，居民的社区参与是专业社工机构营造社区空间的主要方面，亦是当前机构社区治理的重要目标之一。虽然上述三家机构的服务项目有其服务对象和服务目标的针对性，但服务的宗旨是探寻机构如何通过项目服务于社区居民，服务于社区，打造居民与社区良性互动的和谐关系。第二，社会资源中居民个体、志愿者以及社区社会组织等社区精英的服务资源丰富，是社区空间营造的主力军。专业社工机构所能够链接和吸纳的社会资源充足，关键在于机构要提升其挖掘和发现资源的能力和技巧，使其能够为社区治理服务。这是机构参与式空间营造的核心环节。第三，社区内居民个体、志愿者等资源，本身并不共同构成社区行动能力，需由专业社工机构进行关系网络的搭建。从上述服务项目可以看出，随着社区流动性越来越大，社区居民的异质性程度显著。不同居民由于其各自特长或能力，可以成为社区治理的重要力量。但社区居民的参与意识不足，会使其特长或能力散落在社区内部，需要专业社工机构的关系网络搭建，形成了社区、社区居民和社会组织共同参与治理的核心力量。通过上述分析可以得出，专业社工机构是居民参与式空间营造中不可替代的组织者、推动者和激励者。社会环境与机构的协作是社区治理的重要环节。

第二节　空间滞后：需要、资源和关系维度下的社会环境限度

伴随着国家对基层社会控制意愿的减弱，与居民日常生活息息相关的社区服务、社会资源和关系网络的供给与维系成为社区治理成效的关键。本研究四市区专业社工机构与社会环境在社区治理互动的实践中仍呈现出诸多不和谐因素，引发了相关研究者的关注和研究。本节试图探析专业社工机构与社会环境互动中存在主要问题的现状及根源，为接下来机构寻找相应的行动策略奠定理论和实践基础。当前，专业社工机构在与社会环境互动中存在社区治理空间滞后的现实困境，主要表现在居民社区参与的意愿与专业社工机构在地行动的失衡、精英和基金会供给与机构合作的“碎片化”现象严重以及社区行动能力不足与机构权威性质疑的矛盾。上述社区治理空间滞后的表现是本研究制约专业社工机构社区服务体系建设的重要瓶颈。

一、对接失灵：居民社区参与的需要与机构在地行动的失衡

服务需要的对接失灵是社区治理空间滞后的主要表现形式之一，其是由居民社区参与意愿与专业社工机构行动能力欠缺的矛盾产生的。参与是指居民以主体的身份对社区事务的决策进行博弈，是既充满争议又激发认同的过程（杨敏，2007）。利益需要的契合是吸引居民社区参与的最直接动力。居民社

区参与的利益驱动与专业社工机构的实际行动无法满足居民利益需要的矛盾，已经成为阻碍专业社工机构与社会环境服务需要对接畅通的重要因素。但社区公共利益的客观存在并不能成为居民社区参与的充分条件。从四市区16家专业社工机构参与社区治理的社会环境现状分析，居民的社区参与意愿不足直接降低机构在社区组织活动的成效，而机构在地行动的失效又进一步导致社区居民参与意愿的丧失。

（一）居民社区参与意愿的利益动力缺失

社区参与不足一直是困扰我国社区发展的重要阻碍，如何从单位制下的动员式参与过渡到权责观驱动下的主动式参与，实现社区迈向参与、居住和融合的公共空间（闵学勤，2014），是当前我国社区治理亟待解决的重要议题。社区居民的公共意识薄弱，缺乏利益动力参与社区公共事务管理，居民对社区的归属感严重缺失。社区居民参与意识淡薄成为制约社区治理发展的重要因素。我国社区建设和发展尽管正从"单位制"向"社区制"转型，但居民的经济利益和社会福利需要等仍主要由国家或工作单位供给，与社区的联系并不紧密。因而，当前社区制框架并未完全建立，社区还无法代替单位成为居民关注的重点，居民仍缺乏对社区的归属感，主要表现为多元人群社区参与的不均衡，以及居民社区参与的内生动力明显不足。

1. 多元群体社区参与意愿的不均衡性

博克斯（2005）界定了三种类型的公民：第一种是"搭便车的人"，这些人免费享受公共物品而让他人履行公民的职责，被认为是公共服务的消费者；第二种是"看门人"，这些人只参加与自身利益相关的主要社会事务活动；第三种是"积极分子"，这些人热爱公共生活并积极参与有利于社区公共利益发展的活动项目。在社区中，大部分居民都属于"看门人"或"搭便车的人"（卢学晖，2015）。从本研究的总体调研发现，参与社区活动的居民是老年人、下岗失业人员等一些弱势或特殊困难群体，还包括中年家庭主妇、青少年人群，他们多是为了打发闲散时间，参与一些娱乐性或免费义诊类的社区活动，很少参与社区公共事务的管理。而在职的社区居民与社区直接利益的相关性较弱，大多无暇或不关心社区事务，参与度相对更低。

我们在社区里经常接触的居民还是以老年人和儿童为主。我们社区有老年大学，还建有手动艺术园和科技园地，很吸引老人和小孩。但是年轻人很少参加活动，上学的上学、上班的上班，他们到了周末，也是要么在家休息，要么就出去玩，很少在社区的公共空间活动。所以，我们的服务人群主要是“一老一小”。(JJG－YC2)

我们现在的活动大部分都是针对老年人。我们这儿是农村社区，现在年轻人很少在家。我们白天下去走访，年轻人基本上都是不在家的，家里基本都是年纪大、干不动活的老年人。(TJG－RE3)

2. 居民社区参与公共意愿缺乏

居民社区参与的意愿主要是以被动型参与为主，且参与层次偏低。居民社区参与意愿的不足主要原因之一是受限于其社区参与的能力不足。居民通过自己组织活动，或是发动身边居民进行活动的能力还较为欠缺。由于传统的社区管理体制较为僵硬，政府包办居民的社区各项事务，居民大多缺乏参与公共事务管理的知识、经验与技能，再加上相关事务的信息公开程度较低，居民的社区参与主要集中于较低层次的文娱休闲类事务，政治类型的活动参与较少，社区公共事务决策类活动参与较少。比如，居民对于社区内重大事项、居委会成员、选举业主委员会代表、人大代表等社区公共事务或政治类活动的参与和讨论活动较少。尽管我国居民生活水平日益提升，居民对社区事务参与意愿较以前已经有所提高，但总体来看，居民的社区参与意识仍有待提高和增强，居民参与不足仍然是社区社会组织发展的重要瓶颈。其原因主要有以下两方面因素：其一，老旧或农村社区的居民易受传统思想、地域、年龄、文化素质等因素的影响，缺乏参与社区事务的意愿、意识和能力；其二，新型城市社区的居民迫于工作、生计、生育、养老等压力，即便具有社区参与的意识和能力，也没有精力和时间积极参与社区活动。此外，城市化进程的速率加快，带来城市社区的异质性变强。社区人口的结构复杂性增强，居民之间的陌生感使得信任关系难以较快形成和维持，这也在一定程度上降低了居民社区参与的意愿。因此，如何激发社区居民参与意愿已经成为社区和社区社会组织面临的巨大挑战。以J市和T市的社区为例，驻点社工认为该社区居民的参与意愿明显不足是机构社区治理面临的难题。

我驻点的社区居民参与社区管理和活动的积极性不高，根本原因在于居民参与社区治理的意识不强。他们认为社区治理是社区居委会或是政府的事情，与自己无关。相比较而言，文化程度相对较低的居民参与意识非常淡薄。一部分文化程度相对较高的居民有这种意识，但是他们忙于工作或学习，并没有充分的时间和精力参与社区管理和建设。(JJG－YJ2)

农村的老年人普遍文化程度不高，对他们说参加社区活动是居民的权利和义务这样的话，他们听不懂的。他们来参与活动的目的就是我来参加活动能得到点什么好处。(TJG－RE3)

(二) 机构在地行动能力缺失，无法满足居民参与需要

1. 机构对居民参与服务供给的内容单一

专业社工机构的在地行动能力缺失主要表现为居民社区参与服务的供给内容和供给渠道单一，其主要原因仍是机构的专业服务能力缺乏所致。专业社工机构提供的服务内容主要为志愿服务和文体活动两类，服务对象较为关注社区中的弱势群体和特殊人群，活动以文娱活动为主。从服务供给的内容和方式来看，专业社工机构所提供的社区服务虽然具有贴近百姓生活、灵活性和开放性的优势，但仍然呈现出非规模化、非专业化的粗放型特征，即服务范围较窄、服务方式较单一、服务层次较低以及服务可持续性较弱。从社区居民的参与者来看，社区活动参与人群有限，吸引力较弱，基本上只能吸引老人、小孩参加，年轻人的参与率非常低。BJ 社会工作服务的社工负责的是 B 区中高档的社区，她认为社区服务内容的匮乏是社区居民参与不足的重要因素：

现在我们做服务遇到很大的瓶颈，是吸引年轻人来参加活动。现在组织年轻人的活动成本太高，需要有创意、有特点才能吸引他们。这样的活动很难策划和举行。如果开展一个做手工的活动或者教一些普通易学的东西，那么年轻人完全可以自己在手机上咨询或学习。不像老年人、小孩，他们不太接触互联网，社工可以很容易做一些简单的活动吸引他们。(BJG－BJ2)

同时，专业社工机构的活动设置往往都是简单地以精神需求为主的小活动。专业社工机构由于自身资源、能力等限制，对于社区内经济需要的困难群

体，通常无法满足，这样也降低了居民的社区参与积极性。CXZ 社区隶属于 T 市的农村社区，该社区驻点社工认为机构服务能力无法满足居民需要是当前影响社区居民参与的主要因素。

老百姓各种各样的需求太多了。我们这边主要是城乡接合部，他们主要的需求其实是经济需求。说白了，小区居民大多还是农村人，他们当中特别是老年人对经济需求比较大。但是我们没有那么多经费来满足他们的经济需求。精神需求的活动开展起来一般成本比较低，所以我们的活动还是以精神需求为主。（TJG－DY4）

2. 机构对居民参与服务的供给渠道单一

居民的社区参与还缺乏多元和通畅的参与渠道。专业社工机构对社区活动组织的形式化色彩仍然较为浓厚，忽视了居民的实际需要。只有在社区居委会有工作需要安排时，专业社工机构才会召集居民参加社区活动；或是政府有关部门有相关工作要求和指示时，机构才会组织居民进行社区参与。有的专业社工机构在居民活动组织方面有应付政府部门或社区的任务心理，这种行政化色彩使得机构在面对居民服务时并不能时刻以居民需要为己任，多以普通小活动居多，而关于社区公共事务管理的居民宣传明显不足。一些居民即便想参与社区事务，也因为没有渠道而无法有效参与。以上弊端都严重地抑制了居民社区参与的积极性。B 区的 BHSJ 社区居民认为社区参与的形式化导致居民参与渠道不畅，降低了居民社区参与的积极性。

社区选取社区代表，搞一个社区业主委员会。我感觉都是形式化的东西。说实话，我都不知道业主委员会的代表是谁，我都不认识，能真实代表我的意愿吗？这几个是怎么选出来的？为什么选他们？是不是应该让每个社区居民都知道？上次社工搞了个社区管理和建设评价问卷，我就拿这个例子说他们："你们自己都选好了，还让我们评价什么呢？"（BJM3）

二、资源缺位：精英和基金会与机构合作的"碎片化"

资源缺位是社区治理空间滞后的又一表现方式。社区精英和基金会资源供给的非常态化和可持续性不强，致使二者对专业社工机构的资源供给呈现出“碎片化”特征。资源是组织生存和发展的根本。离开了资源保证，专业社工机构参与社区治理的能力和水平将受到很大程度上的限制和制约。

（一）社区精英资源供给的稳定性和持续性不强

社区精英主要包括社区内楼栋长、社区志愿者队伍以及社区自治性组织的负责人和成员等，其年龄分布都在 40 岁以上，尤其以 60 岁左右的居民居多。他们在资源供给上存在自身能力和内驱动力不足的双重缺失。首先，社区精英的身份和动机问题，导致其社区参与的周期不稳定，进而导致社区精英的人力、文化、物质等资源的缺位。社区精英的权利义务边界不明，缺乏明确的权责规定，使得他们在社区参与中的权威性，不能获得所有社区居民的认可或认同。社区精英的身份往往不能令其在社区内实现自身价值。同时，加上社区外部激励制度的不完备，社区精英在社区参与中时常出现短暂的懈怠现象，对志愿热情有所下降。其次，社区精英的统筹能力参差不齐，其社区治理的组织化能力明显不足，增加了社区精英资源不稳定性的风险。这一部分社区精英是社区的热心人，都能很好地融入社区，但不关注公共事务管理，对于参与社区公共事务决策较少。社区志愿者由于对专业的实务与工作方法不是很熟，虽然经过培训，但也有可能出现失误。在调研中发现，上述两点因素是社工普遍认为社区精英未能实现其资源价值的关键制约因素。

> 我们的项目里每年都有培育社区志愿者、社区社会组织的指标。比如志愿者培养，在项目里规定是一年要培养 200 名志愿者。我们完成这个数量是很容易的，但是这里面能真正成为社区骨干参与到社区治理中的非常少。很多志愿者就是一时兴起，报个名，但是参加一两次活动以后，就没有热情了。后面基本就不再参加了。（TJG－XC2）
>
> 社区志愿者的能力不一是当前志愿资源不稳定的主要缘由。以我所服务的社区为例，我们社区的志愿者大多为 50 岁以上的老年人，占总数的 60% 左右，而 30 岁以下的年轻志愿者仅占 10%，甚至更低。老年志愿者大多在社区时间长，空闲时间多，服务热情也很大，在社区具有一定的感染力和号召力。这是他们的优势。但是他们的问题就在于老年人的学习能

力有限，接受新事物、新知识和新技术的能力明显下降。因而，老年志愿者能够提供社区服务的形式和内容都较为单一。年轻志愿者的学习能力较强，与社工的沟通和合作也较为顺畅，但受限于他们工作时间较多，志愿服务的时长相对较短且时间稳定性较差，因而，他们能利用的固定时间变动性大。志愿者的资源不稳定性就成了我们在社区开展活动的一大难点，需要花很多的精力与时间进行统筹安排。（BJG - AL3）

（二）基金会资源项目化供给的高门槛和非常态化

基金会对专业社工机构的资源供给，主要是通过项目化形式，一般是指在一定周期内，围绕一定服务对象和服务目的进行的资源匹配。从调研访谈资料发现，基金会对机构的资助方式呈现出“高门槛”和非常态化特征。“高门槛”是指基金会对资助项目的服务内容和形式的创新性要求较高，对服务款项的审计严格。如此，专业社工机构对基金会资源获取存在一定的挑战和难度。T市QL社会工作服务中心的负责人认为基金会的资助门槛高是资源获取难度大的主要原因：

基金会的资金基本上都是定向的，申请门槛特别严格。就算拿到钱，看起来怎么用管得相对比较松，但是最后的审计会特别严。所以现在基金会的资助，就算你拿下来了，最后的审计也很麻烦，况且它也不好拿。并且它基本上是针对特殊人群的，主要是扶贫扶危救困应急救助的那种类型，比如说那些危险人群或边缘群体。这部分人群，社工机构要做得有创新性和可行性，难度很大。（TJG - QL1）

G区的民政局基政科科长也谈到基金会对社会组织的扶持条件高，而当前社会组织专业性不足是阻碍组织基金会资源获取的屏障。

基金会扶持得很少，基金会是有，像爱德基金会发布项目要求条件很高，我们现在社会组织普遍是力量比较弱的，不够规范，所以好多不符合他的资助条件。（GZ1）

基金会项目资助的非常态化是困扰专业社工机构资源不稳定性的又一重要因素。基金会的项目资助秉持费随事转的原则，基本合作项目终止后，基金会为保持其扶持范围的多元性和多样化，并不会只选择一家社会组织进行合作。专业社工机构为寻找资源，还需要寻求其他基金会的合作。这无疑也为专业社工机构的发展带来一定的资源供给限制。此外，社区基金会的申请门槛相对较低，但由于其基金会规模较小，且资助的金额相对较低，尚未能形成对机构的持续化资源供给。

三、关系失调：社区行动能力有限与机构权威性受到质疑

关系失调是社区治理空间滞后的又一表征。长期以来基层的社会管理事务大多被行政事务占据，社区治理的重点往往放在行政管理而非社区自治的实务上。社区对于居民个体的资源、组织资源、文化资源等关系资源，并未有效地利用，导致社区矛盾频发和社区服务缺位。这种传统的社区管理模式直接造成社区调动和协调民间资源的行动能力欠缺。同时，专业社工机构由于自身专业性不足、社会认知度低等问题，使得其在社区中的话语权地位受到威胁，其链接关系网络的平台效应无法有效施展。

（一）关系网络缺失导致社区行动能力的基础缺失

我国社区建设和居委会办事的行政化色彩浓重。社区居民长期受到单一和封闭的社区事务参与方式影响，大多数居民是在社区工作人员劝导和动员下被动参与，对社区参与的关心程度和主动性普遍偏低，且随意性较大。有相当一部分居民对社区参与的活动只是敷衍了事，活动内容的形式化成分较多（胡国民，2013）。这种被动式和低程度的社区参与导致社区居民无法通过有效的途径和渠道介入社区公共事务以表达自身利益诉求，极大地降低了居民社区参与的积极性，减少了居民社区参与的行为。

> 居民现在这种社区活动参与度并不高的一个原因是他们跟社区干部的矛盾还是蛮多的，所以他们不会自愿参与到治理当中。我们机构平时搞活动，包括社区搞活动，大部分都是请一些居民小组长之类的，真正的老百姓参与得很少。他们并没有觉得参与社区建设是居民自己的事情。比如他们听到要治理这块地方，可能还要唱反调。社区也觉得只要没有什么安全

大问题，也不会去在意居民参与这个问题。（TJG－QL2）

同时，社区作为专业社工机构参与治理行动的重要场域，只有自身发展和成熟才能为机构的发展提供适当的生存环境。然而，我国社区建设历时较短，社区管理的经验较为缺乏，再加上我国社区居委会并未成为真正意义上的自治性组织，社区与街道关系仍处于一种传统的上下级管理模式，导致社区呈现出行政色彩浓厚、行政事务繁杂等特点。社区经常疲于应付上级各部门的检查、考核、会议和培训等，这些事务耗费了社区工作人员大量的时间、人力和精力，以致无暇顾及社区居民的自主性参与行为，一定程度上减少了居民社区参与的途径和渠道。社区参与行为的减少直接导致社区关系网络的缺失，难以有效开展社区行动。

虽然现在实行网格化管理，但是行政的任务下放到社区下面站点的时候是分不清的。我们有社工网格，但做的都是行政工作，或是有太多交叉的工作，不厘清职责，机构的工作没法开展。为此，我们跟社区书记做过多次交涉。（BJG－AL2）

（二）机构的权威受到质疑导致关系协调不畅，无法有效提升社区行动能力

1. 组织专业能力有限导致其权威地位受到质疑

专业社工机构的权威性是其能够有效对接关系资源、搭建关系网络的核心。而当前社工机构的专业能力不足是导致其权威性受到质疑的首要因素。首先，机构缺乏完善的管理结构和运行机制。由于我国专业社工机构介入社区治理的模式和方式尚处于摸索阶段，缺少社区管理和建设经验。加之我国社工机构自身的发展仍处于起步阶段，缺乏完善的规章制度、组织架构和监督机制等。大多数机构缺乏专业的理论和方法指导，使得组织管理流于形式。其次，社会工作专业人才缺乏。社工专业人才无疑是专业社工机构社区治理有效行动开展的重要基础。但专业人才的缺乏，使得社工在面对复杂的社区居民和社会情境时，缺乏专业的沟通交流能力、组织管理能力、策划活动能力和创新能力等专业技巧和方法。专业社工机构有效链接社区资源的前提是机构与社区和居

民双方建立互信关系，且能够实现良性互动。然而，上述组织专业能力的不足直接导致社区和社区居民之间无法建立起与专业社工机构的信任关系，从而机构无法有效实现获取和链接社区资源的能力，进而无法实现社区行动能力的激发和提升。

> 我们机构有个婴幼儿中心。最初我们跟社区书记沟通后的意见是由社区来运营，社工通过购买岗位上岗。结果书记说你们最好能自主运营，我们前期把中心的硬件设施给你们打造好，你们社工自己去运营。人家社区直接来倒逼我们机构了。因为我们刚开始还是按老模式，写项目书、购买岗位、服务经费，我们社工只是去社区开展活动。社区书记直接说这样不行，我已经给你们提供场地了，你们要是做不了，我就找其他机构。在这样的倒逼形势下，我们重新换了一种思路，我们感觉自己需要不断地充电、进步，不然很难在社区立足。（BJG－AL2）

2. 社会工作公众认知度低致使机构的权威性不足

我国社会工作发展起步较晚，其专业化水平不高，社会认知度明显不足。很多居民误将社会工作者简单等同于居委会的工作人员，或是政府或社区派遣的义工或志愿者等，大多对社会工作的价值理念、工作内容等一无所知。因而，社工在社区开展服务时困难重重，不易被居民接纳或认可。组织的独立性是其专业性发展的基础和前提。从调研资料的收集过程和资料分析可以发现，社工机构本应具有独立于政府之外的自我管理和发展模式。但由于我国传统行政化的社会组织和社区管理方式，社工必须在政府和居委会的各项约束下进入社区开展工作，因而，机构的独立性难以保证（谭磊、丁建定，2011）。并且，社工机构在社区还需要完成居委会委派的工作，导致社区居民常常误以为社工就是政府安排为他们义务劳动或服务的，忽略社工本身的专业性特质。同时，社区居委会对社会工作的认知不足也是影响其专业性和权威性的重要因素之一。社工时常被居委会误认为是上级政府派来协助他们行政工作的帮手，故而与机构形成了领导与被领导的关系。而社工机构鉴于社区工作的开展必须依赖社区的各项资源，不得不变相地接受其领导而弱化自身专业化角色。可见，专业社工机构的公众认知度低导致机构在社区中的专业地位不显著，阻碍了机构在链接社区资源和供给专业服务的功能发挥。

我们一开始入户走访，居民会以为我们是社区工作人员。结果一介绍是社工，他们压根不知道社工是什么，立马把门关上。我曾闹过一个笑话。我刚到这个小区进行走访的时候，居民还打电话给社区和物业举报我，误以为我是散发小广告的商贩。表面上，我们社工跟社区其他工作人员是平等的；实际上，在社工没有来之前，社区是行政体制中最基层的，是兜底的那一种。但是社工来了之后，社区就认为有人来兜底了。他们把很多事情都甩给社工去做。社工做了他们的工作，他们就比较开心，觉得终于有人来帮他们干活了，但是他们不知道社工身上背负了很多工作任务。因为政府花钱购买机构的服务，是需要社工去完成的。但我们来到社区以后，社区领导会让我们帮助他们处理行政工作，美其名曰我们是专业的。(TJG－RE2)

通过以上分析可以发现，社区关系网络的缺失不仅导致社区行动能力受限，而且成为专业社工机构成长和社区行动能力提升的重要阻碍因素。同时，专业社工机构自身的权威性不足导致其无法实现自身链接资源的平台效应，致使其参与社区治理的社会环境支持要素缺位，成为机构与社会环境互动的重要障碍。

四、双社互动困境下的社区治理

本研究的“双社”互动是指专业社工机构与社会环境的互动。上文中社区治理空间滞后的三方面表现，形成了社会环境对专业社工机构的环境限制，导致其参与社区治理的参与激励、协同服务和构建规制的功能弱化，即机构与社会环境互动困境造成机构社区治理的行动目的无法有效实现。从本书的调研中发现，专业社工机构和社会环境在社区公共服务领域的合作方式比较单一，且合作层次较低，没有建立更高层次的战略合作关系以实现共赢。

第一，居民社区参与意愿的内生动力不足，难以有效激发社区居民参与治理的积极性。居民的社区参与是衡量专业社工机构介入社区治理的主要目标之一，是衡量社区治理成效的关键因素。利益需要的契合是吸引居民社区参与的最直接动力。居民社区参与的利益驱动与专业社工机构在地行动无法满足居民利益需要的矛盾，已经成为阻碍专业社工机构与社会环境服务需要对接畅通的重要因素。由于利益驱动不足，居民社区参与意愿普遍低下，而专业社工机构在地行动无法形成有效的参与机制，提升居民的社区参与意愿。因此，专业社工机构与居民服务需要的对接失灵，阻碍了机构促进居民社区参与的主动性和积极性。可见，需要的对接不畅直接导致专业社工机构无法满足社区居民的服务需要，无法实现居民社区参与功能的有效提升。

第二，社区精英和基金会供给的非常态化和可持续性不强，致使二者对专业社工机构的资源供给呈现出“碎片化”特征。充足的资源是专业社工机构提供优质和专业服务的根本和基础。机构离开了资源保证，严重阻滞了其参与社区治理的能力和水平，无法有效为社区提供专业服务的供给。社区精英和基金会的供给不畅，会导致专业社工机构的低质社区服务供给的马太效应不断升级，从而无法实现机构专业化服务治理需要的愿景。

第三，社区治理空间滞后，直接导致专业社工机构在社区生态支持环境的缺失。生态环境的建设缺失会影响机构在社区的话语权和权威性地位。同时，专业社工机构的社会影响力仍较低，且自身的专业性不足，造成其专业性受到社区居民的质疑，机构的枢纽型地位开始遭受质疑，其在处理社区治理中的问题时建立的社区制度和约定并不会受到居民的认可与认同。

综上所述，社会环境在为专业社工机构构建社会条件的同时，问题也伴随着条件共同成长，如何有效突破当前的社会环境限度，是专业社工机构需要解决的重要难题。

第三节　互助精神：专业社工机构突破社会环境限度的策略分析

互助精神是我国传统社会价值观的主要核心内容之一。社会的友爱和互助强调“亲友互助”“邻里相助”“患难与共”等熟人之间的关爱，也包含“助人为乐”“一方有难、八方支援”“我为人人、人人为我”等对陌生人的关心和鼓励。我国社会主义市场经济促进熟人社会向陌生人社会的转变，城市社区从“单位制”向“社区制”转变，促使社区居民对社会组织或团体的依赖性增强。共同核心价值体系的建立，成为新形势下社区居民共同生存和发展的重要依托和手段。因此，互助精神基于社会环境中“邻里相助”价值观的遵循，可以成为专业社工机构在社会环境中策略选择的基本出发点。互助精神不仅是专业社工机构与社区居民和社区社会组织之间的互助，同时也要发挥社区居民之间的互助意识和培育互助能力。本研究在专业社工机构与社会环境的互动过程中发现，它们通过组织运作、价值理念和专业方法的运用化解社会环境的困境，均是以互助精神为策略手段的原则指引，实现与社会环境的良性互动，达成社区治理的目标。

一、“微公益 + 特色项目 + 服务”：机构激发居民社区参与的组织运作

专业社工机构以互助精神原则为指引，通过“微公益 + 特色项目 + 服务”的运作方式，既实现了机构参与激励的社区治理目标，也进一步激发和帮助社区居民实现社区参与的利益需要。社区治理强调各治理主体之间通过深度开展的合作和互动，来调和社区内多元主体间的利益冲突，因而仅有独立参与自治的主体资格和参与意识是远远不够的。专业社工机构和社区居民的深度合作与互助是以利益交换为前提的，机构通过服务平台的搭建，以微公益创投和特色项目相结合的方式，培育和孵化社区社会组织，推动社区社会组织有效参与社区治理，满足了社区居民对机构有效服务社区的利益需要。在新的社会形势下，社区居民对公共服务内容和质量的要求越来越高，社区本身能够满足居民各类服务需要的能力有限。而在社区内，热心居民很多，活跃的社区社会组织也较多，它们潜力大，资源丰富，一旦被专业社工机构链接和激活就可以满足社区的各类服务需要。社区社会组织参与社区治理行动是社区居民积极参与并达成合作的一种集体行动，即以组织化方式实现对社区公共事务的参与，以解决社区问题和促进社区发展（邱梦华，2017）。社区居民以组织化的方式参与社区治理，使得居民社区参与更具有持续性和稳定性的特征。因此，专业社工机构通过特色项目为契机，以微公益创投为依托，将热心居民和社区社会组织整合起来，激发居民融入社区。微公益创投项目的形式能够深入挖掘社区参与的内在驱动力，逐步树立社区居民的稳定参与意识，满足居民社区参与的利益

诉求，进而形成有效的社区参与。

MZ 社区微公益创投项目是 B 区 MD 社会发展服务中心[1]协助社区居民开展的相关主题活动，旨在通过社区微公益创投建立和完善以社区为平台、以社会组织为载体、以社会工作人才为支撑的“三社联动”机制，着力扶持社区社会组织，培养居民核心骨干，打造品牌化公益项目，提高居民对社区公益服务的认知度和参与度。截至 2018 年年底，MZ 社区微公益创投项目共开展活动 200 余次，服务对象覆盖了社区青少年儿童及其家长、中青年和老年人群体。通过微公益创投项目，建立起“微公益 + 特色项目 + 服务”的居民特色社区参与模式，为社区自治注入活力，营造多元居民自治氛围，增强社区自主参与意识，推动社区发展。

（一）MZ 社区微公益创投项目设计紧扣居民利益需要

专业社工机构通过对 MZ 社区的问卷调查、走访、会谈等形式，针对辖区内的普通居民和热心居民、社区社会组织进行了服务需要调研。从 MZ 居民需要的问题中，社工发现尽管社区居民要求给予式的利益诉求较多，但是较多的社区热心居民以及社区社会组织都有为社区做公益服务的意愿，希望参与社区建设，但是苦于没有很好的参与渠道。从 MZ 社区层面，社区虽然在社区治理环境下进行体制改革，但仍以行政为主，同时，社区工作人员较少，难以在社会服务上投入过多的精力。专业社工机构针对居民的利益需要，通过社区微公益创投，坚持以社区居民需要为导向，形成社工支持、服务支撑、路径引导的运作机制。同时，MD 社会发展服务中心致力于通过项目对社区居民自治意义和价值的宣传和倡导，统一社区工作人员、社工以及其他相关团队的思想和行动。MZ 社区微公益创投项目经过项目调研、征集，涵盖了为老服务、青少年儿童服务、文娱康乐、社区营造等多个领域。

---

[1] MD 社会发展服务中心是由安徽实践家文教慈善基金会发起成立的专业社工机构，于 2014 年 12 月 25 日正式登记。机构坚持“以人为本”的理念，承接政府与社会团体等委托的社会服务。机构成功运营 B 区两个社区社会服务中心和一个社会服务站，积极招募、培育志愿者团队，践行自愿、志愿的原则，开展志愿者活动。

(二) 机构助力多渠道征集微公益项目

MD 社会发展服务中心从宣传策划上，通过多种渠道如微信、QQ、小区公告、走访动员等形式，面向社区辖区的企业、社会组织、其他社工机构、大学生志愿者联盟和社区居民发布活动通知，征集服务项目。并且，微公益创投项目为了吸引更多的社区居民和组织的参与，降低了项目申报门槛，打破了以往只针对正式社会组织的惯例，除了热衷于社区公益或有一技之长的“草根”居民踊跃参加外，该项目还吸引了辖区企业和一批大学生志愿者等。机构从服务要求上，要求服务项目尽可能规范化、正式化、简单化。最终，“小记者、大世界”“不老梦想秀”“美味生活我做‘煮’”等覆盖老中青等人群，文娱康乐、社区营造等多个领域的项目入选，获得了 300 ~ 2000 元不等的扶持资金。

(三) 机构协助项目实施过程和团队专业成长

项目申报完成后，MZ 社区社会服务站对申报材料进行初审，初审后，由 MD 社会发展服务中心和 B 区社会组织服务中心等第三方机构评估组成的专家团队进行评审。评审项目公示无异议以后，立项的团队会根据评审委员会意见和经费支持情况，优化项目方案，以使项目计划书更加合理严谨。机构会协助完善活动计划，挖掘培育社区内在的人力、物力、财力等资源，联合社区内多个治理主体（社区居民委员会、业主委员会、社区居民与其他社区社会组织等），共同回应社区问题或需要，最大可能地让社区治理主体在小区治理中进行相互合作。例如，社区通过提供场地、管理等支持，项目团队主办和负责活动实施，社区立足于协调和参与项目整个实施过程。

同时，在项目实施过程中，MD 社会发展服务中心对多个入选项目开展的活动给予不同程度的技术、资源等方面的支持，全程跟踪，定期督促其报送项目实施的进展情况，同时引入第三方评估机构对项目的不同阶段进行专业督导和评估。在前期，社工机构对团队进行引导和培养，通过定期召开例会、去其他社区参观学习，让 MZ 社区微公益创投项目负责人对于项目的实施和在社区的发展有了更清晰的概念。后期在成熟的服务项目基础上，机构培育和孵化使之成为社区社会组织，并提供培训骨干、筹划活动等服务，让他们共同参与社区服务。

综上所述，专业社工机构通过微公益创投项目，给予社区每个居民、社区社会组织、志愿者等个人或团队一个自我展示的平台，挖掘社区和居民需要，并付诸行动，把需要转化为项目实施，将社区内单一零散的公益需要集结到一起，形成与辖区居民利益需要相匹配的公益服务项目，让更多居民不出家门就能感受到“微公益”的力量，享受到精细化和个性化的服务，实现社工机构、社区居民与社区服务的互助发展，增强社区治理的功效。

二、利他价值导向：机构回应社会资源的“碎片化”

在当前市场经济主导下的社会形态中，利己主义价值观逐渐侵蚀社区以及社区内的居民和相关主体，社区精英以及基金会这样的公益性较强的个体或组织也未能幸免。利己主义价值观使得社区精英和基金会在社会资源投放和供给时，会先以自身个体或组织的利益需要为前提，造成他们在资源供给时的非稳定性和非常态化。专业社工机构凭借利他主义价值观，在与社区精英和基金会的互动过程中，不断地通过价值理念去感染和激发他们的社区公共服务的理念和意识，应对社会资源供给“碎片化”难题。专业社工机构的利他主义价值观充分展现了中国传统文化中的互助精神。从四市区调研情况来看，专业社工机构在回应社会资源时，都会通过利他主义价值观，倡导社会资源对社区服务的功能发挥，达到社区的互助发展。

（一）利他主义价值观重塑社区精英的角色认知

居民对专业社工机构的价值理念和多重功能与角色的认知有助于促进其社区参与的进程。专业社工机构的利他主义价值观对居民的渗透，有利于其对公共利益及其实现程度的认知提升，并能够增强居民参与集体行动的意愿。正确的利益观和价值观是居民共同参与社区建设的认知基础。居民要培养和树立自我利益与他人利益互惠互助的认知理念，将个人利益的实现置于组织或群体的互惠范围内，形成与他人团结互助的互惠合作关系，以实现个人利益和集体利益的最大化。同时，在专业社工机构的功能和角色方面，机构可以发挥组织各类文娱活动、处理社区矛盾、照顾弱势人群、维护居民权利、增加知识和专业技能等作用和功能。专业社工机构凭借其特有的理念和功能，积极向居民传播平等、合作、公正、志愿、信任等正向价值观念，增强了居民对机构和社区的理性认知，极大地促进居民在机构带领下的社区参与行为。社区精英作为居民参与合作的发起者、组织者和核心参与者，他们的意愿和能力直接决定社区社会组织或团体的生长速度和生存状态。社会工作价值观的倡导可以帮助社区精英认清自身在社区的角色和地位，提高做社区积极分子的意愿，并在此基础上，激发社区居民的互助理念。

社区的公共议题是社区居民的公共利益。公共议题的解决需要居民集体参与。社区公共区域是居民共同的资源，应该由全体居民共享。T 市 RE 社工机构通过培养社区居民责任意识和奉献精神的利他主义价值观，积极化解了社区因为公共场地使用问题导致的居民之间关系紧张的问题。Y 社区存在这样一种现象，小区内仅有一个小广场供社区居民活动，而有几个居民较先占用小区广场跳交谊舞，这影响了其他居民开展活动。RE 机构社工先是找到跳交谊舞的负责人 M 和 N 居民，通过理性情绪疗法，帮助他们改变“谁先到，公共活动场地就属于谁”的非理性信念。由于领袖人物 M 和 N 在交谊舞团队中有一定威望，在二位观念改观后，社工邀请他们一起去跟跳交谊舞的其他成员进行价值观倡导。最终，社工通过多次沟通和走访，成功化解了跳交谊舞队员和其他居民的矛盾，建立了友好和睦的邻里关系。

（二）价值品牌项目：机构获取基金会资源供给的策略选择

专业社工机构通过设计有价值的品牌项目，充分让基金会感受到服务项目，了解社区服务对象的需要，形成满足基金会和居民需要的品牌项目。以帮扶弱势群体为例，社工机构通过向基金会反映这部分群体的服务诉求，了解这部分群体的实际情况，打造恢复其生活能力的价值品牌项目。这既回应了社区居民的实际服务需要，也满足了基金会扶弱的利他价值取向，使机构与基金会的合作不流于形式而落到实处，以获取基金会的青睐和资助。以 G 区 HR 社工机构与基金会的一个合作为例可发现，机构在价值倡导中要学会针对基金会的需求，满足基金会的价值和利益需要，实现长期的互助合作。

比如说像我们开展的一个名为“单亲妈妈”的服务，是跟唯品会基金会合作。前段时间，它给了我们40万元资助，项目内容是关于单亲妈妈的能力建设。这个项目为期一年，是针对整个长三角地区的单亲妈妈。这个项目当时也有很多家机构竞标。我们在项目申请前，找了当地一家具有一定影响力的媒体做了关于这个项目内容企划的宣传和倡导，宣传提升单亲妈妈能力建设项目里注入的平等、正义、赋权和利他等价值理念。当时我们机构在行业内引起了不少关注。不久，我们就得到了唯品会基金会的支持和赞助。（GJG－HR1）

三、权威角色塑造：机构专业能力回应社区行动能力滞后

专业社工机构通过在品牌项目的权威塑造，以专业化方法解决社区矛盾和提供社区服务，增强了居民社区参与意识，实现了社区关系网络的搭建，从而提升了社区的行动能力。同时，社区行动能力作为机构在社区行动开展的工具和依托，它的能力提升可以进一步帮助机构获得在社区内更好的发展和建设，加固机构在社区中的权威性地位。因此，机构的权威角色塑造亦是互助精神原则指引下的回应社会环境限制的策略手段。

当前，我国社区的社会救助群体的社会服务供给是社区治理的重要方面，是对专业社工机构社区治理能力和水平的主要考核内容。安徽省B区AL社工机构的“乐助·常青”社会工作介入社会救助的PPP[1]模式，是全国首个以PPP模式将专业社会工作介入社会救助领域的尝试。专业社工机构通过专业社区社会工作方法与技巧，积极发挥自身的专业角色功能，以发掘社区社会困难群体的需要为出发点，通过政府和社会资源，推动多元主体参与的社会救助支持关系网络，帮助救助对象恢复和发展自我能力，参与到社区生活中。专业社工机构通过塑造权威角色，获得了社区和社区居民的认可，形成了社会资源、社区志愿力量、社工机构共同参与的社区公共服务空间。

---

[1] PPP（Public－Private Partnership）有很多译法，如公私伙伴关系、公私合作伙伴模式、公私机构的伙伴合作、民间开放公共服务、公共民营合作制等。PPP从广义上讲是指公共部门和私营部门共同参与生产和提供物品和服务的任何安排。合同承包、特许经营、补助等符合这一定义（萨瓦斯，2002）。PPP模式是公共基础设施中的一种项目运作模式，现已延伸到社会服务领域。

(一) 组织者和推动者：确定社区救助对象需要，制订服务计划

2014 年国务院颁布《社会救助暂行办法》，首次提出要发挥社工机构和社会工作者的专业优势，为社会救助对象提供心理疏导、社会融入、能力提升等专业服务。常青街道位于 H 市 B 区城乡接合部，辖区贫困群体体量大且类型复杂，空巢家庭、残疾人家庭和大病家庭较多。街居救助工作任务重且救助工作难。在 B 区民政局的推动下，常青街道、安徽乐邦慈善基金会、AL 社会工作服务社开展救助服务合作，创新探索“政府 + 社会 + 社会工作”的社会救助模式，以社会工作介入社会救助为契机，为常青街道辖区内社区救助对象提供政策救助、资金救助、服务救助等综合社会救助服务。

专业社工机构的加入，使得救助由原来的政府“一刀切”发展到引入社会力量的柔性参与，推动救助服务社会化，社会工作者发挥其专业属性以“接触—了解—接纳—沟通—共识—行动—倡导”七步法来对服务对象进行“私人订制”。社工机构在服务内容设计上，试图弥补传统社会救助单一、资金救助的不足，采取积极社会救助策略，充分考虑社会工作者的优势，对救助对象家庭进行深度介入，开展个性化的服务救助，帮助救助对象更好地融入社区空间。

(二) 资源链接者和赋权者：碎片化向一体化资源的整合

资金的吸纳和供给是该项目成形的最重要因素。“乐助救助专项基金”是常青街道和乐邦慈善基金会共同出资的“乐邦救助”专项基金（常青街道注资 10 万元，乐邦基金会注资 10 万元，共计 20 万元），并于每年 7 月，双方共同对专项基金注资，保证专项基金的持续有效运作。截至 2018 年 6 月，“乐助常青”项目筹集资金 20 万元，救助困难家庭 8 户，发放救助金 2.41 万元[1]。专业社工机构通过制订服务方案，根据服务内容的需要有计划、有目的地使用这笔资金，使得物尽其用，不浪费资源。

人力资源吸纳和供给体现了专业社工机构在链接和利用资源的专业优势，是机构在社区树立其专业权威的关键环节。专业社工机构通过最大限度地发掘

---

[1] 数据来源：《B 区民政局 2018 年重点工作推进落实情况》，H 市政府信息公开网。

和利用社区资源，保障了项目的顺利运行，主要表现在社工机构赋权于志愿服务组织和志愿者，使其能够为项目的发展献计献策，表达自己的想法和创意；专业社工机构通过积极培育本社区热心居民的志愿服务意识和能力，推动其成为“乐助使者”，并进一步推动其成为志愿服务组织，发挥其在救助对象发现、调查服务提供商协同社会工作者的功能。例如，专业社会工作者通过链接专业服务组织，如心理咨询、健康康复等组织，对救助对象提供专业服务，保证了救助工作的专业化、多元化和常态化。

（三）协调者和参与者：机构的“平台+”支持服务体系

社工机构致力于搭建“乐助·常青”的“平台+”多元主体关系链接的支持服务体系，以政社合作模式为基础，撬动更多的社会力量共同参与，形成政府、基金会、社会工作、社会量各司其职、分工明确的“四位一体”的多元救助关系网络。社工机构依托常青街道辖区已成立的社区社会服务站，在服务开展过程中，经需求评估，若被定义为救助对象，可进行资源对接，并协同落实救助服务的开展、跟进等工作。专业社工机构与社区志愿者、社区社会组织等共同行动，参与到整个项目活动中。社工机构在居民项目遇到困难和问题时，社会工作者要积极为其排忧解难。以家住常青街道 YG 社区 72 岁的 WJF 老人家庭救助为例。她与三级智力残疾的儿子生活在一起，退休前因她工资较低，儿子享受低保政策。但其儿子身体弱，经常生病住院，花费不菲。专业社工机构在了解其家庭情况后，帮助她申请成为“乐助常青”专项基金的首批受益者。在成为救助对象后，机构会发放一张“乐助常青”的红色救助服务卡，并为其量身订做了一套综合救助方案：以后每季度可享受 800 元的现金和物质救助；机构社工和志愿者每周探访，提供打扫卫生、生活照料、家用维修等服务；机构链接专业心理工作室定期探访，提供心理疏导及特殊人群家庭关系构建服务；机构邀请她参加定期针对特殊人群举办的丝网花编织等就业培训，并帮助其在网络公益销售平台上进行手工制品售卖。

专业社工机构在项目进行中的多角色与多任务模式，充分展示了机构对专业方法和技巧的掌握与运用，帮助居民参与社区服务。从另一侧面来看，机构在活动中展现了自身专业角色的不可替代性，帮助自身得到社区和社区居民的认可与支持，捍卫了机构在社区的专业性与权威性地位。

四、双社良性互动下的社区治理

互助精神是专业社工机构回应社会环境限度的策略原则，是机构参与社区治理的着力点和出发点。从上述专业社工机构回应社会环境限度的策略手段来看，机构秉持互助精神，旨在通过社会环境支持提升社区治理水平和能力，实现社区建设和发展中的社区、社区居民、社区社会组织以及其他组织之间的互助功能。

首先，居民社区参与提升是专业社工机构社区治理的重要指标之一。专业社工机构通过“微公益 + 项目 + 服务”特色项目为契机，以微公益创投为依托，将热心居民和社区社会组织整合起来，激发居民融入社区。微公益创投项目的形式能够逐步树立居民社区参与的意识，满足其利益诉求，深入挖掘社区参与的内在驱动力，进而形成有效的社区参与。社区居民和社区志愿者是社区建设和社区服务的重要力量，是机构社区治理的主要社会资源。机构通过培育和发展社区志愿队伍，能够形成社区成员对机构的广泛认同，实现其社区动员和资源整合的功能。社区志愿队伍平台的建立，能够帮助社工机构采集和掌握社区居民的服务意愿和需要。离开社区居民志愿队伍的参与，机构无法在社区有序地开展工作，难以有效发挥其服务功能。这些都是专业社工机构发展的重要基础。因此，专业社工机构有效调动居民的社区参与，既满足居民社区参与的需要，也满足机构自身生存、发展与服务居民的需要。

其次，社区规制和约定的形成是专业社工机构社区治理的又一重要目标。专业社工机构的价值理念倡导，有助于社区规制意识的自觉形成。专业社工机构在回应社会资源供给不稳定的问题时，都会通过利他主义价值观，倡导社会资源对社区服务的功能和作用，达到社区的互助发展。而社区居民利他价值理念的形成，有助于形成共同参与社区公共事务管理的共识，从而培育出有效的社区规制和约定自觉，实现社区服务在社区的例行化、专业化和规范化。

最后，专业服务供给是专业社工机构社区治理的又一重要目标。专业社工机构通过在品牌项目中的权威角色塑造，实现了对社区关系网络的搭建，提升了社区行动能力。而社区行动能力的提升正是机构以专业化方法解决社区矛盾和提供专业的社区服务的专业优势体现。该能力的提升既满足了机构专业服务供给的目标，也成为机构社区治理中行动的重要工具和依托。

通过上述分析可以发现，专业社工机构的组织运作、专业方法与价值理念手段，是以互助精神为策略原则，实现机构与社会环境的互动发展。社会环境与专业社工机构的良性互动，不仅带来社区治理体系的变革，还实现社区治理方式和内容的转变。社会环境提供的资源和关系网络可以进一步帮助专业社工机构提升自身的能力，更好地融入社区治理中。专业社工机构才能够形成与社会环境权责分担，共同治理的治理格局。由此，专业社工机构秉持互助精神原则是实现机构在社会环境中治理行动有效建构的重要途径和手段。

本章小结

本章通过对调研资料的整理与分析以期回答的研究问题是：社会环境如何通过互助需要、社会资源和关系网络的行动方式，与专业社工机构发生互动，影响机构参与社区治理的行动逻辑生成？本章分三节详细阐述了专业社工机构在社会环境影响下的行动及其策略生成。

第一，本章对四市区专业社工机构参与社区的社会环境总体现状进行分析。从互助需要、资源供给和关系网络三个方面，对机构在社区治理中的总体社会环境状况进行了梳理。首先，基于调研地居民社区参与视角，从个体式参与和组织式参与需要，以及专业社工机构对居民社区参与的需要供给能力维度，阐释了社会环境与专业社工机构参与社区治理的互助需要。其次，本章从四市区社区的社会环境对专业社工机构资源供给角度，讨论了社会资源如何通过社区精英和基金会的资源对机构实现供给的目标。再次，本研究从调研社区的社会环境对机构社区治理的关系网络维度，阐述了社会环境如何助推机构社区治理中行动关系网络的生成。最后，本部分在上一节专业社工机构的社会环境生成的基础上，以具有代表性的三个机构承接的与社会环境互助的服务项目为例，分别讨论了机构与社会环境如何互动，以推动社区治理的创新和发展。通过对各地不同服务项目互动方式的比较分析后，本研究认为，需要、资源和关系是机构在社区治理中与社会环境互动最主要的有效方式。因此，如何搭建这些要素，实现两者的有效互动，是机构参与社区治理需要解决的重要议题。

第二，在第五章整体检视四市区社会环境与专业社工机构社区治理模式后，本章发现当前机构与社会环境互动发展的背后，仍呈现出步履维艰的状况。本章通过梳理四市区的民政局工作人员、专业社工机构的负责人、一线社工以及社区居民访谈资料发现，当前社区居民参与意愿与机构在地行动的能力失衡、资源的供给不畅、社区关系调节不灵与机构倡导能力有限的约束，成为影响社会环境与机构互动可持续性的最主要障碍。因此，本章从社会环境的视角，讨论了其与机构互动不畅导致社区治理功能弱化的问题。

第三，面对社会环境与专业社工机构的互动阻滞，机构以互助精神为策略支撑，针对社会环境限度的问题进行有效回应。具体而言，专业社工机构通过“微公益+特色项目+服务组织”运作方式，激发居民社区参与；倡导利他价值，回应社会资源的“碎片化”问题；运用权威角色塑造的专业能力，回应社区行动能力滞后。文章发现，专业社工机构在互助精神指导下对社会环境限度的策略回应，有助于其与社会环境的良性互动，实现社区治理的目的。

第七章

结论与讨论

本书基于文章分析框架的指引，从政策文本、深度访谈为主的资料分析中，探索专业社工机构参与社区治理行动建构的真实逻辑脉络。本研究详细讨论了制度环境、市场环境与社会环境如何形成对专业社工机构社区治理行动的影响，分析了专业社工机构在上述环境影响下如何进行策略性回应，实现了在社区场域内组织环境与专业社工机构的互动关系的理论和实践考察。作为本研究的最后一章，本章的内容主要是导出本书的研究发现，并对研究中引出的问题展开进一步讨论，提出专业社工机构参与社区治理行动的组织环境转变和机构能力提升的相关政策建议，以及需要进一步研究的相关议题。

第一节　研究发现

本书主要是以专业社工机构参与社区治理的行动逻辑为研究对象，分析和阐释这一行动逻辑是如何产生的、机理是如何生成的，以及专业社工机构是如何通过行动逻辑参与社区治理体系中形成多元协同治理的格局的。前文提及，专业社工机构参与社区治理的行动逻辑就是制度环境、市场环境和社会环境与机构相互建构形成的具有一定规则，且机构通过策略回应规则以期规则朝向自身利益发展而建构的行动系统。

本书将上述研究问题细化分解为五个具体问题：第一，机构社区治理的行动逻辑规则和策略是如何成为机构参与社区治理行动的动力，以维持行动体系内各主体间的有序运作的？第二，规则的核心要素是什么？制度环境、市场环境和社会环境分别在规则建构中扮演了怎样的角色，发挥了怎样的作用？第三，专业社工机构在社区治理中通过怎样的策略手段并如何通过策略回应规则，以获得自身生存和发展空间？第四，规则和策略是如何在互动行动中协调关系，以实现相互适应与重构的？第五，在规则和策略的有机交互作用下，机构社区治理行动逻辑理想共生的状态是如何生成的？基于本书的研究对象和研究问题，本章将从专业社工机构社区治理行动的动力（规则和策略）、行动规则建构、机构社区治理行动的策略选择、环境规则与机构行动策略的适应性重构，以及机构参与社区治理行动逻辑理想的共生类型等方面，回应本书的研究问题并同时作为本书的研究发现。

一、规则与策略：专业社工机构参与社区治理行动的动力

法国学派的组织社会学始终将具体行动体系作为分析对象，而具体行动体系内的每一个行动领域均是由规则来建构和维系的。规则可以协调与整合组织具体行动体系内各个参与者的诸种行动。规则是行动有序生成的必要基础和前提，行动必定遵守规则。帕森斯强调规则是形成稳定的社会秩序的基础性前提，它是行动者预先设定好，并在意识中被内化的道德性规范（谢立中，1998）。加芬克尔认为规则是认知性的，并非规范性的。它产生于行动之后，是一套社会行动模式，它可作为描述的类似物理实验报告中的程序说明。显然，帕森斯强调规则具有事前性，产生于行动之前，不受行动者能动性的影响；而加芬克尔强调规则的事后性，认为行动者先通过对规则的认知后才产生了规则。但无论是哪种取向，行动者必须认识和理解规则并且付诸实践，才能形成社会行动的有序状态。行动规则实际上是行动例行程序的制度化、模式化，它的衍生形式就是行动逻辑。专业社工机构在社区治理中与多重组织环境共同交互行动下生成的稳定互动关系，构成本研究行动体系的规则，该规则在专业社工机构具体行动情境和行动策略的作用下逐渐形成机构的行动逻辑。机构与组织环境的有序互动，实质是一种新型的合作治理模式。这种模式需要得到规则的支持，也必须将治理活动建立在规则规范的前提下（张康之，2015）。正是在这种规则的规范下，多元主体共同行动，才能形成社区治理主体间的长效合作，避免交互作用生成的各种治理矛盾，从而完成社区治理的目标。

策略是行动者在行动系统内为自身谋取较多利益与受益的途径，是推动组织参与社区治理行动的又一动力来源。行动者在与其他行动者的互动过程中，为实现共同的利益目标，他们会遵守规则。与此同时，他们为从互动中获取尽可能多的利益，或尽可能以最小的代价换取较大的收益，行动者都将会选择能够让自己在与其他行动者互动中获胜的策略。行动者一旦确定自己能够在某一行动领域中获得较多收益，他就会将自己可以动用的资源更多地投入这一行动领域之中，并形成策略以获取更多的自由行动空间。这个自由行动空间是行动者可以掌握在自己手中的权利，能够使其更好地生存于所在的环境中。因此，在现实情境下，专业社工机构在与组织环境的互动中显而易见地都会维护自身的利益（资源）需要而试图突破现有规则中的约束。专业社工机构会通过突破规则负面限制的回应策略而获取自由行动空间，为自己在与组织环境的互动中获取更多资源的话语权和主动权。而当机构的这一回应策略能为自己带来自由行动空间后，他会倾向于继续选择该策略与组织环境进行互动。专业社工机构通过行动策略可以获取一定的自由行动空间，这个自由行动空间的形成为专业社工机构获取资源，实现社区治理目标，提供了可能性条件。

本书中专业社工机构与组织环境主要的利益争夺点实质是资源，机构凭借价值理念、专业能力和组织运作的专业优势，从组织环境中获取维系自身发展利益需要的资源，从而形成其自由行动空间，以回应规则的制约和约束。

因此，规则和策略成为专业社工机构在社区治理中行动逻辑生成的动力来源。多主体的合作治理模式既需要规则的支持，又不能被规则局限（张康之，2015），需要通过策略性互动获取各自所需的资源以维持合作治理模式的有效生成。正是在规则和策略的双向互动驱使下，专业社工机构参与社区治理的行动不断被推进和建构。

二、资源导向：多重环境互构下行动逻辑的规则构建

专业社工机构参与社区治理行动逻辑构建的关键因素在于规则。规则既不是单一组织环境的规定，也不是机构的发明创造，而是多重环境互动下围绕资源获取形成的。专业社工机构和组织环境的互动规则遵循的核心是双方均渴望能从对方那里获取满足自身生存与发展的资源需要。资源导向是维系机构与组

织环境互动规则生成的根本。具体而言，制度环境、市场环境和社会环境在行动逻辑这种资源导向规则建构中，需要明确各自在规则中发挥的功能和扮演的角色。在此基础上，多重环境的互构关系共同形塑了专业社工机构参与社区治理行动逻辑的规则。

（一）规则主导者：制度环境奠定机构参与社区治理多元资源架构的基础

随着市场经济的高速发展，社会逐渐从封闭、禁锢迈向开放、变革。面对多样化的社区服务需要，社区治理架构逐渐从“一元”管控走向“多元”治理。社区治理强调多元主体的平等、合作的互动关系，社区多元治理架构的形成奠定了社区治理中资源的多元来源。从本研究的分析发现，国家控制的强势介入是多元资源渠道生成的主导力量。

制度环境推动机构社区治理中行动体系的多元架构重置，并赋予其合法性意义。合法性多元社区治理架构的确立是专业社工机构社区治理规则生成的基础性前提。改革开放前，我国社会结构呈现出政府“一元”管控下的“总体性社会”特征（孙立平，1994）。国家垄断社区管理和建设的重要资源，形成了“政府—社会”的高度同构。经济与社会组织都具有强烈的政治属性，基本是依附于国家而生存，各级行政机构也是经济与社会的组织形式（时和兴，1996）。国家的强力介入使得市场和社会组织成为政府系统的延伸，造成我国市场和社会组织的发展根基薄弱，并未具备作为主体之一参与到基层社会建设中的能力和基础。这一时期，国家对社区进行建设和管理，主要是政府统包统揽的社区管理和服务模式。在政治、经济和社会活动处于国家控制的背景下，制度环境、市场环境和社会环境并没有形成共同参与社区建设和管理行动体系的基础和前提条件。

改革开放后，随着经济社会体制的不断转型，总体性社会逐步瓦解。鉴于社区分化程度的快速提高、社区居民公共服务需要的日益骤增，传统的社区管理模式已经难以适应新的经济和社会发展形势，政府开始探索新型社区治理模式：鼓励政社分开、政企分开、社会组织合法性建构的政策导向，形成了社区治理架构多元化的制度环境基础。政府通过有意识地培育和发展市场组织和社会组织，促进政府、市场和社会各司其职、各归其位。这一过程实质是资源由集中到分散以及组织功能从同一到分化的过程。政府通过向社会组织的职能转移，以公共资源再分配的形式支持组织发展，推动政府与社会组织的合作治理。政府积极推动经济社会体制改革，为社会组织参与社区治理的多元组织架构及其功能建构奠定了基础。

基于本研究调查的16家专业社工机构的现实资料分析，制度环境仍是专业社工机构的主要资源供给者。其中，政府购买型的专业社工机构的政府资源供给占比90%～99%，市场内生型和公益基金会支持型机构的政府资源供给相对较低，但政府资源供给仍然是机构的主要资源来源。以四家市场内生型机构为例，尽管市场化运作已经作为机构资源持续化供给的重要渠道之一，但也仅占资源来源的20%左右，其余60%～70%资源来源仍以政府购买服务为主。公益基金会支持型的专业社工机构其成立之初和运作的主要资源来源于基金会，然而政府购买服务亦是该类机构服务的主要资源来源。供应商的资源多寡直接决定组织对其的依赖程度大小。因此，专业社工机构仍是在制度环境规则主导下进行社区治理的服务活动。然而，在制度环境催生市场和社会环境的多元社区治理架构的背景下，机构能够获取除制度环境资源外的其他市场或社会资源，丰富了机构资源获取渠道，使得机构能够专注于专业化服务，与制度、市场和社会环境共同行动，满足社区居民的多样化需要。

（二）规则推动者：市场环境优化机构参与社区治理的资源配置

市场环境与非营利组织的良性互构已经成为社区治理的主流趋势和重要力量，市场环境通过优化专业社工机构参与社区治理的资源配置，推动机构参与社区治理行动逻辑的规则生成。从本研究个案研究的资料发现，市场环境与专业社工机构的互动行动领域主要围绕特殊人群的专业服务，其中“为老服务”的市场化合作是专业社工机构与市场环境资源互动最为频繁的行动领域。通过三家主要从事老年服务的社工机构的市场资源来源发现，其市场资源供给占总量的15%～20%，占其制度环境资源供给的1/6～1/5。可见，当前市场环境在社区治理中与专业社工机构的互动仍呈现出动力匮乏的特征。市场在社区治理中通过企业文化的宣传，获取的经济收益回报率低且回报收益的不确定性，使得市场环境在社区治理中的嵌入动机仍缺乏经济效益的原始利益刺激，进而与专业社工机构互动中的主动性仍较为缺乏。尽管如此，市场与非营利组织的跨部门联盟与合作已经成为在世界范围内不可逆转的发展态势（Austin，2000；Drumwright，2000）。企业也将这种跨部门合作的方式视为其提升市场竞争优势的重要来源。同时，市场体制改革使得市场主体获得了自主产权，其在社区公共服务供给中具有资金、技术和效率等方面的资源优势，从而奠定了组织行动体系多元化的市场环境基础。市场环境提供的人力、物质、资金资源和优胜劣汰竞争的机制资源可以进一步帮助专业社工机构提升自身的能力，更好地融入社区治理中。同时，市场环境介入社区治理，能够促进制度环境的政府职能革新，形塑和建构高效能的政府运作模式，如加速政府出台相关政策、改变传统效率低下的政府办事作风等；能够提升社会环境中社区社会力量的服务诉求表达和利益满足的服务方式转变，如加快社会服务需要的捕捉、优化服务供给方式等。通过上述分析可以发现，市场环境优化了组织环境的资源配置方式，是机构社区治理行动逻辑规则生成的动力。市场环境与制度环境、社会环境共同参与、推动和提升专业社工机构社区治理的能力和水平。

（三）规则响应者：社会环境拓展机构参与社区治理的资源覆盖

社会管理体制改革对社会成员管理的放松，奠定了社区组织行动体系多元建构的社会环境基础。社会环境的各种资源和社会力量能够助力专业社工机构，使其更有效地参与社区治理。社区居民多样化、专业化的服务需要直接导致社区治理领域的延展，倒逼政府社区治理模式革新。传统的社区治理领域以政府为主导，机构在行动中受到政府科层制的层级节制影响，不仅常常带来基层政府对上级政策的执行偏差，政策执行效率低下，而且容易造成社区事务管理脱离居民意愿，社区公共服务弱化。为了加强社区服务，网格化社区治理模式应运而生，它在保持了社区组织职能和架构设置的同时，重新规划和安排了成员间的组织关系，形成以街道、社区、网格为基本的区域范围，社区各权责主体各司其职的组织关系。街道用更为细化的责任分配方式，使得责任主体落实到社区中的每个人，激发了社区居民参与的积极性。从层级向网格治理模式的转变，实质是社区治理领域从单一诉求取向到多元诉求的利益主体和治理目标的拓展，将社区治理的主体从政府一元治理，落实到社区内的居民，调动了多元主体共同行动的执行效率。居民的积极社区参与更加强化了专业社工机构作为网格中上传下达的枢纽作用，进一步推动了专业社工机构参与社区治理行动逻辑在实践层面的可操作性。同时，社会环境是专业社工机构落实社会责任的对象和主体，帮助机构树立良好的形象，积累各类社会网络资源，极大提升其市场竞争力。总而言之，社会环境进一步强化了社区治理主体的参与意识和能力，并形成以社区公共服务领域为主要内容的行动领域，实现专业社工机构社区公共服务多元化和专业化的价值目标。而专业社工机构则充分利用各类社会资源、关系网络和互助需要大力拓展机构参与社区治理的资源覆盖。

通过上述分析并结合前文的研究可以发现，规则一方面规范了组织环境与专业社工机构的互动，保证主体间资源的有效传递；另一方面，在组织环境与专业社工机构实际互动的情境中，组织环境与机构会期待规则倾向于满足自身的利益（资源）需要发展，因而在他们之间的互动规则中产生了运行困境。如制度环境、市场环境和社会环境与专业社工机构的资源交换中，在国家控制、动力匮乏和社区治理空间阻滞等现实情境下，专业社工机构为获取自身生存和发展需要，会采取各种行动策略以回应组织环境对其的规则约束。

三、服务为本的价值嵌入：专业社工机构社区治理行动策略的规则回应

专业社工机构参与社区治理的策略回应，主要是发挥社会工作的专业特质在社区治理中不可替代的地位或作用，以实现组织环境规则控制下资源的有效和合理分配。这种专业性主要表现在将社会工作的价值理念嵌入社区服务中，实现机构在社区治理中参与激励、协同服务和建构规制的独特服务功能，即专业社工机构是在公平、正义、助人自助的价值理念指导下，通过专业服务的技巧、手段去促进社区居民共享社会的平等、公正和进步，恢复和改善居民的社区服务功能和福利水平。离开社工机构的专业服务，组织环境的资源失去了其服务社区的载体和工具，社区治理的协同服务功能将难以有效实现；离开社会工作价值理念的支撑和依托，社区治理中多元主体平等、协调、共同参与的理念将难以有效体现，组织环境的资源失去了居民易于接受的媒介和方式，居民积极参与社区公共事务管理以及建构社区规制的功能将无法有效发挥。因此，专业服务为本的价值嵌入是机构回应组织环境规则约束导致资源限制的主要策略手段，具体表现在：

第一，专业服务和价值理念与制度环境的有机融合。专业社工机构通过平等、尊重、人本精神的价值理念注入，将这一具体的策略手段转换为以服务为中心的实际行动，实现“以人为本”“为人民服务”的政府治理理念，促成其与制度环境的良性互动，从而获取资源。从本研究第四章内容的分析可以看出，制度环境一方面有实现自身政权稳定和建设的需要，另一方面有实现社区治理的这一公共服务的利益需要，它通过政策、资源和需要维度的多重压力，对机构形成了国家控制下的政社互动规则。制度环境构建这一规则的实质是期待专业社工机构的行动能够倾向于政府的利益需要，并以此作为向机构进行资源供给的原则。而专业社工机构面对制度环境这一原则，为获取与制度环境协商的权利，主要是通过自身专业性的服务资源与制度环境的资源进行交换，实现自身的话语权和自主权获取，机构的行动策略便由此生成。例如，专业社工机构在面对制度环境中政策执行阻滞的困境时，通过“关系疏通”、倡导“优势融合”、打造共同“行动系统”等专业方法、策略，寻求与政策执行者在服务方式上的利益契合点。又如，机构凭借自身专业价值理念的策略手段，寻求与政府管理者“以人为本”“以服务为根”等治理理念的契合，获取政府管理者的认可与认同，并通过扎实的专业技巧和服务扎根社区，从而获取并实现政府在政权建设和公共服务建设方面的双重需要。正是以上策略的积极回应，专业社工机构确保自身有与制度环境进行资源交换的能力，以实现制度环境资源对机构的倾斜，从而获取与制度环境互动和对话的权力。

第二，专业服务与市场化手段结合，专业理念锻造市场文化的价值属性，实现与市场环境的互利共融。从专业社工机构与市场环境的互动发现，市场在社区治理中有逐利需要，比如市场需要通过专业社工机构来进行社区的市场推广，以实现其利润的获取。市场看中的是机构能够快速助其开拓社区市场的能力资源。因此，专业社工机构在市场服务需要中进行专业服务供给时，应在评估市场需求上及时调整思路，塑造服务资源的链接能力，将市场资源与专业服务需要进行有效对接，实现市场的利润期待。具体而言，专业社工机构通过深入社区广泛了解社区居民对服务产品需要状况等信息，提升市场需要的信息采集与资源对接的准确性，再通过资源精准链接，与企业或商家的品牌项目合作，实现居民需要与市场的对接，弥补机构自身专业性服务产品供给资源不足的缺陷。由此，专业社工机构凭借资源链接的专业优势实现机构与市场的互利，形成应对市场环境与机构的有效互动。诚然，市场在优化资源配置的同时，其功利的文化属性也导致机构的公益属性受到质疑，使得机构难以有效与市场融合获取资源。为此，专业社工机构积极通过服务效益导向的价值理念，将市场文化中最小成本获取最大利润的功利属性转变为获取最大居民服务满意的价值属性，从而形成与市场资源的有效融合。

第三，专业服务融入志愿活动，互助理念营造社会环境。从专业社工机构与社会环境的互动来看，为激发居民参与社区建设和发展，提升社区行动能力，机构通过积极链接资源、组织、推动、协调和参与社区治理，并带动社区居民通过志愿服务形式共同进行社区建设和管理，提升居民自身的社区荣誉感、存在感和归属感，营造良好的社区环境。在社会环境给机构带来丰富社会资源的同时，资源的“碎片化”现象导致社会环境治理空间阻滞仍是影响机构生存发展以及社区治理的重要障碍。利己主义价值观使得社区精英和基金会在投放和供给社会资源时，会先以自身个人或组织的利益需要为前提，造成他们在资源供给时的非稳定性和非常态化。公共精神的塑造、居民的共同参与和邻里间的互信互助是实现社区多元主体共同治理的前提和根本。专业社工机构在与社区精英和基金会的互动过程中，不断地通过互助精神的利他主义价值理念，激发所在社区公共服务的理念和意识，实现机构的价值品牌塑造，有效应对社会资源供给“碎片化”难题。正是由于以上机构的回应策略，使其能够有效应对社会环境的规则限制，从而获得自身与社会环境的共同发展。

基于以上权力获取、互利原则和互助精神的策略原则，专业社工机构通过价值理念、专业能力和组织运作获取自由行动空间，争夺在整个行动体系中的话语权，实现与组织环境之间资源交换，以回应组织环境构建下的运作规则带来的各种有利及不利影响。

四、解构与重构：刚性规则与柔性策略的适应性互动

多元主体参与社区治理时基于各自掌握的资源不同，理应在社区治理中进行相互协作，对所掌握的资源进行优化配置。然而，双方在决策时的行动相互

依赖的同时，彼此间的行动也会给对方带来限制和约束。社区治理共同的利益目标促使组织环境与专业社工机构进行合作，并且任何一方不能恣意妄为。行动者凭借各自不同的资源和行动能力，通过互动和协商，建立规则且必须遵守规则。因而，规则具有一定的刚性特征，否则行动者会陷入集体行动的困境。然而现实并非如此，由于参与主体的利益取向不尽相同，因此，各个主体在参与治理的过程中多会以让对方满足自身的利益需要为关系取向，形成各种有利于自身的策略以建构自己的自由行动空间。可见，多元主体在社区治理中的良好合作与互动并非易事。在法国学派的研究者看来，正是这种自由行动空间的柔性驱使，使得逾越或破坏规则有了积极的价值，并且通过对规则不断地解构与重构，能够给行动者和整个行动体系带来活力，有利于有效行动秩序的生成。

面对组织环境规则的刚性，专业社工机构会通过柔性的行动策略解构刚性的规则；规则基于双方资源的获取和社区治理的需要，会与行动策略进行解构与重构的适应性互动，从而为社区治理开辟了创新型路径。专业社工机构与制度环境、市场环境和社会环境互动中的资源投入，一旦得不到预期的回报，它就倾向于将自己的资源从获益甚少的行动中撤出，转而投入其认定获益较多的行动策略以重新构建新的互动规则。制度环境的控制阻力是驱使专业社工机构社区治理策略生成的最重要来源。由于制度环境在政策、资源和需要的三重约束下，影响了专业社工机构在社区治理中的自身生存与发展，以及社区治理的目标的利益实现，机构为获取自身利益，选择通过一系列的策略手段形成自由行动空间，以获取与制度环境谈判和协商的权力。市场环境与社会环境在与专业社工机构的互动规则中，分别表现出动力匮乏和治理空间滞后的现实困境。机构针对动力匮乏和治理空间滞后的源头，分别采取互利原则和互助精神的策略手段，对市场环境和社会环境的规则进行回应，谋取了自身发展和社区治理的双重利益需要的自由行动空间。由此可见，专业社工机构正是通过行动策略的柔性与弹性不断地对多重环境互构形成的刚性规则进行解构与适应性重构，增添了整个社区治理行动系统的活力，以实现自身与组织环境的良性互动，并更有效地实现社区治理的总体目标。

在社区治理情境下，专业社工机构与制度环境、市场环境和社会环境为了社区治理这一共同利益目标，产生协商与合作的交互关系。因此，机构要实现与组织环境的合作治理，必然要遵循行动体系的规则。然而，机构与组织环境在合作过程中，由于各自掌握的资源不一、行动能力不同，双方处于不均衡且不平等的关系之中。因而，机构在社区治理中需要通过策略获取资源，以期改变可能由不平等关系带来的资源短缺而引发的社区治理的功能弱化。

五、从无序到有序：专业社工机构参与社区治理行动逻辑的共生类型

共生（Symbiosis）概念源于德贝里（Anton de Bary）的生物学领域的研究，是指两个或两个以上有机体之间相互联系和促进的关系（洪黎民，1996）。20世纪中期以后，共生概念和思想扩展到社会科学领域，研究者们尝试从共生关系视角出发考察和研究社会现象。社会共生关系被认为是人类生存与发展存在的基本关系形式之一，主要含括三个基本要素：一是主体要素，即社会共生关系的主体是指社会中的个人或组织；二是资源要素，即社会主体间的共生关系是通过资源进行链接的；三是约束条件，即任何共生关系都是在一定约束条件下才能有效维系（胡守钧，2012）。对于共生关系的研究，美国芝加哥经验社会学派借用共生理论，应用于城市社区区位秩序研究。该学派认为社区是个共生系统，其内部组成部门要相互依赖生存，同时这个共生系统又存在竞争。该学派将共生中的竞争和竞争中的共生，看作城市社区区位秩序形成的过程。社区区位秩序的本质是在竞争中通过自身调整以达到一定的社区平衡状态。这种平衡状态是社区内共生维持的基础和条件。社区平衡是社区共生系统运行的基本目标，并且这种平衡状态会随着内部系统的调整而不断被破坏和重塑，从而形成新的平衡，实现了社会关系从无序到有序的发展状态。

无序与有序是社会关系的两种基本形态。社会关系的无序是指组织之间围绕资源不确定性的关系；而有序是指组织之间关于资源稳定性的共生关系。社会共生关系是社会主体之间围绕资源交换进行抗争和妥协的互动，从而建立的合作共生的关系样态。社会主体具有自由选择的能力，为了生存、自身利益和自我实现，它们与其他主体发展联系以争夺更多的利己资源，双方开始发生抗争，无序的关系状态显现。然而，抗争同时又伴随着双方的共同利益目标驱

使，从而双方达成妥协，实现主体之间关于资源交换、分享的相对平衡，进而形成相对稳定的有序关系形态。社区治理中，组织环境与专业社工机构的社会共生关系的维持，必须依托影响二者互动的约束条件。一旦共生双方的行为不遵守相应规范的约束，共生关系就难以维系。这种约束条件，实质就是指规则的规范性和约束性。

组织环境与专业社工机构形成这种共生关系以及双方之间的抗争和妥协，不可超越社区治理这个行动系统的边界。专业社工机构为获取自身发展的利益，通过行动策略与组织环境形成的规则发生抗争，形成了组织环境和专业社工机构互动的困境，双方的互动关系进入无序的状态。在抗争中，为实现社区治理的共同目标和满足各自从对方获取资源的发展需要，组织环境与机构之间经过利益博弈，在抗争和妥协的均衡点形成一种较为稳定的、有序的共生关系。如制度环境在与专业社工机构互动中，试图超越共生秩序的边界，追求更多的决策权力以谋求更大利益。在此情境下，专业社工机构会立即通过权力获取的策略，与制度环境进行抗争，进而获取能够争夺话语权的自由行动空间，以维护自身利益的资源。制度环境权衡利弊，认为机构具有能够实现其利益的服务资源，遂向专业社工机构妥协，因此，共生关系得以维系。

多主体间共生关系的维持，形成的有序状态，是多主体间抗争和妥协的结果。本研究中专业社工机构参与社区治理的行动逻辑，实质是形成一种社区多元主体在社区治理中的共生关系，以及维系共生关系的分析框架和运作过程。因此，本研究的目的是探讨专业社工机构参与社区治理行动逻辑中各主体间共生关系（见图 7.1）的影响因素、生成过程及其维系方式。专业社工机构参与社区治理行动逻辑的建构，是出自各方利益主体的协作互动。组织环境与专业社工机构通过努力维持最低限度的创新性和行动的自主能力，不断地进行规则与策略的抗争与妥协，实现机构社区治理行动从无序到有序的秩序建构。共生类型的形塑突破了传统二元国家与社会关系的视角，促进了专业社工机构从其与组织环境之间的简单依附与给予的关系链条中抽离，转向与组织环境共荣辱、共进退的良性互赖关系，形成共同协作与发展的治理格局，合力推进和激励社区治理和谐与“善治”目标的实现。

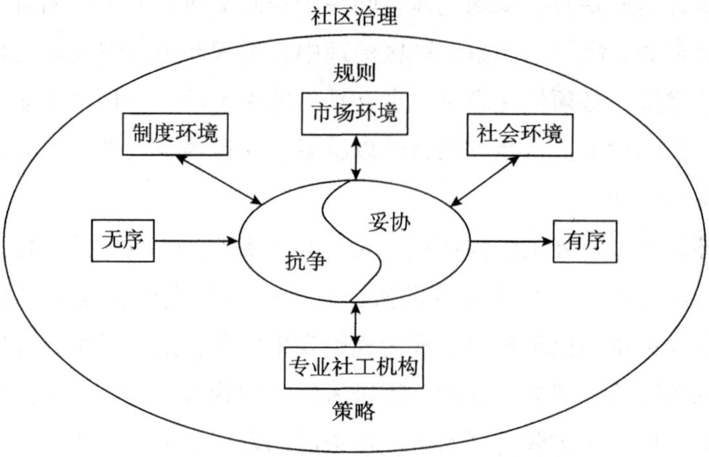

图 7.1 组织环境与专业社工机构社区治理行动逻辑的共生类型

第二节 相关讨论

一、专业社工机构行动策略与组织环境影响权重的关系

专业社工机构行动策略的有效性与社区治理中组织环境的权重过大，呈现出一种负相关关系。当组织环境影响权重过大时，势必会造成机构行动策略中自由行动空间受限，导致其在互动中的权力协商中处于不利和不平等地位，从而引起行动策略的失效或无效性。行动策略有效性的基础是行动者的自主权和能动性能够得到有效发挥。而不平等的权力获取，束缚了行动者的行动能力，限制了行动者在行动系统中的角色和功能的施展，导致其无法实现行动的目标。从我国当前社会组织发展的进程来看，制度环境从社会组织发端之始，到现阶段，甚至在将来很长一段时间内，始终位于组织环境中影响权重最大的因素。然而，市场环境和社会环境仍凭借其特有的资源优势，在与专业社工机构的互动中，开始逐渐扩大自身的影响权重，并成为组织环境的主要影响因素。从三者环境影响权重的悬殊关系发现，专业社工机构行动的组织环境之间影响权重的悬殊越大，机构获取的自由行动空间就越狭窄。例如，制度环境对专业

社工机构的影响权重是三个环境影响因素比例最大的因素，那么说明机构对制度环境的资源依赖关系越明显，对其的依赖程度就越深。当制度环境的资源成为机构生存与发展的最大变量和支撑时，机构就会向制度环境妥协，通过缩小自己的自由行动空间，扩大制度环境支配权力的力度和范围，以换取制度环境对其的资源投入，求得生存与发展。市场环境与社会环境对专业社工机构的影响亦然。而当组织环境三者的影响权重悬殊逐渐缩小，专业社工机构的自由行动空间的范围就会逐步扩大，机构在与组织环境互动的过程中，会更加有自身的话语权和行动能力。由此可见，当组织环境三者影响权重越趋于平衡，其与专业社工机构的互动越呈现出一种良性互动的共生关系（见图7.2）。通过上述分析可以发现，组织环境的均衡发展是专业社工机构社区治理行动逻辑有效展开的前提和基础。均衡发展的前提是组织环境要进一步明确各自的权力边界和功能角色，这也是接下来本研究将要在以后进一步探讨和研究的领域与方向。

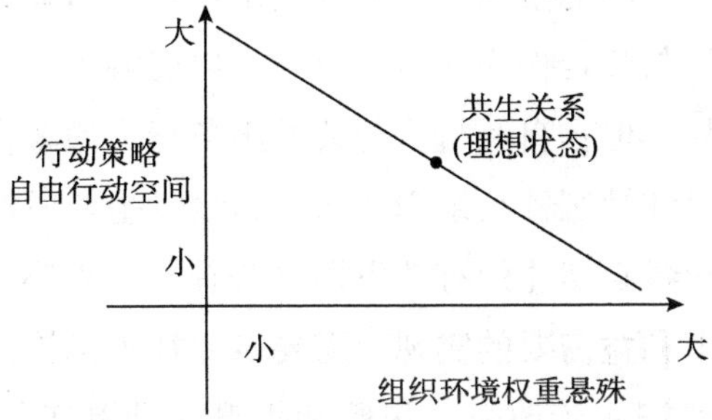

图7.2　专业社工机构行动策略与组织环境影响权重的关系

二、专业社工机构的多元组织环境与社区治理的关系

专业社工机构的多元组织环境与社区治理的互构关系，是机构社区治理功能实现的有效前提和重要基础。专业社工机构社区治理的组织环境从一元走向多元的过程，也是其建立自主参与意识、自主参与能力的修炼过程。组织环境开始承担越来越多的治理责任和治理需要，并针对不同的环境治理需要，具有特定的治理方式和功能，从而改变了单一组织环境对专业社工机构在社区治理

中的决定性影响。更重要的是，多元组织环境对机构社区治理的能力支持，实质是为了进一步满足各自在机构社区治理中自身利益的价值追求。当前的政治、经济和社会条件决定了社区治理的行动体系的建构必然要兼顾不同参与主体的需要和目标。概括来说，就是维护国家政权稳定、实现市场对公共需要和资源配置的主体地位，以及满足居民个体需要三类基本利益需要。

专业社工机构社区治理的功能实现需要多元组织环境的合作和参与。单一的组织环境固然可以满足特定的治理需要，但各个组织环境都有各自功能的局限性。只有组织环境有效发挥整体功能，才能推动和激励专业社工机构社区治理目标的实现。改革开放以来，政府与社会高度一体化的局面已经不再适应社会经济发展，社区建设中政府、市场与社区平等互惠的制度性伙伴关系和三足鼎立模式已逐步显现（刘继同，2003）。可见，社区建设过程中政府、市场、社会的多元互动，共同推动和重塑社区形态结构。具体而言，制度环境的行政权力虽然带来了社区的行政化倾向，但社区社会组织专业化水平低、社区居民自治能力低、不同组织间的凝聚力缺失以及市场化动力缺失等问题，又需要政府部门的介入、引导与整合作为保障。市场环境能够进一步明确各方主体在社区治理中的权责边界，但在自利行为与公共服务行为的融合上，仍存在一些弊端。比如当社区居民和社区社会组织与市场力量发生矛盾纠纷时，政府必须发挥其调和功能，促成各自功能的有效发挥（陈伟东、舒晓虎，2010）。

组织环境的根本利益需要的实现，需要专业社工机构社区治理功能的有效发挥。社区治理能够进一步改变、规范和提升专业社工机构的组织环境。第一，社区治理的功能实现能够满足制度环境政权建设和稳定的需要。社区治理对社区居民参与意识的激发、对居民多样化服务的供给以及建构社区的规章约定，有力地增强居民的社区参与能力和意愿，而居民的力量是国家政权建设的根基。居民需要的根本满足实际就是对国家政权稳固最有力的建构，是制度环境参与社区治理最直接的动力。第二，社区治理功能的实现能够满足市场对公共服务资源配置和管理的需要。社区治理中政府、社会组织和社区居民的责任和权利明晰，一旦各方主体的行动偏离了社区治理的目的，行动主体会自动校正其行为，调整自身在组织体系中的功能地位。比如市场对于专业社工机构服务供给的角色明确，促使政府将服务功能转介给社会组织。正是基于市场关系的责任与权利的平衡，进一步强化了市场在社区治理中的地位和功能，实现了市场的利益追求和价值实现。第三，社区治理功能的实现能够有效满足居民的个人服务需要。专业社工机构社区治理的参与激励、协同服务以及构建规制，均是从社区居民的利益出发，以满足居民的服务供给和能力提升为根本前提。这与社会环境进入社区治理的利益目标和价值取向相吻合，进一步促进社区居民以家庭或是组织化的方式积极融入社会环境，促进社会资源的积累。专业社工机构的组织环境与社区治理的交互作用，不仅促进社区治理多元行动体系的形成，也激发这个体系中的多元主体对行动体系的功能贡献和建构。

三、专业社工机构参与社区治理行动的理想类型思考

本书对专业社工机构社区治理行动逻辑的探讨，实质是对一种机构在社区治理中展开行动的理想类型或理想模式研究。理想类型的研究是尽可能多地将理论和现实中影响专业社工机构社区治理行动构建的因素纳入讨论范围，阐释行动构建影响因素以及行动策略生成的合理性。当前专业社工机构处于快速发展期，其社区治理的功能、角色和目标已经成为社会组织和社区治理研究的重要领域。由此，专业社工机构社区治理行动逻辑的理论诠释和现实指导的研究极为必要。本研究通过专业社工机构行动逻辑的理想类型建构，力图通过现实比照，对我国专业社工机构的本土性实践与发展提供有说服力的理论阐释。

社会行动的理想类型是韦伯社会学思想的重要内容，它是研究社会现象的重要概念性工具。韦伯的理想类型是通过片面强调一种或几种观点，综合许多具体的、散乱的、时有时无的、不连续的个别现象，按上述片面强调的观点将这些现象安排到一个统一的分析结构或框架中去，就形成了一个理想类型。确定这种理想构造接近或离开现实的程度，乃是社会研究面临的一个基础任务。理想类型并不是以纯粹的形态存在于现实中，而是给研究者提供了一种分析的框架、一种判断的尺度以及一种比较研究的方法，它能够使社会和历史材料变得更易理解（于海，2000）。理想类型是指研究者为研究社会和解释现实而建构的一套精确而严谨的概念体系。研究者借助这套概念体系作为衡量现实的标准，审视现实与概念之间的差距，并对这种差距做出因果解释。

韦伯的理想类型可以从两个方面理解。第一，理想类型是基于主观思维的构建，在现实中并不存在，它是超越感觉和远离现实的，因而理想类型具有价

值中立的属性。正是理想类型的这种价值中立性才保证了社会学研究的客观有效性。第二，理想类型不是基于主观思维的随意虚构，它是一种必须建立在具有逻辑上的因果关系、不能违背经验现实的社会学的理论建构方法。值得注意的是，对于某一社会现象的理解和解释，理想类型可能不止一个，但解释的标准只有一个，就是对具体社会现象的成功理解和准确归因。同时，本研究对社会行动的理想类型思考还基于韦伯的社会行动理论。韦伯认为，社会行动是一种针对他人且具有主观意义的行动。他认为“合理性”概念是理解和区分社会行动的依据。根据是否合理以及合理性的程度，韦伯构造了四种理想类型：目的合理行动、价值合理行动、情感行动和传统行动。其中，目的合理行动具有最高程度的合理性，是行动者对行动的目的及其实现手段都会进行理智的分析和选择。

本书提出专业社工机构社区治理行动逻辑“四位一体”的理想类型，即专业社工机构与制度环境、市场环境和社会环境共同生成互构关系，并在三者环境的支持和制约下，机构通过自身策略行动谋求生存发展，以实现社区治理的目标。从本研究的调查机构来看，并不是所有的社工机构都包含这些组织环境的影响因素的特征，或是都受到同等程度的影响。理想类型展示的并不是事物现实的模样，而是注重其可能性的研究，力图从可能性中认识现象或事物。因此，理想类型的所有特征并非都会体现在它的每一个具体实例中。但是理想类型的建构必须要将所有可能的因素都考虑进去，这才具有理论研究的价值。具体而言，本研究对专业社工机构参与社区治理行动逻辑的理想类型研究具有三方面研究价值和意义。

其一，理想类型的构建具有重要的现实指导价值。理想类型虽不是现实的完整临摹，却并非随意的虚构，而是来自于现实本身。它是以理论结构的形式，展示现代社会历史文化现象的逻辑和规则。理想类型的搭建是研究者将那些具有典型意义的因素予以突出、加强、极端化或简化而取得的。这种理想化和客观化的概念能够使研究者在研究中扩展推断的方法和技巧。当前专业社工机构如何参与社区治理是当前社区治理和机构面临的难题，理想类型的构建可以帮助机构找出在社区治理中可能具有的影响因素，并针对影响因素形成应对的策略，进一步优化和提升其参与社区治理的手段和方式。

其二，理想类型的构建有助于社区治理行动的参与者和研究者辨识专业社工机构行动的合理性来源。具体而言，理想类型的构建帮助社区治理的参与者和研究者区分实践中机构面对不同情境，或不同机构在同一情境中策略选择不同的内在原因，通过观察机构的行动与理想类型的偏离程度进一步理解和解释机构行动的合理性。在实际的样本调查中发现，专业社工机构分为政府购买型、市场内生型和公益基金会支持型三类，不同类型的机构在面对同一组织环境的互动过程中易产生行动偏差；或者，同一类型的机构在面对不同的组织环境时，会进行不同的策略选择。比如政府购买型和市场内生型在面对政府资源缺乏的困境时，会产生不同的策略选择：政府购买型仍会主要选择如何通过策略行为以满足政府的利益需要，从而获得政府资源；而市场内生型会立即转向市场资源，以寻求资源支持和出路。市场内生型的专业社工机构会引发市场文化和公益文化的质疑，而目的合理行动这一理想类型可以进行解释，即专业社工机构为实现社区治理的目标而采取的合理手段。

其三，理想类型的构建能够进一步推动相关本土理论研究的发展，从而具有进一步指导本土实践的意义。专业社工机构参与社区治理的行动逻辑，是专业社工机构参与社区治理行动的理想类型，它既是一种分析框架，也是一种理论，可以成为社会组织参与社区治理行动的理论基础和进一步发展该理论的依托框架。鉴于该分析框架的理想类型特点，它具有明辨社会组织参与社区治理行动的复杂互动关系，模式化把握杂乱现实的功能。因此，该分析框架实现了理论与实践的结合，它为专业社工机构参与社区治理行动提供了一种理论与实践结合的路径，为进一步丰富和完善该领域研究指明了一种富有想象力的方向。

第三节 政策建议

根据本研究的发现与理论探索，结合当前专业社工机构所处的复杂环境，特别是针对专业社工机构参与社区治理行动逻辑的理论延伸，本研究提出以下政策建议：一是优化专业社工机构组织环境构建的政策原则；二是增加专业社工机构发展与能力提升的政策产品供给；三是丰富专业社工机构参与社区治理的服务模式与方式。

优化专业社工机构组织环境构建的政策原则包括完善制度原则、激活市场原则以及社会协同原则，从根本上改变资源导向型的行动逻辑，为专业社工机构参与社区治理扫清制度性障碍。

首先，完善制度原则主要是针对制度环境与专业社工机构的互动困境，进一步妥善地进行制度安排。第一，完善政府在政策执行中的制度安排，支持专业社工机构全面介入社区治理。要将专业社会工作嵌入社区自治性组织，支持专业社工协助政府和社区做好居民需要评估、服务项目和团队的规划和组建、服务项目的资源链接和实施等工作，为社区和居民提供关系调适、社会融入、技能培训、心理疏导、健康关爱等专业服务，提升社区治理与服务的专业化水平和能力。第二，加强专业社工机构的组织体系建设，配套相关政策、资金以及人力资源，并加大社区层面的财政资金投入，进一步优化政府购买服务或者公益创投的形式，加强从项目承接、项目管理到社工机构介入等一系列政策支撑，进一步实现政府职能转变和下沉。第三，破除社会工作介入社区治理的观念壁垒。将专业社工价值理念引入基层政府、社区和社区社会组织，要破除各级、各部门领导、社区工作者对专业社工机构或社会工作的偏见，全面接受专业社工机构的理念。政府通过制度安排让专业社工机构合法嵌入现有的社区治理体系，成为社区治理体系中不可分割的一部分。

其次，激活市场原则主要是针对市（场）社（工）互动中动力匮乏的困境，加强市社互动的政策引导与支持，鼓励市场与专业社工机构在社区治理行动中的双向选择。一方面，要加强市场主体与专业社工机构共同治理的政策支持，发挥市场资源配置的决定性作用，为专业社工机构有效获取发展和服务资源提供保障；另一方面，培育专业社工机构参与社区治理的服务市场，挣脱专业社工机构不能参与市场化服务的束缚。

最后，建立社会协同原则，统筹发挥社会力量的协同作用。一是增强社区居民参与能力的机制建设，提高社区居民民主协商能力。凡涉及社区居民切身利益和社区公共利益的重大决策事项、困难问题和矛盾纠纷，应积极发挥专业社工机构第三方的平台效应，以基层群众性自治组织为主要依托，组织社区居民协商解决社区事务。二是拓宽社区治理的社会资金筹集渠道，鼓励和引导慈善捐赠、设立社区基金会等多元的资金筹集方式。三是创新社区治理资金的使用机制，规范和监督服务项目的资金实施和使用情况。

增加专业社工机构发展与能力提升的政策产品供给主要包括加强社会工作者队伍的价值理念引导、专业社会工作人才队伍建设以及机构社区治理行动中组织有效运作的机制保障。专业社工机构的专业能力是其作为独立的治理主体被引入社区治理体系的关键，是社区治理能力的重要依托。其价值理念、专业能力和专业组织运作，弥补了社区治理体系中的空白，它不是可有可无的角色，而是提升社区治理专业化、规范化和精准化的主导力量。

首先，价值理念是专业社工机构发展的灵魂和支柱，加强社会工作者的价值理念与本土文化情境相结合的政策保障极为必要。社会工作作为西方舶来品，其核心理念是追求人的价值以促进个体的成长，但是在我国的体制下，社会工作的发展是在强势政府的有限空间下生存与发展的，其发展的主要目标具有维护社会稳定的政治导向，使得社会工作有脱离其价值理念的危险。政府应创造专业社工机构独立发展的行动空间，厘清政府职责与机构工作的边界，并从登记注册、项目场地、内部管理、运行监督等方面支持机构发展。

其次，专业社会工作人才队伍建设是专业社工机构专业能力和服务的重要保证。专业社工机构要依托当地教育资源，针对性进行专业社工人才培训，设计科学、合理、务实的培训方案，不断提高社会工作人才的专业技能，提升其理论和服务的专业化水平。同时，政府和专业社工机构要加强本地社工人才与社工发展发达地区的学习、交流与合作，如利用现场观察、经验指导等多种形式进行学习，以提升社会工作者的专业能力。

最后，创新联动机制，完善公共事务治理网格和信息联通机制，保证机构在社区治理中服务开展的有效运作。一是加强政府、市场和社会力量在社区治理中的平等协作，建立社区治理主体民主、协商的合作机制，构建成熟的现代社区治理体系。二是建立信息传播与反馈机制，搭建治理主体间的对话、协商、学习和交流的平台，真正做到信息透明、资源共享、协商分工。三是加强政策保障和制度建设，通过建立联席会议制度、信息联通制度、需求反馈制度等，从制度层面推进社区社会组织发展。四是在社区层面进行“多社联动”的制度设计，培育社区社会组织联合会、社工联合会等，加强“多社”之间的横向合作。

丰富专业社工机构参与社区治理的服务模式与方式，需要政府、社会和专业社工机构的合力推动。政府的政策支持、社会的职业认同，对社工机构社区治理服务模式和方式的选择具有决定性意义。专业社工机构通过积极的行动策略深度介入社区服务和社区事务，融入社区治理，发挥着专业引领作用。国家宏观政策、地方因地制宜、区域经济社会文化影响推动形成了专业社工机构各具特色的社区治理服务模式和方式。无论专业社工机构采取哪种参与社区治理模式和方式，但其参与社区合作治理应以促进内生型社区共治为目标。第一，专业社工机构应立足于解决社区“共同体困境”，培育社区内生动力。公共精神的塑造、居民参与的建构和人际信任的搭建是实现社区多元主体共同治理的基础和前提。社会工作应当通过专业介入帮助社区发现社区资源和潜能，促进社区内部建立良性互动关系，增加社区社会资本，推动内生型社区治理的实现。第二，专业社工机构应着力构建社区合作网络，激发社区内在活力。社工机构通过建立一个共同的理念和目标，促进社区自下而上的自我治理。同时，机构通过广泛供给资源、动员资源和整合资源，逐渐形成自外向内的社区合作网络，实现社工机构的自我增权，发现和培育社区内部治理主体，提升社区治理主体的能力。同时，专业社工机构应整合服务对象需要，强化政策支持与引导，与政府、市场和社区之间形塑良好的合作伙伴关系，实现成熟的现代社区治理体系下机构参与社区治理的行动建构。

第四节　有待研究议题

在专业社工机构参与社区治理行动逻辑这一分析框架中，组织环境与专业社工机构的互动关系是进行研究的起点和关键。限于时间、资料以及研究者的能力，本研究对于从其他研究视角进行机构与环境交互关系的研究难以全部涵盖。另外，本研究也带出了一些新的研究视角或研究议题。

第一，不同区域间专业社工机构参与社区治理行动逻辑的比较研究。本研究是对东部和中部的省份代表——江苏省和安徽省的专业社工机构进行研究，而我国沿海发达城市以及西部省份亦具有独特的区域制度、经济、社会文化特点，可能会对机构在社区治理中的行动产生重要影响。如广东、深圳等地的专业社工机构多采取香港社工机构的发展经验，以及西部多民族聚集区域民族文化因素等组织环境的转变对行动逻辑可能会产生哪些方面的影响。在此影响下，机构在策略回应上也会依据当地的环境影响因素可能产生不同的回应策略，可见，多区域间的比较研究有助于研究者进一步厘清专业社工机构在社区治理行动中的规则和策略研究，把握区域文化对行动逻辑的影响作用，这是有待研究的问题。

第二，服务需要导向型专业社工机构参与社区治理行动逻辑的研究。本研究中专业社工机构参与社区治理行动逻辑的研究，组织环境与机构仍然是围绕资源的多寡而进行的，而社区治理是为居民服务，资源导向仅是机构需要导向中的一部分，只是实现社区居民服务需要的重要工具和必要手段，不是机构行动的最终目标和根本目的。因此，需要导向才是专业社工机构理想型的行动逻辑，既是机构所有行动发生的逻辑起点，也是行动的目的。要实现这一目的，组织环境与专业社工机构双方都应做出改变，组织环境中制度、市场和社会环境各自的权力、边界分别是什么？它们应做出怎样改变？专业社工机构自身应做出怎样改变以应对这一转型，也需要在以后的研究中进一步讨论。

第三，专业社工机构参与社区治理的绩效研究。绩效可以视为人们从事某一活动而取得的成绩或成果，可以归纳为结果绩效论、行为绩效论、技能与价值观绩效论等。专业社工机构参与社区治理的绩效是指机构在社区服务中提供了哪些服务产品及其效用。绩效研究对于衡量专业社工机构社区服务供给的能力、价值、角色与功能有着积极和重要的作用。要进行绩效研究，就要进行绩效测量和绩效评价。绩效测量的程序和标准如何建立？具体测量的方法有哪些？绩效测量后的绩效评价的原则是什么？上述问题需要在以后的研究中进一步讨论。

第四，专业社工机构独立承担社区治理专业化服务的可能性和可行性研究。当前我国社工机构参与社区治理的方式呈现出政府职能的延伸和拓展特征，更多是如何满足政府的需要而获取资源。机构的独立性和自主性缺乏一定程度上导致其专业化服务的质量和效果降低。因此，从创新社区治理角度来说，专业社工机构独立承担社区治理职责，对推动社区治理的专业化建设以及服务能力、服务质量的提升，有着重要的探索价值。要实现这一目标，专业社工机构自身应该做出怎样的策略调整，组织环境应如何适应与转变，尤其对于专业社工机构独立治理可能带来的治理目标偏差的问题，如独立运行可能带来的资金滥用、抵御市场冲击能力不足、监督机制不够完善等运行风险，都是接下来研究中可以进一步讨论的方向。

第五，构建与完善专业社工机构参与社区治理行动逻辑的监督体系研究。本研究中对于组织环境与专业社工机构在交互行动中的运行困境进行了详细的讨论，比如制度环境中的政策执行阻滞问题、机构面对市场化运作中公益腐败的问题等，很大程度是由于缺失一系列的监督和问责机制。因此，有必要研究如何建立一套完善的监督体系，包括对监督主体、客体、内容、原则程序、指标体系等进行全方位研究。

参考文献

中文文献

[1] 埃哈尔·费埃德伯格. 权力与规则：组织行动的动力［M］. 张月，等 译. 上海：格致出版社，2017.

[2] 包先康，朱士群. 社会工作视阈下的社会治理创新［J］. 中州学刊，2016（5）.

[3] 蔡禾. 激发社会组织活力：观念、制度和能力建设［J］. 社会工作与管理，2014（3）.

[4] 陈成文，黄开腾. 制度环境与社会组织发展：国外经验及其政策借鉴意义［J］. 探索，2018（1）.

[5] 陈成文，赵杏梓，张丽芬. 论社会治理与社会工作的发展空间［J］. 山东社会科学，2015（1）.

[6] 陈华. 非政府组织在社区治理中的角色解析［J］. 武汉理工大学学报，2006（1）.

[7] 陈家建. 法团主义与当代中国社会［J］. 社会学研究，2010（2）.

[8] 陈潭，史海威. 社区治理的理论范式与实践逻辑［J］. 求索，2010（8）.

[9] 陈涛. 社会工作专业使命的探讨［J］. 社会学研究，2011（6）.

[10] 陈为雷. 从关系研究到行动策略研究：近年来我国非营利组织研究述评［J］. 社会学研究，2013（1）.

[11] 陈为雷. 政府和非营利组织项目运作机制、策略和逻辑——对政府购买社会工作服务项目的社会学分析［J］. 公共管理学报，2014（3）.

[12] 陈伟东，卢爱国，孔娜娜，等. 中国和谐社区——江汉模式［M］. 北京：中国社会出版社，2010.

[13] 陈伟东，舒晓虎. 社区空间再造：政府、市场、社会的三维推力——以武汉市J社区和D社区的空间再造过程为分析对象［J］. 江汉论坛，2010（10）.

[14] 陈向明. 质的研究方法与社会科学研究［M］. 北京：教育科学出版社，2009.

[15] 陈友华，苗国，彭裕. 中国社会工作发展及其面临的体制性难题［J］. 思想战线，

2012 (3).
[16] 陈友华，施旖旎. 时间银行：缘起、问题与前景 [J]. 人文杂志，2015 (12).
[17] 陈岳堂，熊亮. 非营利组织参与社区公共品供给机制研究 [M]. 北京：北京理工大学出版社，2015.
[18] 陈振明. 政策科学——公共政策分析导论 [M]. 北京：中国人民大学出版社，2003.
[19] 程玥，马庆钰. 关于非政府组织分类方法的分析 [J]. 政治学研究，2008 (3).
[20] 崔月琴，李远. 双重脱嵌：外源型草根 NGO 本土关系建构风险 [J]. 学习与探索 2015 (9).
[21] 戴维・德沃斯. 社会研究中的研究设计 [M]. 郝大海，等 译. 北京：中国人民大学出版社，2008.
[22] 戴香智. 社会工作机构参与社区矫正的实践困境与消解 [J]. 湖南社会科学，2016 (5).
[23] 邓莉雅，王金红. 中国 NGO 生存与发展的制约因素 [J]. 社会学研究，2004 (2).
[24] 邓宁华. 寄居蟹的艺术：体制内社会组织的环境适应策略 [J]. 公共管理学报，2011 (3).
[25] 邓亦林. 制度环境演化与中国特色社会组织发展研究 [M]. 北京：中国社会出版社，2017.
[26] 邓正来，丁轶. 监控型控制逻辑下的有效治理——对近三十年国家社团管理政策演变的考察 [J]. 学术界，2012 (3).
[27] 邓正来. 国家与市民社会 [M]. 北京：中央编译出版社，2002.
[28] 丁煌. 政策执行阻滞机制及其防治对策：一项基于行为和制度的分析 [M]. 北京：人民出版社，2002.
[29] 范和生. 现代社会学 [M]. 合肥：安徽大学出版社，2005.
[30] 范慧，范和生，杨程. 共享发展理念下社会福利机制的建构逻辑与实践路径 [J]. 宁夏社会科学，2017 (5).
[31] 范明林. 非政府组织与政府的互动关系——基于法团主义和市民社会视角的比较个案研究 [J]. 社会学研究，2010 (3).
[32] 费梅苹. 政府购买社会工作服务中的基层政社关系研究 [J]. 社会科学，2014 (6).
[33] 费显政. 组织与环境的关系：不同学派述评与比较 [J]. 国外社会科学，2006 (3).
[34] 风笑天. 社会研究方法 [M]. 4 版. 北京：中国人民大学出版社，2013.
[35] 风笑天. 推动与引领：《社会学研究》三十年来的方法研究论文回顾 [J]. 社会学研究，2016 (6).
[36] 高丙中. 社会团体的合法性问题 [J]. 中国社会科学，2000 (2).

[37] 高丽，徐永祥. 民办社会工作机构发展的多重特征及其生成机制分析——以社会治理创新为视角 [J]. 社会工作，2016 (1).

[38] 高宣扬. 当代社会理论（下）[M]. 北京：中国人民大学出版社，2010.

[39] 郜宪达，万向东. 回到社会权力：新生社会组织的生存策略探讨 [J]. 华东理工大学学报（社会科学版），2017 (4).

[40] 格里斯托克. 作为理论的治理：五个论点 [J]. 国际社会科学杂志，1999 (1).

[41] 葛道顺. 中国社会组织发展：从社会主体到国家意识——公民社会组织发展及其对意识形态构建的影响 [J]. 江苏社会科学，2011 (3).

[42] 宫蒲光. 社会工作：社会治理创新的重要制度安排 [J]. 中国民政，2014 (7).

[43] 顾东辉. 社会治理及社会工作的同构演绎 [J]. 社会工作与管理，2014 (3).

[44] 关信平. 社会组织在社会管理中的建设路径 [J]. 人民论坛，2011 (11).

[45] 郭景萍. 社会工作机构的运作与管理 [M]. 北京：北京大学出版社，2015.

[46] 中共中央，国务院. 中共中央 国务院关于加强和完善城乡社区治理的意见 [EB/OL]. (2017-06-12). http://www.gov.cn/zhengce/2017-06/12/content_5201910.htm.

[47] 哈贝马斯. 交往与社会进化 [M]. 张博树，译. 重庆：重庆出版社，1989.

[48] 韩央迪. 英美社区服务的发展模式及对我国的启示 [J]. 理论与改革，2010 (3).

[49] 何立军，杨永娇. 社区嵌入视角下中国社区基金会典型模式比较分析——基于深圳的实践探索样本 [J]. 江汉论坛，2018 (7).

[50] 何立军. 深入推进“三社联动”——构建全民共建共享的社会治理格局 [J]. 中国民政，2015 (20).

[51] 何雪松. 基层社区治理与社会工作的专业回应 [J]. 浙江工商大学学报，2016 (4).

[52] 何艳玲，周晓峰，张鹏举. 边缘草根组织的行动策略及其解释 [J]. 公共管理学报，2009 (1).

[53] 和经纬，黄培茹，黄慧. 在资源与制度之间：农民工草根 NGO 的生存策略 [J]. 社会，2009 (6).

[54] 贺立平. 边缘替代：对中国社团的经济与政治分析 [J]. 中山大学学报（社会科学版），2002 (6).

[55] 赫伯特·西蒙. 现代决策理论的基石 [M]. 杨砾，等 译. 北京：北京经济学院出版社，1991.

[56] 洪黎民. 共生概念发展的历史、现状及展望 [J]. 中国微生态杂志，1996 (4).

[57] 胡宁生. 国家治理现代化：政府、市场和社会新型协同互动 [J]. 南京社会科学，2014 (1).

[58] 胡守钧. 社会共生论 [M]. 上海：复旦大学出版社，2012.
[59] 胡杨成，蔡宁. 中国情景下的非营利组织市场导向结构研究 [J]. 公共管理学报，2009 (2).
[60] 户晓坤. 市场机制的边界：当代中国市场经济的伦理反思与建构 [J]. 道德与文明，2017 (4).
[61] 黄晓春，嵇欣. 非协同治理与策略性应对——社会组织自主性研究的一个理论框架 [J]. 社会学研究，2014 (6).
[62] 黄晓春. 当代中国社会组织的制度环境与发展 [J]. 中国社会科学，2015 (9).
[63] 黄晓星，杨杰. 社会服务组织的边界生产 [J]. 社会学研究，2015 (6).
[64] 黄岩，祝子涵. 突破“官民二重性”：广东省工会的改革路径 [J]. 华南师范大学学报（社会科学版），2017 (3).
[65] 黄盈盈，潘绥铭. 中国社会调查中的研究伦理：方法论层次的反思 [J]. 中国社会科学，2009 (2).
[66] 安东尼·吉登斯. 民族国家与暴力 [M]. 北京：读书·生活·新知三联书店，1998.
[67] 纪德尚. 社会工作与社会治理协同创新问题研究 [J]. 社会建设，2015 (1).
[68] 纪晓岚，刘晓梅. 网络治理视阈下的社会化养老服务研究 [J]. 华东理工大学学报（社会科学版），2016 (4).
[69] 纪莺莺. 当代中国的社会组织：理论视角与经验研究 [J]. 社会学研究，2013 (5).
[70] 江华，张建民，周莹. 利益契合：转型期中国国家与社会关系的一个分析框架 [J]. 社会学研究，2011 (3).
[71] 姜宁宁. 论总体性追求中的新社会组织合作机制 [J]. 求实，2017 (10).
[72] 景天魁. 民生建设的“中国梦”：中国特色福利社会 [J]. 探索与争鸣，2013 (8).
[73] 景天魁. 在社会服务体制、机制的改革与创新中发展非营利组织 [J]. 教学与研究，2012 (8).
[74] 康晓光，韩恒. 分类控制：当前中国大陆国家与社会关系研究 [J]. 社会学研究，2005 (6).
[75] 莱斯特·M. 萨拉蒙. 公共服务中的伙伴——现代福利国家中政府与非营利组织的关系 [M]. 田凯，译. 北京：商务印书馆，2008.
[76] 莱斯特·M. 萨拉蒙. 全球公民社会：非营利部门视界 [M]. 贾西津，等 译. 北京：社会科学文献出版社，2007.
[77] 雷茜. 城市社区建设中政府、市场与社会的互构：基于武汉市常青花园社区的考察 [D]. 武汉：华中师范大学，2012.

[78] 李国武，李璐．社会需求、资源供给、制度变迁与民间组织发展：基于中国省级经验的实证研究［J］．社会，2011（6）．
[79] 李培林，徐崇温，李林．当代西方社会的非营利组织——美国、加拿大非营利组织考察报告［J］．河北学刊，2006（2）．
[80] 李培林．我国社会组织体制的改革和未来［J］．社会，2013（3）．
[81] 李强，葛天任．社区的碎片化：Y 市社区建设与城市社会治理的实证研究［J］．学术界，2013（12）．
[82] 李文静．社会工作在社区治理创新中的作用研究［J］．华东理工大学学报（社会科学版），2014（4）．
[83] 李晓凤，林挺阅，马瑞民．社区治理视野下民办社会工作机构的社会创新［J］．社会建设，2015（3）．
[84] 李郇，彭惠雯，黄耀福．参与式规划：美好环境与和谐社会共同缔造［J］．城市规划学刊，2018（1）．
[85] 李迎生．社会工作概论［M］．北京：中国人民大学出版社，2004．
[86] 李迎生．探索社会工作介入社会治理创新的有效途径［J］．社会工作，2014（5）．
[87] 李友梅．社区治理：公民社会的微观基础［J］．社会，2007（2）．
[88] 李友梅．组织社会学与决策分析［M］．上海：上海大学出版社，2009．
[89] 李姿姿．国家与社会互动理论研究述评［J］．学术界，2008（1）．
[90] 理查德·博克斯．公民治理：引领 21 世纪的美国社区［M］．孙柏瑛，等 译．北京：中国人民大学出版社，2005．
[91] 理查德·斯科特．制度与组织：思想观念与物质利益［M］．姚伟，等 译．北京：中国人民大学出版社，2010．
[92] 理查德·斯科特．组织理论［M］．北京：华夏出版社，2002．
[93] 廖鸿，田维亚，石国亮．社会组织参与社会管理创新的调查研究［J］．中国青年研究，2012（2）．
[94] 林尚立．社区民主与治理：案例研究［M］．北京：社会科学文献出版社，2003．
[95] 林顺利．论政府购买公共服务背景下社会工作机构能力建设的五个基本问题［J］．社会工作，2014（3）．
[96] 刘京．社会工作服务机构发展报告（2015）——以百强社会工作服务机构为例［M］．北京：中国社会出版社，2016．
[97] 刘少华，朱致敬．作为一种治理新模式的政策网络［J］．成都行政学院学报，2010（4）．
[98] 刘忠祥．中国基金会发展报告［M］．北京：社会科学文献出版社，2013．

[99] 刘祖云，等. 组织社会学［M］. 北京：中国审计出版社，中国社会出版社，2002.

[100] 卢学晖. 城市社区精英主导自治模式：历史逻辑与作用机制［J］. 探索与争鸣，2015（8）.

[101] 陆春萍. 社区建设中政府与社会组织合作治理研究［J］. 中州学刊，2013（6）.

[102] 陆春萍. 我国政府购买公共服务的制度化进程分析［J］. 华东理工大学学报（社会科学版），2010（4）.

[103] 陆士桢，郑玲. 浅论我国民办社工服务机构的发展［J］. 社会工作，2013（3）.

[104] 陆益龙. 定性社会研究方法［M］. 北京：商务印书馆，2011.

[105] 吕青. 创新社会管理的"三社联动"路径探析［J］. 华东理工大学学报（社会科学版），2012（6）.

[106] 马尔科姆·沃特斯. 现代社会学理论［M］. 杨善华，等 译. 北京：华夏出版社，2000.

[107] 马克斯·韦伯. 论经济与社会中的法律［M］. 张乃根，译. 北京：中国大百科全书出版社，1998.

[108] 马伊里. 合作困境的组织社会学分析［D］. 上海：上海大学，2006.

[109] 曼瑟尔·奥尔森. 集体行动的逻辑［M］. 陈郁，等 译. 上海：上海人民出版社，2014.

[110] 米歇尔·克罗齐耶，埃哈尔·费埃德伯格. 行动者与系统——集体行动的政治学［M］. 张月，等 译. 上海：格致出版社，2017.

[111] 闵学勤，王友俊. 移动互联网时代的在线协商治理［J］. 江苏行政学院学报，2017（5）.

[112] 闵学勤. 社区的社会如何可能——基于中国五城市社区的再研究［J］. 江苏社会科学，2014（6）.

[113] 乜琪. 服务对象对社会工作的职业认同研究——对北京、上海两地服务对象的调查［J］. 新视野，2011（1）.

[114] 欧文·E. 休斯. 公共管理导论［M］. 彭和平，等 译. 北京：中国人民大学出版社，2011.

[115] 帕累托. 精英的兴衰［M］. 刘北成，译. 上海：上海人民出版社，2003.

[116] 彭华民. 中国社会工作学科：百年论争、百年成长与自主性研究［J］. 社会科学，2017（7）.

[117] 彭华民. 中国政府社会福利责任：理论范式演变与制度转型创新［J］. 天津社会科学，2012（6）.

[118] 彭华民. 中国组合式普惠型社会福利制度的构建 [J]. 学术月刊, 2011 (10).
[119] 彭善民. 上海社会工作机构的生成轨迹与发展困境 [J]. 社会科学, 2010 (2).
[120] 乔东平, 高克祥. 政府与社会组织的合作: 模式、机制和策略 [M]. 北京: 华夏出版社, 2015.
[121] 邱梦华. 城市基层社会组织发展中居民参与的行动逻辑 [J]. 学习与实践, 2017 (9).
[122] 渠敬东, 周飞舟、应星. 从总体支配到技术治理: 基于中国30年改革经验的社会学分析 [J]. 中国社会科学, 2009 (6).
[123] 任伟. 购买服务 政府与社工温暖握手 [J]. 社会工作 (实务), 2007 (11).
[124] 萨瓦斯. 民营化与公私部门的伙伴关系 [M]. 周志忍, 译. 北京: 中国人民大学出版社, 2002.
[125] 沈坤荣. 社会企业研究的新视野新拓展——《中国社会企业研究》述评 [J]. 南京社会科学, 2014 (3).
[126] 沈原. 公民资格建设是"和谐社会"的基本依据 [J]. 社会学研究, 2007 (2).
[127] 石国亮. 中国社会组织成长困境分析及启示——基于文化、资源与制度的视角 [J]. 社会科学研究, 2011 (5).
[128] 时和兴. 关系、限度、制度: 政治发展过程中的国家与社会 [M]. 北京: 北京大学出版社, 1996.
[129] 史柏年. 学习与督导: 中国情境下社会工作实习的双重功能 [J]. 社会工作, 2010 (11).
[130] 史云桐. 能动嵌入: 以企业社区参与为例 [J]. 中共福建省委党校学报, 2017 (9).
[131] 孙华. 民办社会工作服务机构参与社区治理的困境研究——基于对南京参与现状的调查 [J]. 长春教育学院学报, 2014 (23).
[132] 孙立平, 王汉生, 王思斌, 等. 改革以来中国社会结构的变迁 [J]. 中国社会科学, 1994 (2).
[133] 塔尔科特·帕森斯. 社会行动的结构 [M]. 张明德, 等 译. 南京: 译林出版社, 2012.
[134] 谭建光, 周宏峰. 社会志愿服务体系: 中国志愿服务的"广东经验" [M]. 北京: 中国社会出版社, 2008.
[135] 谭磊, 丁建定. 民政服务机构转型中的社会工作介入研究 [J]. 广西社会科学, 2011 (3).
[136] 唐文玉, 马西恒. 去政治的自主性: 民办社会组织的生存策略 [J]. 浙江社会科学, 2011 (10).

[137] 陶传进. 控制与支持：国家与社会间的两种独立关系研究 [J]. 管理世界，2008 (2).
[138] 田凯. 关于组织理论新制度主义发展路径的反思 [J]. 学术研究，2015 (9).
[139] 田凯. 组织外形化：非协调约束下的组织运作——一个研究中国慈善组织与政府关系的理论框架 [J]. 社会学研究，2004 (4).
[140] 田蓉，JORDAN L. 非营利组织的社会企业化：模式与策略 [J]. 华东理工大学学报（社会科学版），2016 (4).
[141] 田毅鹏，康雯嘉. 单位社区精英的“资本”构成及其运作研究——以 C 市 H 社区为例 [J]. 学习与探索，2017 (11).
[142] 童敏. 中国本土社会工作发展的专业困境及其解决路径——一项历史和社会结构的考察 [J]. 社会科学辑刊，2016 (4).
[143] 王海洋. 创新社会治理背景下社会工作的实践路径与策略——以 X 社工中心建构社区社会资本实践为例 [J]. 南阳师范学院学报，2017 (7).
[144] 王建军. 当前我国社会组织培育和发展中的问题与对策 [J]. 四川大学学报，2012 (3).
[145] 王名，陶传进. 中国民间组织的现状与相关政策建议 [J]. 中国行政管理，2004 (1).
[146] 王名. 走向公民社会——我国社会组织发展的历史及趋势 [J]. 吉林大学社会科学学报，2009 (3).
[147] 王清. 共生式发展：一种新的国家和社会关系——以 N 区社会服务项目化运作为例 [J]. 中共浙江省委党校学报，2017 (5).
[148] 王清. 项目制与社会组织服务供给困境：对政府购买服务项目化运作的分析 [J]. 中国行政管理，2017 (4).
[149] 王清. 依附式协作供给：城市公共物品供给机制创新 [J]. 湖南师范大学社会科学学报，2014 (1).
[150] 王绍光，王名. 促进我国民间非营利组织发展的政策建议 [G] //王名. 中国非政府公共部门. 北京：清华大学出版社，2004.
[151] 王淑庆. 论“行动”概念的两种逻辑分析 [J]. 湖南科技大学学报（社会科学版），2016 (2).
[152] 王思斌. 高校教师领办社会工作机构的叠错现象分析 [J]. 广东工业大学学报（社会科学版），2013 (4).
[153] 王思斌. 社会工作参与社会治理创新研究 [J]. 社会建设，2014 (1).
[154] 王思斌. 社会工作机构在社会治理创新中的网络型服务治理 [J]. 学海，2015 (3).
[155] 王思斌. 社会工作在构建共建共享社会治理格局中的作用 [J]. 国家行政学院学报，2016 (1).

[156] 王思斌．我国适度普惠型社会福利制度的建构［J］．社会学研究，2009（3）．

[157] 王思斌．中国社会的求—助关系——制度与文化的视角［J］．社会学研究，2001（4）．

[158] 王思斌．中国社会工作的嵌入性发展［J］．社会科学战线，2011（2）．

[159] 王巍．国家—社会分析框架在社区治理结构变迁研究中的应用［J］．江苏社会科学，2009（4）．

[160] 王向民．分类治理与体制扩容：当前中国的社会组织治理［J］．华东师范大学学报（哲学社会科学版），2014（5）．

[161] 王新松．国家法团主义：新加坡基层组织与社区治理的理论启示［J］．清华大学学报（哲学社会科学版），2015（2）．

[162] 王星．利益分化与居民参与：转型期中国城市基层社会管理的困境及其理论［J］．社会学研究，2012（2）．

[163] 王杨．社会工作参与社区治理的行动策略——以全国首个城市“慈善社区”试点创建项目为例［J］．中州学刊，2016（7）．

[164] 王杨．社会组织在社区治理中的合法化路径与策略——基于北京市一个草根社会组织的个案研究［J］．中州学刊，2018（12）．

[165] 吴晓琳，郝丽娜．“社区复兴运动”以来国外社区治理研究的理论考察［J］．政治学研究，2015（1）．

[166] 伍俊斌．公民社会基础理论研究［M］．北京：人民出版社，2010．

[167] 夏建中．中国城市社区治理结构研究［M］．北京：中国人民大学出版社，2012．

[168] 项辉，汪锦军．中国公共服务民营化改革的理论反思［J］．江苏社会科学，2014（4）．

[169] 谢海定．中国民间组织的合法性困境［J］．法学研究，2004（2）．

[170] 谢立中．西方社会学名著提要［M］．南昌：江西人民出版社，1998．

[171] 谢敏，吴中宇．资源依赖背景下社会工作服务机构发展策略研究［J］．理论月刊，2016（10）．

[172] 邢小强，彭瑞梅，仝允桓．面向金字塔底层市场的产品创新［J］．科学学研究，2015（6）．

[173] 徐永祥，曹国慧．“三社联动”的历史事件与概念辨析［J］．云南师范大学学报（哲学社会科学版），2016（2）．

[174] 徐永祥．政社分工与合作：社区建设体制改革与创新研究［J］．东南学术，2006（6）．

[175] 徐震．台湾社区发展与社区营造的异同［J］．社区发展季刊，2004（107）．

[176] 徐中振，李友梅．生活家园与社会共同体：“康乐工程”与上海社区实践模式个案研究［M］．上海：上海大学出版社，2003．

[177] 许小玲，彭华民. 资源与权力：多元互动中社会工作服务机构发展模式研究 [J]. 内蒙古社会科学（汉文版），2015（9）.
[178] 许小玲. 从“需要导向”到“资源导向”：民办社会工作机构生存逻辑研究 [J]. 人文杂志，2016（4）.
[179] 许小玲. 生存压力与行动理性：民办社会工作机构策略行为研究 [J]. 中州学刊，2016（3）.
[180] 闫臻. 嵌入社区治理中的专业社会工作介入 [J]. 华东理工大学学报（社会科学版），2016（1）.
[181] 杨贵华. 社区、社会组织、社会工作“三社联动”助力基层社会服务和社会治理研究——基于厦门市的调研 [J]. 发展研究，2015（11）.
[182] 杨君，徐选国. 社会工作、社会承认与生活世界的重构 [J]. 学习与实践，2014（2）.
[183] 杨敏. 作为国家治理单元的社区——对城市社区建设运动过程中居民社区参与和社区认知的个案研究 [J]. 社会学研究，2007（4）.
[184] 杨雪冬. 近30年中国地方政府的改革与变化：治理的视角 [J] 社会科学，2008（12）.
[185] 易松国. 民办社会工作机构的问题与发展路向——以深圳为例 [J]. 社会工作，2013（5）.
[186] 尹广文. 官民二重性：社区社会组织参与社区治理的困境分析 [J]. 宁夏社会科学，2011（1）.
[187] 于海. 加拿大社区生活中的公民参与 [J]. 社区，2005（22）.
[188] 于海. 西方社会思想史 [M]. 上海：复旦大学出版社，2000.
[189] 于显洋. 组织社会学 [M]. 3版. 北京：中国人民大学出版社，2016.
[190] 俞可平. 治理与善治 [M]. 北京：社会科学文献出版社，2000.
[191] 俞可平. 中国的治理改革（1978—2018）[J]. 武汉大学学报（哲学社会科学版），2018（3）.
[192] 俞可平. 中国公民社会：概念、分类与制度环境 [J]. 中国社会科学，2006（1）.
[193] 郁建兴，关爽. 从社会管控到社会治理：当代中国国家与社会关系的新进展 [J]. 探索与争鸣，2014（12）.
[194] 岳经纶，郭英慧. 社会服务购买中政府与NGO关系研究——福利多元主义视角 [J]. 东岳论丛，2013（7）.
[195] 詹姆斯·S. 科尔曼. 社会理论的基础 [M]. 北京：社会科学出版社，1999.
[196] 张宝锋. 现代城市社区治理结构研究 [M]. 北京：中国社会出版社，2006.
[197] 张和清. 灾难的社会根源与灾害社会工作 [J]. 开放时代，2011（10）.

[198] 张鸿雁，邵颖萍．城市未来社区管理模式转型的中国路径——以南京建邺区为例［J］．上海城市管理，2011（3）．
[199] 张紧跟，庄文嘉．非正式政治：一个草根NGO的行动策略——以广州业主委员会联谊会筹备委员会为例［J］．社会学研究，2008（2）．
[200] 张紧跟．从结构论争到行动分析：海外中国NGO研究述评［J］．社会，2012（3）．
[201] 张康之．合作的社会及其治理［M］．上海：上海人民出版社，2014．
[202] 张康之．论社会治理中的权力与规则［J］．探索，2015（2）．
[203] 张康之．石国亮．国外社区治理自治与合作［M］．北京：中国言实出版社，2012．
[204] 张澧生．社会组织治理研究［M］．北京：北京理工大学出版社，2015．
[205] 张冉．中国社会组织市场导向的本土建构：一个多案例分析［J］．西南大学学报（社会科学版），2018（5）．
[206] 张银岳．超越传统：现代法国组织社会学研究［D］．上海：上海大学，2008．
[207] 赵鼎新．社会与政治运动讲义［M］．北京：北京科学文献出版社，2006．
[208] 赵小平，毛佩瑾．公益领域中的"市场运作"：社会组织建构社区社会资本的机制创新［J］．中国行政管理，2015（11）．
[209] 赵一红．政府购买社会工作服务模式分析［J］．社会工作，2012（4）．
[210] 珍妮特·登哈特，罗伯特·登哈特．新公共服务：服务而不是掌舵［M］．丁煌，译．北京：中国人民大学出版社，2010．
[211] 郑广怀．迈向对员工精神健康的社会学理解［J］．社会学研究，2010（6）．
[212] 郑杭生、黄家亮．论我国社区治理的双重困境与创新之维——基于北京市社区管理体制改革实践的分析［J］．东岳论丛，2012（1）．
[213] 郑杭生．中国社会管理和社区治理的新特点新趋势——从社会学角度看地方经验的持续贡献［J］．广州公共管理评论，2013（1）．
[214] 周晓虹．全面深化改革的社会路径［J］．南京社会科学，2015（2）．
[215] 周雪光．组织社会学十讲［M］．北京：社会科学文献出版社，2003．
[216] 周玉萍．高校教师领办社工机构的生存处境与发展前景［J］．社会福利（理论版），2013（3）．
[217] 朱国云．组织理论：历史与流派［M］．南京：南京大学出版社，2014．
[218] 朱健刚，陈安娜．嵌入中的专业社会工作与街区权力关系——对一个政府购买服务项目的个案分析［J］．社会学研究，2013（1）．
[219] 朱健刚，陈安娜．社工机构的NGO化：专业化的另一种思路［J］．华东理工大学学报，2014（1）．

[220] 朱力，袁迎春. 当前我国居民对社会矛盾的感知与解决方式——基于全国九市的问卷调查报告［J］. 国家行政学院学报，2018（2）.

英文文献

[1] ADAMS P S. Corporatism and comparative politics: is there a new century of corporatism in new directions in comparative politics [M]. Wiarda Howard J. Colorado: Westview Press, 2002.

[2] ASADUZZAMAN M. Governance in practice: decentralization and people's participationin the local development of Bangladesh [D]. The University of Tampere, 2008.

[3] BASTOLA M K. Government – NGO partnership in community development in Nepal: a case of Kathmandu District [J]. South Asian Journal of Policy and Governance, 2015 (37).

[4] BELL S. Between the market and the state: the role of Australian Business Associations in public policy [J]. Comparative Politics, 1995.

[5] BERG B. Qualitative research methods for the social science [M]. Pearson Education, Inc., 2007.

[6] BOBL J. The functions of the executive [M]. Harvard University Press, 1968.

[7] BOBL J. Resource dependence theory: a political economy model of organizations [M]. Educational Resources Information Center, 1995.

[8] BOWLES S, H GINTIS. Social capital and community governance [J]. The Economic Journal, 2002, 112 (483).

[9] CASTELLOE P, T WATSON, C WHITE. Participatory change: an integrative approach to community practice [J]. Journal of Community Practice, 2002, 10 (4).

[10] DEFOUMY J, KIM SHIN – YANG. Emerging models of social enterprise in Eastern Asia: a cross – country analysis [J]. Social Enterprise Journal, 2001 (7).

[11] DIMAGGIO P J, W W POWELL. The iron revisited: institutional isomorphism and collective rationality in organizational fields [J]. American Sociology Review, 1983.

[12] DRUMWRIGHT M E, PEGGY H C, et al. Social Alliances: company/nonprofit collaboration [R]. Marketing Science Institute Working Paper Series, Report Summary, 2000.

[13] EDWARDS G C Ⅲ, I Sharkansky. The policy predicament: making and implementation public policy [M]. San. Francisco: W. H. Freeman and Co, 1978.

[14] EVANS P. State – Society Synergy: government and social capital in development [D]. Berkeley, Calif: University of California at Berkeley, 1997.

[15] EVANS S M, H C BOYTE. Free space: the sources of democratic changes in American

[M]. Chicago: University of Chicago Press, 1992.

[16] EVERS A. Shifts in the welfare mix: introducing a new approach for the study of transformation in welfare and social policy [M] //Shifts in the welfare mix: their impact on work, social services and welfare policies. Eurosocial, Vienna. , 1988.

[17] GILLEY B. Paradigms of chinese politics: kicking society back out [J]. Journal of Contemporary China, 2011, 20 (70).

[18] GRANOVETTER M. Economic action and social structure: the problem of embeddedness [J]. The American Journal of Sociology, 1985, 91 (3).

[19] HOWELL J. Civil society in China: chipping away at the edges [J]. Development, 2007 (3).

[20] MA QIUSHA. Nongovernmental organization in contemporary China: paving the way to civil society? [M]. London: Routledge, 2006.

[21] MAIR J, MARTI I. Entrepreneurship in and around institutional voids: a case study from Bangladesh [J]. Journal of Business Venturing, 2009, 24 (5).

[22] MAIR J, MARTI I, M J VENREESCA. Building inclusive markets in rural Bangladesh: how intermediaries work institutional voids [J]. Academy of Management Journal, 2013, 75 (4).

[23] MARCH J G, J P OLSON. Rediscovering institutions: the organizational basis of politics [M]. New York: The Free Press, 1989.

[24] MEYER J W, B ROWAN. Institutional organizations: formal structure as myth and ceremony [J]. American Journal of Sociology, 1997, 83 (2).

[25] PARSONS T. The structure of social action [M]. New York: Free Press, 1968.

[26] PEARSON M M. China's new business elite: the political consequences of economic reform [M]. Berkeley: University of California Press, 1997.

[27] PETERS B G. Institutional theory in political science: the new institutionalism [M]. London and New York: Wellington House, 2005: 63.

[28] PFEFFER, et al. The external control of organization: a resource dependence perspective [M]. New York: Harper and Row, 1978.

[29] POLANYI K. The great transformation: the political and economic origins of our time [M]. Boston, Ma: Beacon Press, 1944.

[30] PRAHALAD C K. Bottom of the pyramid as a source of breakthrough innovations [J]. Journal of Production Innovation Management, 2012, 29 (1).

[31] RICHARDSON M. Community governance: resource kit [J]. Christchurch City: Christchurch City Council, 1999 (12).

[32] SAICH T. Governance and politics of China [M]. New York: Palgrave, 2001.

[33] SAIDEL J. Resource interdependence: the relationship between state agencies and nonprofit organizations [J]. Public Administration Review, 1991, 51 (6).

[34] SEGERBERG K. Action – games [J]. Acta philosophica fennica, 1981 (32).

[35] SEGERBERG K. Routines [J]. Synthese, 1985, 65 (2).

[36] SEGERBERG K. Getting started: beginnings in the logic of action [J]. Studia Logica, 1992, 51 (3/4).

[37] SCOTT W R. Approaching adulthood: the maturing of institutional theory [J]. Theory and Society, 2008 (37).

[38] SIMON H A. From substantive to procedural rationality [M] //Method and appraisal in economics. Cambridge, Mass: Harvard University Press, 1976.

[39] SKOCPOL T. Bring the state back in: strategies of analysis in current research [M] //Bringing the state back in. Cambridge: Cambridge University Press, 1985.

[40] SPIRES A. Contingent symbiosis and civil society in an authoritarian state: understanding the survival of China's grassroots NGOs [J]. American Journal of Sociology, 2011 (117).

[41] SRIDHARAN S, R IVEY. Marketing in subsistence marketplaces: consumption and entrepreneurship in a south Indian context [J]. Journal of Consumer Marketing, 2008, 25 (7).

[42] SUBRAHMANYAN S J, TOMAS G A. Integrated approach to understanding consumer behavior at bottom of pyramid [J]. Journal of Consumer Marketing, 2008, 25 (7).

[43] SULLIVAN H. Modernization, democratization and community governance [J]. Local Government Studies, 2001 (27).

[44] TEETS J C. Let many civil societies bloom: the rise of consultative authoritarianism in China [J]. The China Quarterly, 2013 (1).

[45] THORNTON P M. The advance of the party: transformation or take over of urban grassroots society [J]. The China Quarterly, 2013 (1).

[46] TRUJILLO C A, A BARRIOS, S M CAMACHO, et al. Low socioeconomic class and consumer complexity expectations for new product technology [J]. Journal of Business Research, 2010 (6).

[47] UNGER J, A CHAN. China, corporatism, and the East Asian model [J]. The Australian Journal of Chinese Affairs, 1995 (33).

[48] VIGODA E. From responsiveness to collaboration governance: citizens and the next genera-

tion of public administration [J]. Public Administration Review, 2002, 62 (5).

[49] VISWANATHAN M, SRIDHARAN S, RITCHIE R. Marketing in subsistence marketplaces, alleviating poverty through business strategy [M]. New York: Palgrave Macmillan, 2008.

[50] WEATHINGTON B L, C J CUNNINGHAN, D J PITTENGER. Research methods for the behavioural and social sciences [M]. New Jersey, John Wiley & Sons, Inc., 2010.

[51] WHITE G. Prospects for civil society in china: a case study of xiao shan city [J]. The Australian Journal of Chinese Affairs, 1993 (29).

[52] WHITING S. The politics of NGO development in China [J]. International Journal of Voluntary and Nonprofit Organizations, 1991 (2).

[53] WHYTE M K. Urban China: a civil society in the making? [M] //State and society in China: the consequence of reform. San Francisco: Oxford, 1992.

[54] WOLFF - MICHAEL R. Ethics as socialpractice: debating ethics in qualitative research [J]. Historical Social Research, 2005, 30 (1).

[55] YIN R K. Case study research: design and methods [M]. Beverly Hills and London: Sage, 1989.

[56] ZUCKER L G. Institutional theories of organization [J]. Annual Review of Sociology, 1987 (13).

附录一　访谈提纲

本研究主要依据研究问题和研究框架，按照访谈提纲采用半结构式访谈方式对被访者进行深度访谈和集体访谈。访谈前，访问员先进行自我介绍，表明访谈目的，在征得被访者同意后，方可进行笔录或录音。访谈过程中，访问员随时针对访谈对象谈到的内容进行追问。

专业社工机构负责人访谈提纲

1. 请简单介绍一下您的基本情况（姓名、年龄、工作职位、工作年限、主要负责的工作内容等）。

2. 请介绍一下机构的基本情况，机构注册的时间、服务对象和业务范围、组织部门如何设置，有无固定办公场所（包括场所由谁提供，费用如何）。

3. 目前机构工作人员的配比是怎样的（专业社工与普通工作人员比例）？社工人员准入标准（包括性别比例、教育背景、年龄层次、从业经验、有无社工资格证书等）是怎么样的？

4. 机构在成立之初遇到过哪些困难（如资金、场地、人员等困难）？其中，最大的困境是什么？机构有无采取策略去应对？策略的效果如何？请举例说明。

5. 机构的资源是否有来自政府的支持（政策、资金、场地、人力等）？如有，主要包括哪些（是通过政府购买服务、招投标方式、委托方式或其他）？政府的资源投入是否足够支撑整个项目的运作？

6. 机构的资源是否有来自市场的支持（资金、场地、人力等）？如有，主要通过怎样的方式？与政府资源供给相比，市场资源的比例为多少？目前运行情况如何？如无，原因是什么？

7. 机构的资源是否有来自社会的支持（资金、人力、文化等）？如有，主要通过怎样的方式？与政府、市场资源供给相比，社会资源的比例为多少？目前运行情况如何？如无，原因是什么？

8. 机构与政府、社区的合作形式有哪些？合作获取的途径是怎样的（如关系网络）？与政府的关系是怎么样的（独立、平等还是依附关系）？最常打交道的部门或单位有哪些？在与其互动过程中，遇到过哪些困难？是否采取措施应对？如何应对？效果如何？请举例说明。

9. 机构与企业的合作形式有哪些？有没有面向市场开发的收费性服务项目？合作获取的途径是怎样的（如关系网络）？关系是怎样的？服务产品的形式是怎样的？在与其互动过程中，遇到过哪些困难？最大的困难是什么？是否采取措施应对？如何应对？效果如何？请举例说明。

10. 机构与社区中家庭和其他社会组织的合作形式有哪些？合作获取的途径是怎样的（如通过何种关系网络）？关系是怎样的？在与其互动过程中，遇到过哪些困难？最大的困难是什么？是否采取措施应对？如何应对？效果如何？请举例说明。

11. 机构在社区中主要开展过哪些服务项目？在具体服务项目中遇到过哪些专业能力的问题？能否帮助服务对象解决实际问题？

12. 社会工作的专业方法和价值理念在服务中如何体现？如没有体现，原因是什么？

13. 机构工作人员的理论和实务水平提高的途径有哪些？该机构是否经常邀请国内外专家进行督导和培训？专家主要来自专业社工机构督导、高校专业教师还是其他？

14. 机构在社区服务中遇到活动场地、经费、运行等困难时，会怎样进行外部资源的求助？如寻求政府的关系协调？请举例说明。

15. 机构在社区中的活动选取来源于政府、市场还是社区居民的需要？各主体间的需要是否会产生冲突？机构是否会介入化解冲突？请举例说明。

16. 机构在提升社区居民参与公共事务管理方面开展过哪些活动？方式、效果如何？遇到过哪些问题？请举例说明。

17. 机构是否协助社区建立社区问题预警或解决机制、制度、规范或约定等？

18. 您认为当前我国专业社工机构参与社区治理发挥作用的趋势如何？其

中，机构的优势有哪些？限制社工机构发展的关键性因素是什么？

19. 您对我国专业社工机构在社区治理中的作用有什么评价和建议？

机构社会工作者访谈提纲

1. 请简单介绍一下您的基本情况（姓名、性别、年龄、工作职位、工作年限、主要负责的工作内容等）。

2. 加入社工机构的原因是什么？进入社工机构的准入条件有哪些（如专业要求、资格证要求、经验要求等）？

3. 在机构主要从事的工作是什么？负责过哪些项目和业务？在项目运行中的困难有哪些？如何协调解决？请举例说明。

4. 是否经常接受相关培训？培训重要吗？谁来培训？培训的内容有哪些？您认为在实际操作中是否适用？

5. 社会工作的专业方法和价值理念在服务中如何体现？如没有体现，原因是什么？

6. 机构的资源是否有来自政府的支持（政策、资金、场地、人力等）？如有，主要包括哪些（是通过政府购买服务、招投标方式、委托方式或其他）？政府的资源投入是否足够支撑整个项目的运作？

7. 机构的资源是否有来自市场的支持（资金、场地、人力等）？如有，主要通过怎样的方式？与政府资源供给相比，市场资源的比例为多少？目前运行情况如何？如无，原因是什么？

8. 机构的资源是否有来自社会的支持（资金、场地、人力等）？如有，主要通过怎样的方式？与政府、市场资源供给相比，社会资源的比例为多少？目前运行情况如何？如无，原因是什么？

9. 机构与政府、社区的合作形式有哪些？与政府、社区的关系是怎么样的（独立、平等还是依附关系）？最常打交道的部门或单位有哪些？在与其互动过程中，遇到过哪些困难？最大的困难是什么？是否采取措施应对？如何应对？效果如何？请针对一项具体的政府购买服务的项目，介绍机构怎样进行项目的操作与应对运行的困境。

10. 机构与企业的合作形式有哪些？有没有面向市场开发的收费性服务项目？合作获取的途径是怎样的（如通过何种关系网络）？关系是怎样的？服务

产品的形式是怎样的？在与其互动过程中，遇到过哪些困难？是否采取措施应对？如何应对？效果如何？

11. 机构与社区中家庭和其他社会组织的合作形式有哪些？关系是怎样的？在与其互动过程中，遇到过哪些困难？最大的困难是什么？是否采取措施应对？如何应对？效果如何？

12. 机构在社区中主要开展过哪些服务项目？在具体服务项目中遇到过哪些专业能力的问题？能否帮助服务对象解决实际问题？

13. 机构工作人员的理论和实务水平提高的途径有哪些？该机构是否经常邀请国内外专家进行督导和培训？专家主要来自专业社工机构督导、高校专业教师还是其他？

14. 机构在社区治理中遇到活动场地、经费、运行等困难时，会怎样进行外部资源的求助（如寻求政府的关系协调）？请举例说明。

15. 机构在社区中的活动选取来源于政府、市场还是社区居民的需要？各主体间的需要是否会产生冲突？机构是否会介入化解冲突？请举例说明。

16. 机构在提升社区居民参与公共事务管理方面开展过哪些活动？方式、效果如何？遇到过哪些问题？请举例说明。

17. 机构是否协助社区建立社区问题预警或解决机制、制度、规范或约定等？

18. 您认为当前我国专业社工机构参与社区治理发挥作用的趋势如何？其中，机构的优势有哪些？限制社工机构发展的关键性因素有哪些？请举例说明。

19. 您对我国专业社工机构在社区治理中的运行与发展有什么评价和建议？

政府部门领导与相关工作人员访谈提纲

备注：本研究主要选择对专业社工机构进行垂直管理的当地民政局社区或社会组织管理部门的领导或相关工作人员，以及街道的领导或工作人员进行访谈。在访谈时，访谈员会围绕研究问题和研究变项，依据不同访谈对象适当调整部分访谈问题。

1. 请简单介绍一下您的基本情况（被访者的姓名、年龄、工作职位、工作年限、主要负责的工作内容等)。

2. 您所在的城市是在哪一年成为全国社会工作服务示范地区的？在您看来，民政部为什么会选择您所在的城市作为首批示范地区？有哪些因素起到了影响作用？

3. 您所在的城市成为全国首批社会工作服务示范地区后，社区社会组织的培育发展状况如何？其中，专业社工机构的发展状况如何？与之前相比，最突出的变化和特点有哪些？遇到了哪些问题？原因分别是什么？

4. 政府对专业社工机构有哪些政策支持（财税、行政审批等政策规定、各部门的协调机制等)？

5. 政府对专业社工机构有哪些资源支撑（资金、场地、人力等)？在机构资源来源占比多少？

6. 从社区治理角度看，政府购买服务的方式主要有哪些？政府的资源投入是否足够支撑整个项目的运作？

7. 在政策制定和实施过程中，您碰到了哪些困难和阻碍？不同部门之间会存在意见和分歧，您是如何进行协调的？

8. 您所在的城市在社工机构相关政策制定过程中，有没有了解机构的意见？为什么？

9. 政府与机构的合作形式有哪些？与机构的关系是怎么样的？请以服务项目为例，政府在与机构合作中遇到过哪些问题？哪些部门与机构打交道较多？遇到问题时，您的态度是怎样的？如需协调，您是怎么做的？

10. 政府怎样对社工机构的运行进行监管，在设立、运作方面怎样进行评估？是政府评估还是委托第三方评估？评估的指标和依据分别是什么？

11. 机构的资源是否有来自市场的支持（资金、场地、人力等)？如有，主要通过怎样的方式？与政府资源供给相比，市场资源的比例为多少？目前运行情况如何？如无，原因是什么？

12. 家庭和其他社区社会组织在社区治理中扮演的角色是什么？他们是否分别与专业社工机构产生合作？如有，合作的方式或途径主要有哪些？

13. 除了以上因素，您认为还有哪些因素对专业社工机构在社区治理中的发展起到关键性的作用？

14. 政府部门在推动社区专业社工机构发展中应扮演什么样的角色，发挥什么作用？

15. 专业社工机构在社区治理中的作用如何？今后的发展方向与趋势是怎样的？您有什么评价和政策建议？

社区居委会领导与相关工作人员访谈提纲

1. 请简单介绍一下您的基本情况（被访者的姓名、年龄、工作职位、工作年限、主要负责的工作内容等）。

2. 您所在的城市是在哪一年成为全国社会工作服务示范地区的？在您看来，民政部为什么会选择您所在的城市作为首批示范地区？有哪些因素起到了影响作用？

3. 您所在的城市成为全国首批社会工作服务示范地区后，社区社会组织的培育发展状况如何？其中，专业社工机构的发展状况如何？与之前相比，最突出的变化和特点有哪些？遇到了哪些问题？原因分别是什么？

4. 社区对专业社工机构有的政策支持，执行力度如何？

5. 社区对专业社工机构有哪些资源支持（资金、场地、人力等）？在机构资源来源占比多少？

6. 从社区治理角度看，政府购买服务的方式主要有哪些？政府的资源投入是否足够支撑整个项目的运作？

7. 在政策制定和实施过程中，您碰到了哪些困难和阻碍？分别是什么？不同部门之间会存在意见和分歧，您是如何进行协调的？

8. 社区与机构的合作形式有哪些？与机构的关系是怎么样的？请以服务项目为例，政府在与机构合作中遇到过哪些问题？哪些部门与机构打交道较多？遇到问题时，您的态度是怎样的？如需协调，您是怎么做的？

9. 社区怎样对社工机构的运行进行监管，在设立、运作方面怎样进行评估？是政府评估还是委托第三方评估？评估的指标和依据分别是什么？

10. 机构的资源是否有来自市场的支持（资金、场地、人力等）？如有，主要通过怎样的方式？与政府资源供给相比，市场资源的比例为多少？目前运行情况如何？如无，原因是什么？

11. 家庭和其他社区社会组织在社区治理中扮演的角色是什么？它们是否分别与专业社工机构有合作？如有，合作的方式或途径主要有哪些？

12. 机构在社区中的活动选取来源于政府、市场还是社区居民的需要？各主体间的需要是否会产生冲突？机构是否会介入化解冲突？请举例说明。

13. 机构主要通过哪些方式提升社区居民个性化、专业性服务？

14. 机构在提升社区居民参与公共事务管理方面开展过哪些活动？方式、效果如何？遇到过哪些问题？请举例说明。

15. 机构是否协助社区建立社区问题预警或解决机制、制度、规范或约定等？

16. 您认为当前我国专业社工机构参与社区治理发挥作用的趋势如何？其中，机构的优势有哪些？限制社工机构发展的关键性因素是什么？

社区居民访谈提纲

备注：此部分访谈对象主要为社区内接受专业社工机构服务的服务对象。

1. 请您简单介绍一下您的基本情况（被访者的姓名、性别、年龄、工作职位、工作年限、主要负责的工作内容等）。

2. 您通过何种途径了解社工机构？您了解社工机构在社区的作用吗？您认为机构对社区发展的作用重要吗？

3. 您所在社区居民与居委会、业主委员会以及社区居民之间关系如何？社工机构是否在关系调节中发挥了作用？

4. 机构在社区中有哪些服务项目（如助残爱老服务、妇女青少年服务、生活便民服务、医疗救助服务、法律维权服务、文体娱乐活动、志愿帮扶活动等）？项目是如何展开的？您认为可以继续推广和改进的地方有哪些？请举例说明。

5. 您会参加机构组织的活动吗？这些活动专业社工机构发挥了什么样的作用？方式或效果如何？您认为有可以继续推广和改进的地方吗？

6. 您认为以上这些活动是否满足您的需要？能否提高居民社区参与的积极性？

7. 您在遇到怎样的问题会寻求机构帮助？机构是怎样进行调解的？结果如何？您是否满意？

8. 您是否接受社工的理念、方法和技术？

9. 您还寻求过其他社会组织吗？如有，您认为哪种组织的服务更满意？

10. 您对机构未来的发展有什么评价和建议？

附录二　专业社工机构的成立及其参与社区治理项目一览表

表 1　专业社工机构的成立与社区治理项目业务内容的基本概况

机构名称	机构概况
HR 社会工作服务中心	该中心成立于2013年，是由来自G区当地多所高校的社会工作专业教师与优秀毕业生共同发起成立。中心目前有28名工作人员，其中20人为有社会工作专业教育背景的专职工作人员，8名来自高校的社会工作专业教师作为兼职人员。中心秉承“以人为本、助人自助”的服务理念，依托专业优势，整合社会资源，为辖区老人、儿童青少年、妇女等有需要的群体提供专业化社会工作服务。目前，该中心承接了由G区民政局、街道和社区外包的5个服务项目，分别为JD街道RC社区综合服务中心建设项目、FH街道LAY社区综合服务中心建设项目、WT社区社会组织发展中心建设项目、FH社区睦邻中心服务项目、FHXA社区公共服务外包项目（街道或社区名称用英文首字母大写表示，下同）。项目内容主要涉及优化与提供社区居民各项专业服务、培育社区公益服务类和生活类社会组织孵化、提升居民议事与自我管理能力等
XJ 老年人服务中心	该中心成立于2012年，拥有12人的专业社工队伍，是一家专门从事养老服务的专业社工机构，旨在打造中国老年人健康生活管理服务平台，提升老年人生活质量。该机构业务范围主要包括社区居家养老服务、残疾人托管服务等，具体包括自理老人、失能老人、半失能老人的精准服务。该机构主要承接政府社区治理服务项目，与市场化运营的方式相结合，打造社区治理服务供给的新模式。XJ机构主要是提供针对老年人的送餐服务、日常照料、护理、修复等社区老年人服务，已形成了规模化的市场运作
AD 社会工作服务中心	该中心成立于2016年，是由AD基金会发起的社会工作服务机构，拥有近20人的专业社工团队，其中拥有五年以上服务经验的社工7名，三年以上服务经验的社工12名，持N市初级督导聘书的3人，持中级社工证的9人，持初级社工证的6人。该中心旨在扎根社区，服务社群，服务范围涉及老年人社区关怀、青少年发展、妇女儿童支持、残疾人照料、流动人口服务、义工管理、社区矫正与辅导、家庭辅导与志愿、城乡社区综合服务与发展、社会工作专业咨询与培训等。该中心的社区治理项目由G区MGQ街道引入SH社区，开展以养老服务为核心的社区综合服务。中心立足社区，以“居家养老”为重点，主要开展7大主题综合服务，即社区养老、社区教育、社区文化体育、社区环境整治、社区自治的志愿者和社团培育、社区医养融合支持、社区救助与便民服务等

续表

机构名称	机构概况
XQ 社会工作发展服务中心	该中心成立于2015年，主要业务范围包括提供专业化社工咨询、辅导、培训和社工派遣服务，青少年校外辅导、素质拓展服务，承接政府、企业委托的各类社工服务项目。目前，机构的社区治理项目主要是通过承接政府购买服务进驻社区，打造了“青萌少儿艺术团”“邻里家园”社区综合服务中心、社区人人网“邻里互助会”等多个特色项目。共计策划十余个社工服务项目，累计开展大小活动五百余场
DY 社会工作发展中心	该中心成立于2015年，创办团队成员包括多名毕业于香港理工大学、中国青年政治学院的资深社工。该机构是一家以“社会工作为核心、跨专业团队为支撑”的综合社会工作服务机构。机构现有员工350人，专职社会工作者70余人，专业养老护理员260余名。目前承接了T市12个社区服务社会化项目——“邻里家园”社区综合服务项目。该项目是由市民政局制定社区治理服务指标和内容，由民政局和乡镇社区通过公共服务外包购买社工机构服务的模式。该社区治理服务内容包括社区参与、社区照顾、社区融入和社区发展等社区社会工作服务，以提升社区服务品质、推进居民自治和解决社区治理问题
QL 社会工作服务中心	该中心于2015年在T市民政局登记注册，主要业务范围是为单位、社区、家庭提供专业化社工咨询、辅导；开展社区邻里互助和社会关爱活动；承接政府有关部门的社工派遣服务项目，是致力于公益文化传播与推广，服务于有需求的弱势人群的新生代组织。该中心目前承接了5个“邻里家园”社区服务社会化项目，主要治理内容包括社区社会组织孵化和培育，社区个人、家庭矛盾调解，社区居民参与社区公共事务能力提升等
XC 社会工作服务社	该中心成立于2014年，缘起T市创新社会治理项目，是T市开办最早的几家专业社会工作机构之一。机构宗旨为立足社区，服务社群。机构使命为以尊重和接纳为原则，通过专业服务，推动社群参与，共建幸福社区。机构致力于打造一支专业化、职业化、本土化的优秀社工团队，为有需要的个人、家庭及社会群体提供高质量的社工服务。目前，该机构主要承接T市9个“邻里家园”社区服务社会化项目社区，根据该项目内容的指标设定，了解居民需求，为居民提供各项老人、青少年、家庭等专业服务，带动社区居民参与社区管理与建设，培育带动社区组织化建设等
RE 社会工作发展研究中心	该中心是在中国科学院、T市市委市政府支持下在T市民政局注册成立的一家非营利性社会服务机构。RE社工是T市近900家社会组织中首家社会工作专业服务机构，首家致力于社区发展与治理的社会组织。该中心现有专职人员49名，其中社会学博士后1名，社工专业硕士研究生6名，下设有行政部、社创部、评估部、社服部、社区部等。在政府购买“邻里家园”社区服务社会化项目中，中心共承接了12个项目社区。该中心通过引进社区发展项目，形成了社区建设的一体化产品，产品提供了社区发展的一揽子解决方案，主要以搭建“邻里家园”平台为主要目标，其中包括“邻里议事社”“邻里服务社”“邻里互联社”三大模块化产品，分别为社区居民搭建公共议事协商民生、便民利民服务和社区组织孵化三大平台，并在社区居委会的主导下，致力于社区居民自治能力的提高等

续表

机构名称	机构概况
AL 社会工作服务社	AL 社会工作服务社是 H 市首家无业务主管单位的民办非企业单位，是一家综合型专业社会工作服务机构。机构的服务领域主要包括居家养老、儿童教育、家庭服务、社区文化、居民自治、社会组织孵化培育、社会服务教育培训等。机构致力于推动社会工作介入社会养老服务、青少年成长、社会救助、康复助残等服务领域，探索社工特色服务模式；积极搭建基层社会工作服务平台，发挥职业社工在基层社会服务尤其是社区服务中的核心作用，培养造就专业社工人才队伍。该机构主要通过承接政府社区治理项目，主要通过专业化社工理念、方法等，致力于社区居民参与能力提升、社区便民服务供给、社区老年人和青少年人群服务提供、社区社会组织孵化和培育、社区自治管理能力建设等
MD 社会发展服务中心	该中心是由安徽实践家文教慈善基金会发起成立的专业社工机构，于 2014 年 12 月 25 日正式登记。机构坚持“以人为本”的理念，承接政府及社会团体等委托的社会服务。2016 年机构运营并成功认定 DY 镇社会服务中心、FH 镇社会服务中心及 GLFH 社会服务站，积极招募、培训志愿者团队，践行自愿、志愿的原则，开展志愿者活动。目前服务地点主要在大圩镇，负责儿童和老年人方面的专业社工项目。该中心主要承接政府购买服务，为社区居民提供专业社工服务，包括社区居民参与提升、社区意识培养和社区资源整合平台搭建等
BJ 社会工作服务社	该机构成立于 2013 年，致力于儿童、青少年、老年人社会工作专业服务。服务社自成立以来，主要是以社区为平台，以专业社会工作服务为核心，通过社会服务项目化运作方式，连接社会资源，联动社会其他力量，建立健全社会服务体系。该机构的社区治理项目主要是由社区引入，派驻 2 名专业社工进入社区，由“专业的人做专业的事”，社工联动辖区内外资源，为社区居民提供居家养老、教育、文化等专业社工服务，促进整个社区居民参与，增进居民间互动，培养社区的互帮互助精神，促进整个社区的融合和包容
QP 青少年社会事务服务中心	QP 青少年社会事务服务中心，成立于 2016 年 5 月，是在 B 区区委区政府领导下、由共青团 B 区委员会和 B 区民政局共同发起并建立，旨在加强全区青少年社会事务工作专业人才队伍建设，统筹全区青少年社会组织孵化培育工作，引导其健康有序发展，专门服务青少年健康成长发展、权益维护、预防犯罪等领域的青少年社会组织。QP 介入社区治理主要是向社区内青少年提供发展性服务，如宣传教育、亲子沟通、青少年成长性活动等各类与青少年相关的专业社会工作服务。资金主要来自于政府，多是购买服务、资源支持和项目补贴。该机构与上级政府、社区以及社区居民的互动方式为：政府购买服务项目——机构向社区输送活动、提供服务——社区为机构提供场地、活动场所、人员名单——社区青少年参与活动。目前已承接的项目包括青少年普法小课堂、青少年自护小课堂、“融爱融乐”等青少年社区融合的社区治理项目等

续表

机构名称	机构概况
YJ 社会工作服务中心	该中心成立于 2017 年，秉持“专业、精进和互助”理念，倡导增进社工服务品质，推进社区居民服务社会化进程。该机构由于成立时间较短，现主要工作人员为 3 名专职社工，主要负责 J 区一个社区治理服务项目，致力于流动、留守儿童相关需要的服务以及社区便民服务等。该机构主要的品牌，如“4 点半公益课堂”，形成了特色化的服务项目，切实维护社区困境儿童的权益和福利
YT 智能化养老服务中心	YT 智能化养老服务中心是 W 市民政局批准成立的社会工作服务机构，5A 级社会组织。该机构于 2013 年成立，主要致力于打造以智慧养老、社区养老、居家养老、养老评估、养老机构信息管理为主体的养老服务体系建设，努力形成全方位服务、全过程监督、全天候守护、全体系建设的养老服务新模式。该中心主要将政府购买服务与企业化运营方式相结合，努力在试点社区打造“互联网 +”为中心的养老服务体系建设，形成智能化养老信息平台，启动了“互联网 + 日间照料中心”“小微养老机构”等服务模式，基本形成了覆盖养老服务全内容的智慧健康养老服务体系
YC 社会工作服务中心	该中心成立于 2014 年 9 月，是经 W 市民政局正式批准注册的专业化社工机构。机构开展的社区治理服务项目主要涉及社区养老服务、儿童及青少年服务，通过介入服务平台或承接政府服务项目等方式改善服务对象的生活境况，提高服务对象的生活质量和生命质量，秉承社工“助人自助”的助人宗旨，综合运用个案工作、小组工作、社区工作等多种专业社会工作方法和技巧，致力于通过为服务对象提供服务和帮助来提高他们自身面对困难处理问题的能力
LJ 便民服务中心	LJ 中心是 J 区采用“互联网 + 便民服务”的模式，通过整合各类社会资源，在便民生活、文化教育、居家养老、家庭发展、社会事务延伸等方面，为辖区困难群众提供“惠民兜底服务”，为中等收入群众提供“评价优质服务”，为高收入群众提供“高档定制服务”。该中心通过政府购买服务形式，激发社会活力，并进一步改进公共服务供给方式，加强和创新社会治理，完善社会主义市场经济体制，探索民办非企业单位参与公益活动、社区服务和社会治理相结合的“零距离模式”

附录三　开放式编码及其变项摘选

表1　开放式编码及其变项

<table>
<tr><th>一级变项</th><th>二级变项</th><th>原始资料（初始概念）</th></tr>
<tr><td rowspan="7">制度环境</td><td rowspan="3">政策支持</td><td>BSQ1：机构社工来我们这里，是一种合作关系，他们是辅助我们完成我们没有精力做好的服务工作，并不是我们的下属（政府与社区对机构的态度支持）</td></tr>
<tr><td>TZ1：我们在社区服务项目中规定了社工必须走访多少家庭……这么做就是要打开社工机构在社区中的困难局面，让社区、让居民知道社工机构的重要性（政府对社工机构项目的支持）</td></tr>
<tr><td>GZ1：G区建立健全社会组织服务管理能力登记评估体系……将达到3A等级的社会组织，优先作为我们购买服务的对象（建立考核制度激励社工机构发展）</td></tr>
<tr><td rowspan="3">资源供给</td><td>BZ1：社区学院（建立）……邀请专业老师或做得比较优秀的一些同类型组织机构负责人，过来分享他们是怎么开展活动的（以培养机构的工作人员）（政府对机构人才队伍建设的支持）</td></tr>
<tr><td>TJG－RE1：T市的岗位补贴，一个社会工作专业本科生是5.8万元/年，研究生是6.2万元/年，然后连续补贴三年。实际上就是，前期你没有业务的时候，政府就帮你养这几个人，政府负责工资，减少了初期创办机构的风险（政府的资金供给）</td></tr>
<tr><td>GZ1：社区办公用房的80%必须由向社会服务的社会组织来使用（政府对机构的场地支持）</td></tr>
<tr><td>服务需要</td><td>TSQ1：我们社区也就这么三四个工作人员，既要做内部管理，又要涉及那么多外部环境，人力上是不大够的。比如激发他们（社区）参与的积极性，我们觉得可能就是需要社工去做更细致的、更专业化的服务（社区公共事务管理的需要）</td></tr>
</table>

续表

一级变项	二级变项	原始资料（初始概念）
市场环境	市场资源	TJG－DY2：我们会拉一些银行的赞助，或是一些商家的赞助……会有一些物品或一些现金（市场的资金供给）
		ZZ7：社区驻地企业也不一定就是提供钱来支持项目。我们上次有一个活动就直接跟世纪金源大酒店申请酒店的场地，给我们办结业典礼。这种大型活动，社区是没有地方办的。酒店就直接提供场地，就免费用（企业的场地支持）
	产品营销	GJG－XJ1：比如我们国家搞的什么照料服务，它最需要的人才是什么？是一线的护理人员。今天去张奶奶家陪聊半个小时，给你一百块钱，你肯定去了；张奶奶躺在床上要洗，身上已经破了，你去管，给你150块钱，大小便你要愿意清理。一线护理人家确实需要，所以我们这次在区里面搞了一个家庭养老床位，我就跟他们讲，我签了十家，没有一家是政府购买，全部是家里的老人确实需要（机构向市场供给服务产品）
	供需关系	BJG－AL2：企业发现天天花钱去宣传，还不如跟社区（社会组织）合作更容易，相当于做公益，也是自己企业文化的一个亮点，是一个更好的广告，这样双方互利（企业树立良好形象的需要）
		JJG－YJ1：家庭服务这一块，我们都可以帮商家转介，就是我们像做品牌一样，我们可以帮忙转介商家的服务产品（市场推广的需要）
社会环境	社会资源	GJG－AL2：我们驻点的社工一共就两个人。单靠我们根本无法完成治理目标。但我们有社区楼栋长、志愿者，他们帮助我们开展了很多服务（社区居民对机构的人力供给）
		TJG－XC2：我们刚进驻社区，很多社区居民根本不知道我们机构是做什么的，社工是来做什么的。社区这些热心的骨干、精英对我们的帮助非常大，我们让他们了解我们机构的性质和工作内容，他们就帮助我们打通和居民的关系，让居民知道、了解、认识我们社工（社区骨干对机构的人力供给）
		BJG－AL1：安徽乐邦慈善基金会，主要做救助和居家养老服务。它们跟我们机构的合作，一般是街道跟基金会1∶1配比资金。比如我们搞这个养老服务项目，是基金会投入10万元，然后街道配比10万元（基金会的资源供给）
	关系网络	TJG－DY3：社工要连接居民跟社区。居民参与服务，有些问题他就会跟我们讨论，或者跟我们反映。像现在这边拆迁，或者青苗费补偿问题，会有一些居民跟我们社工进行一些探讨，但是只能说跟我们反映，我们会跟社居委进一步反映，起一个中间桥梁作用（搭建社区问题化解平台）
		BJM1：我们跟社工相处非常融洽。我们有问题，第一时间就是想着去找社工。我们有什么情况、有什么需要帮助的，就向他们反映，他们也会给我们解决。社区活动有什么事情，社工都会在网上通知（居民对社工机构的需要）

续表

一级变项	二级变项	原始资料（初始概念）
社会环境	互助需要	GJG－HR2：我们机构在DW社区培育的社区社会组织主要有三种类型。第一种是社区志愿服务类，爱心理发、志愿维修等方面；第二种是文体类，进行一些慰问、公益演出表演，比如葫芦丝队和太极队；第三种是组织孵化类，组织孵化社区社会组织，比如葫芦丝队是原有的三个老师孵化出一个中年葫芦丝表演队，还有一个青少年葫芦丝表演队（机构帮助居民提升社区参与）
		TJG－QL2：我们是从2016年开始在这边驻点进行社区社会服务的，从各方面慢慢地让他们先参与活动，了解他们有什么需求，了解他们有什么能力（机构挖掘居民需要和能力）
社工机构	专业能力	TJG－DY2：我们在CXZ社区和SX社区都有驻点，其中一个是老旧小区，小区内老年人比较多，小区没有物业，治安环境也比较差，我们多次通过上门走访，通过一些免费义诊的活动，跟居民沟通，了解居民的需要是什么（专业方法获取居民需要）
	价值理念	ZH1：我们会……结合项目提升单亲妈妈能力建设的价值理念，我们很快就得到唯品会基金会的支持和赞助（机构通过基金会对其价值理念的认可获取资源）
	组织运作	JJG－LJ1：我们的"4点半公益课堂"已经被J区列为终身教育品牌。我们做的服务其实很简单，但看似简单，却是现在社区居民非常需要的服务：小学生每天放学后，我们会有专门的社工（还请了专业的老师）每天教小朋友们写作业，或是教一些简单的美术辅导、作业辅导，等等（品牌战略运作）
		TJG－DY1：我们现在都会积极参与各种社会组织的会议、各种机构的评比活动，去宣传自己的机构，多去宣传自己的品牌，扩大自己的知名度，让外界了解你能做什么，能做到什么程度，能出什么效果，这个是很重要的。我们也不能光闷头做事，我们要学学企业产品营销的模式，宣传自己的服务（提升知名度获取服务认可）
社区治理	参与激励	BSQ2：没有真正地发动起来。就比如说残联这块，其实不光我们社区，其他的社区，残疾人的活儿现在是越来越多。每个社区领残疾证的人数，我们那边基本上都是一百人左右，大的社区可能有一百多人。社区的残疾人其实是蛮多的，但是他们开展的活动并不吸引人，说不好听，都是靠我们社区的社工硬拉来的，不是把他们吸引过来的（机构提升居民参与专业化能力不足）

续表

一级变项	二级变项	原始资料（初始概念）
社区治理	协同服务	GZ2：我非常欢迎社会组织，他们通过他们专业的知识和专业的能力为我们社区服务，提供很专业的服务，这是非常好的，是我们平时所做不到的……更专业的提升品质的这些老年服务，比如老年助餐、康复，还有老年人的文化，等等。（社区专业化服务的供给）
		GZ3：有一批小朋友我们从小班的时候就培养，一直培养，现在都到四五年级了（社工机构社区专业服务长期为居民服务）
	建构规制	TSQ1：社工机构带领居民一起形成了一套解决社区矛盾的处理办法，比如遇到小区公共空间个别居民挤占的问题，先要跟社区跟机构说明情况，由他们来相互沟通，居民积极配合。之前，居民都是直接先吵到社区。社工机构来了，很有步骤地化解了很多矛盾，并且培养居民养成了这个习惯，这很重要（机构帮助社区制定规则）

后　记

社区治理是国家治理的重要基础环节。社会组织如何通过有效行动精准介入社区治理是当前国家治理体制创新的重要方面。专业社会工作机构参与社区治理是社会治理的必然选择，其目的在于引入专业力量，改善社区治理结构，提升社区管理与服务能力。本书以专业社工机构参与社区治理的行动逻辑为研究对象，通过对专业社工机构在社区治理情境下，与组织环境（制度环境、市场环境和社会环境）互动的全景展示和细致分析，将组织环境的影响因素与机构的行动策略进行统合分析，其目的就是要呈现专业社工机构参与社区治理行动建构所依据的条件、实现的方式与发展的趋势。本研究尝试通过专业社工机构行动逻辑的建构与现实比照，对我国专业社工机构的本土性实践与发展提供有说服力的理论阐释，以期回应“社会组织参与社区治理的行动建构与实践路径”这一重要的理论与现实问题。

专业社工机构组织行动的已有研究，更倾向于对制度安排的解读，无法有效解释机构行动的功能及其内生动力。学者们在强调制度因素影响作用的同时，对市场、家庭以及其他社会组织对机构生存与发展的功能性认知不足，并对专业社工机构能动性调适的关注有限，研究者无法准确把握不同主体与专业社工机构之间的互动逻辑。基于此，本研究根据组织分析理论的观点，结合多家社工机构样本的比较分析，构建了以制度环境、市场环境和社会环境为核心要素的专业社工机构参与社区治理行动逻辑的分析框架，厘清机构参与社区治理的合作困境及其治理格局的多元变化趋势，理顺制度环境、市场环境、社会环境与专业社工机构之间的互动策略，进而揭示机构参与社区治理在需要与资源间挣扎的过程及其生存逻辑的现实演变，展现专业社工机构为应对不断变化的组织环境而进行行动构建的逻辑历程。

本研究采用定性研究方法，基于江苏省和安徽省四市区的 16 家专业社工机构的调查，通过观察法、访谈法和文献法收集资料，并主要采用内容分析法对多元资料进行深入分析。基于行动逻辑的探索，本研究具有以下发现：第一，规则和策略是专业社工机构参与社区治理行动的主要动力来源。机构欲与组织环境达成在社区治理中合作治理的共识，就既要遵守规则以避免利益冲突，也需要通过策略获取资源以维护自身最大利益。第二，多重组织环境的互构共同形塑了资源导向的专业社工机构参与社区治理行动逻辑的规则。在规则建构中，制度环境、市场环境和社会环境通过分别发挥规则主导、推动和响应功能，以期形成环境与机构之间资源的合理流动。但规则具有激励和约束属性，使得环境和机构都会期待规则倾向于满足自身资源的需要。第三，专业社工机构通过价值理念嵌入社区服务的行动策略回应规则约束，为自身与组织环境的互动获得更多资源的话语权和掌控权，从而化解规则约束带来的资源短缺问题。第四，刚性规则与柔性策略的解构与适应性重构。组织环境与专业社工机构凭借各自不同的资源在社区治理中相互协作，必须遵守刚性的规则，以避免陷入集体行动的困境。然而，一旦互动规则无法满足专业社工机构的资源需要，机构会利用柔性行动策略以回应规则的不利方面。正是这种柔性策略的驱使，机构形成对互动规则的解构与适应性重构。第五，正是通过规则与策略的适应性互动，机构行动逻辑实现了从无序到有序的共生关系类型构建。社区治理中组织环境与专业社工机构社会共生关系的维持，是双方围绕资源通过行动策略与规则的抗争和妥协而实现的。专业社工机构与组织环境通过努力维持最低限度的创新性和行动的自主能力，不断地进行规则与策略的抗争与妥协，实现机构社区治理行动逻辑从无序到有序的共生秩序建构。

本研究认为，在专业社工机构参与社区治理的行动构建中，一方面应优化专业社工机构组织环境构建的政策原则，增加专业社工机构发展与能力提升的政策产品供给，从根本上改变资源导向型的行动逻辑，为专业社工机构参与社区治理扫清制度性障碍；另一方面专业社工机构应丰富参与社区治理的服务模式与方式，整合服务对象需要，强化政策支持与引导，提升社区治理主体能力。同时，机构要注重自我增权，与政府、市场和社区形塑良好的合作伙伴关系，构建成熟的现代社区治理体系下机构参与社区治理的行动逻辑。

以上是本书主要内容介绍。本书主要是以我的博士论文为基础修改完成的。回想起博士论文撰写的心路历程，往事又一幕幕重回眼帘。论文写作时的磕绊、困惑和茫然，突然想到修改方案的欢悦、激动和兴奋；一个人踏上调查地的惶恐、无措，调查对象的积极回应给我的启发和支持；论文盲审结果等待过程的煎熬、焦虑和担忧，看到“同意答辩”成绩后的欣喜、雀跃和振奋，无论欢笑还是泪水，我在这一过程中学会了踏实、严谨、执着和坚强。然而，如果仅凭一己之力，我根本无法完成博士论文的写作。正是有了一直以来教导、支持和鼓励我的导师、学院的各位老师、同学、同门、学校和家人，我才能比较顺利地走完我的博士生涯。此时此刻，唯有感恩，唯有感谢，脑海中一时竟不知怎样才能表达我对你们深深的谢意。

感谢我的恩师彭华民教授。没有您当初对我的接纳和认可，我根本没有机会来到南京大学社会学院，来到您身边做您的学生。博士论文出版，您工作特别忙，却一口答应帮我作序。您对学生总是尽最大可能地提供支持和帮助，期望我们尽快成长，学生唯有感恩感谢，不断鞭策自己前行，以不辜负您的良苦用心。2014 年 11 月，我第一次去拜访老师，当时冒昧地仅凭着对您的崇拜去见您。由于之前从事非科研类工作，我心里忐忑、打鼓，也清楚明白自己的科研能力并没有什么优势。但老师您并没有拒绝我，而是给了我参加博士考试的机会。2016 年，经过两年刻苦备考，我如愿进入了南京大学，获得了做您学生的机会。进入师门，学生真切地领悟和感受到，老师您是师父，也似母亲、似朋友，教导我做人、做事和做文的道理。学生首先感受到的是师父您治学的严谨、严厉和认真。大到论文主题、理论、框架结构的选择和确定，细到格式、图表、语句逻辑的排列与整合，老师您都会一遍又一遍耐心又细心地指导。论文写作过程中，面对一些您指出需要修改的地方，学生也出现过固执和钻牛角尖不想修改的时候。您会严肃、严厉地告知我不修改的后果，以及修改的原因、目的和意义。正是在一次又一次的打磨中，我从您的身上渐渐认知做文应有的态度、必备的素质和应履行的责任。工作中，您严谨、细致。从整体的工作部署到细微的工作执行，您都会教导我们做事的方法、技巧和做人的原则、道理。生活中，您温暖、和睦。您呵护和关心每一个学生的学习和生活状态。每年的春季出游、新年聚会，您都资助和鼓励师门学生出去游玩、放松，告诉我们要劳逸结合，既要学会学习，也要快乐生活。您还常常告诉学生们要多运动，多锻炼，注意身体健康。您像母亲、像朋友一般，关心和爱护我们每一个人。您说，“老师不能为你们打一辈子的伞，希望你们无论是在大学还是在其他部门工作，都要努力做一个自觉成长的职场中人。可以慢，不要停。学平衡，求共美”。做您的学生，在您的呵护和关怀下成长，我们是幸运的，更是幸福的。学生也定谨记老师的教诲，感谢恩师！

感谢社会学院的所有老师。进入南京大学社会学院，能聆听各位老师在课程上或讲座中对理论的独特见解和对热点问题的深刻透析，这样的学习机会于很多从事社会学研究的学生而言无疑是非常难得和幸运的。感谢成伯清老师、周晓虹老师、陈友华老师、吴愈晓老师、朱力老师、风笑天老师、翟学伟老师、范可老师、贺晓星老师、汪和建老师等的授教。特别感谢预答辩时，成伯清老师、陈友华老师、范可老师、贺晓星老师、刘柳老师对我毕业论文的指导。特别感谢正式答辩时，华东师范大学丁金宏老师、河海大学黄健元老师、南京大学社会学院的陈友华老师、吴愈晓老师和耿柳娜老师对毕业论文的建议。正是在老师们对论文研究思路、研究方法、研究结论等方面提出的各种建议和意见下，我才能进一步找到研究的不足和明晰修改的方向。再次感谢各位指导老师的指正和帮助。

感谢我的各位师门和班级同学。在每一次的论文讨论会中，师门同学都会对我的论文提出富有建设性的意见，帮助我进一步厘清研究思路和不断地完善研究内容。除此之外，我们这一届的同班同学都特别刻苦、勤奋和努力。这里我就不一一例举，正是你们的勤勉、奋进的钻研精神，扎实的学术功底，谦虚、热心的人格品质，带领班级形成了良好的学习氛围，让我体悟到当代博士生应有的素质和品格。

感谢南京大学。成为南京大学的一员，是无数学子的梦想和愿望，我也不例外。南京大学不仅有着紧张而浓厚的学习氛围，还有着丰富而多彩的业余生活，这都会让学子对这里充满热爱和依恋。感谢杜夏图书馆。这里是我博士生涯中除宿舍以外，最常和最长看书、学习和写作的地方。这里巨大的图书和资料存量让我能方便地查找到各种自己想要的文献和书目，以方便学习和写作。感谢南京大学提供的境外学习和交流机会。博士期间，我有幸参加学校境外访学计划，前往澳大利亚新南威尔士大学中国社会政策中心访学。学校不仅支持访学期间的路费，还提供食宿补贴，使得我能够安心在外地求学、工作和生活。感谢南京大学美丽、怡人的校园环境和便利的生活设施，等等。再次感谢南京大学的支持和栽培。

父母永远在我身后张开最有力的臂膀，是我最大的支柱。感恩我的父母。从我决定放弃从事五年的工作，到读博期间遇到各种挫折、难关，父母都会毫不犹豫地站在我的身后，支持我的每一个决定。每到月末母亲就关心我的生活费会不会不够用，每次电话都要担心我的生活起居是不是打理妥当，每次听到电话里我情绪不高就安慰我，给我打气。因为母亲特别操心我，我经常对她报喜不报忧。遇到论文写作不顺、论文发表不畅或工作处理不当时，父亲就成为我的倾诉对象。父亲就像一座大山，给我依靠、给我力量，帮助我重拾信心。还记得那天盲审结果回来后，母亲的喜极而泣、父亲的开怀大笑。爸，妈，没有你们，我绝不可能有勇气和力量走完这艰辛的求学之路。

今天，这本博士论文得以出版，特别感谢我现在的工作单位，安徽大学社会与政治学院的领导、老师们的支持和鼓励，尤其是吴理财院长以及安徽大学社会治理研究中心提供的出版资助。学院领导，蔡俊萍书记、吴理财院长、汤进军副书记、汤夺先副院长、徐理响副院长、张军副院长和吴鹏主任，以及学院各位老师对我都是关怀备至，让我顺利融入安徽大学这个温暖大家庭。安徽大学 1997 年设置社会学本科专业，1999 年开始招收社会学硕士研究生，2005 年获批社会学一级学科硕士授权点；2009 年获批全国首批社会工作硕士专业学位（MSW）授权点；2015 年设置“文化、生态、社会协调发展”交叉学科博士点；2018 年获批社会学一级学科博士学位授权点；2019 年年底社会学获批国家首批一流本科专业建设点。学院现有教育部国别与区域研究备案中心、全国妇联研究与培训基地等 11 个研究机构，在省内外设有 32 处实习实训基地。在学院严谨治学的院风和温馨和睦的氛围中工作、学习和生活，我无疑是幸福和幸运的。

感谢所有帮助过我的领导、老师、同学、朋友和家人。你们对我的关心和情意都深深印刻在我的心里。感恩！感谢！

范 慧
2021 年 11 月
于安徽大学磬苑校区